山东省社会科学规划研究项目(批准号:19CFXJ09)

企业民主管理立法研究

洪芳　张慧琳　陈俊洁　著

山东大学出版社
SHANDONG UNIVERSITY PRESS
·济南·

图书在版编目(CIP)数据

企业民主管理立法研究 / 洪芳，张慧琳，陈俊洁著
.—济南：山东大学出版社，2023.6
ISBN 978-7-5607-7626-2

Ⅰ.①企… Ⅱ.①洪…②张…③陈… Ⅲ.①企业法
—研究—中国 Ⅳ.①D922.291.914

中国版本图书馆 CIP 数据核字(2022)第 177289 号

责任编辑 张彩芸
封面设计 王秋忆

企业民主管理立法研究
QIYE MINZHU GUANLI LIFA YANJIU

出版发行 山东大学出版社
社　　址 山东省济南市山大南路 20 号
邮政编码 250100
发行热线 (0531)88363008
经　　销 新华书店
印　　刷 山东和平商务有限公司
规　　格 720 毫米×1000 毫米 1/16
　　　　 15.25 印张 243 千字
版　　次 2023 年 6 月第 1 版
印　　次 2023 年 6 月第 1 次印刷
定　　价 65.00 元

前　言

企业民主管理制度是贯彻落实党的全心全意依靠工人阶级的根本方针，是推进社会主义基层民主制度建设、支持职工参与管理和监督的重要措施，是源头维护职工合法权益、实现劳动关系双方合作共赢、构建社会主义和谐劳动关系的重要抓手。现行法律，部分制定于20世纪计划经济时期，已无法适应市场经济发展的需要；法律法规之间缺乏衔接、内容冲突；立法内容不够明确，法律责任薄弱、刚性不足等。这一系列问题给法律的实施带来一系列的困扰，严重滞后于我国企业民主管理实践的需求。

本书从企业民主管理的理论基础、历史发展、现行立法存在的问题、完善立法的建议等方面进行系统地探讨，旨在为企业民主管理立法提供理论依据，澄清企业民主管理的性质、功能、形式、程序、权利义务以及法律责任等理论争议。在我国《民法典》掀起的法典化研究热潮的背景下，劳动法学界也开启了劳动法典的研究，期待本书的研究能为我国劳动法典的研究做出点滴贡献。

本书是受山东省社会科学规划课题资助而完成的研究成果（项目批准号：19CFXJ09）。笔者作为工会干部培训教师，多年来承担《企业民主管理法律法规》课程的教学与研究工作，本书的研究便是起因于此。在教学中，工会干部常常带着本单位的实际问题前来参加培训，希望能够解决法律方面的困惑。然而，一方面，面对现行立法之间的诸多矛盾和冲突，笔者也常常感到困惑，无法完全回答实践中产生的一些问题。另一方面，在大量的企业民主管理实践调研中，笔者发现，当学界还在争论民营企业是否应当实行企业民主管理制度以及企业民主管理制度的理论基础是什么的时候，很多民营企业已经进行了非常多的探索，不仅形式多样，还在大量民营企业中形成了共同体理念，成为企业内部职工参与管理的理论基础，并且实践中的企业民主管理制度也生发出新的功能，即推动企业创新发展。基于上述的调研和思考，笔者着手开展企业民主管理立法的研究，希望能够为立法机关开展企业民主管理立法，为各级政府、工会、企业推进建立企业民主管理制度提供理论参考。

由于时间仓促和本人能力有限，还有很多问题没有进行深入的研究，如对职工持股问题缺乏深入的探讨，新业态下企业民主管理的组织和运行，特别是反垄断与企业民主管理之间的关系问题还没有涉及，只能留待以后继续研究。对本书研究中的不足，恳请广大读者提出宝贵意见，予以批评指正。

洪芳

2021年6月于济南

目 录

第一章 导论 …… 1

第一节 问题的提出和研究的意义 …… 1

第二节 国内外研究的基本情况 …… 9

第三节 研究的基本思路和方法 …… 13

第二章 概念的界定与分析 …… 16

第一节 相近概念解析 …… 16

第二节 企业民主管理的概念界定 …… 24

第三章 企业民主管理的理论基础 …… 34

第一节 对企业民主管理制度的质疑 …… 34

第二节 国外关于企业民主管理的主要理论 …… 38

第三节 国内关于企业民主管理理论的探讨 …… 46

第四节 我国企业民主管理制度的正当性依据 …… 59

第四章 我国企业民主管理立法的历史和功能变迁 …… 65

第一节 新中国成立以前我国企业民主管理立法和实践的探索 …… 66

第二节 新中国成立初期至改革开放前的企业民主管理立法探索 …… 71

第三节 改革开放初期至市场经济体制改革前的企业民主管理立法与实践 …… 76

第四节 市场经济体制改革以来的企业民主管理立法与实践 …… 83

第五节　我国企业民主管理制度功能的历史变迁 …………………… 90

第五章　域外主要国家企业民主管理制度之借鉴 …………………… 101

第一节　荷兰的企业民主管理制度 …………………………………… 102
第二节　美国的企业民主管理制度 …………………………………… 112
第三节　日本的企业民主管理制度 …………………………………… 122
第四节　南斯拉夫的工人自治 ……………………………………… 130
第五节　域外典型国家企业民主管理立法与实践的启示 ………… 136

第六章　现行企业民主管理立法的现状及存在的问题 …………… 140

第一节　现行立法的基本情况 ……………………………………… 140
第二节　我国企业民主管理立法的特点 …………………………… 146
第三节　现行立法存在的主要问题 ………………………………… 148

第七章　我国企业民主管理制度及存在的问题 ………………… 158

第一节　职工代表大会制度 ………………………………………… 158
第二节　厂务公开制度 ……………………………………………… 166
第三节　职工董事、职工监事制度 ………………………………… 167
第四节　工会参与制度 ……………………………………………… 170
第五节　集体协商制度 ……………………………………………… 176
第六节　其他企业民主管理形式 …………………………………… 180

第八章　完善我国企业民主管理立法的建议 …………………… 183

第一节　我国企业民主管理法的部门法属性 ……………………… 183
第二节　完善我国企业民主管理制度概述 ………………………… 195
第三节　完善职工代表大会制度 …………………………………… 202
第四节　完善职工董事、职工监事制度 …………………………… 213
第五节　完善厂务公开制度 ………………………………………… 219
第六节　鼓励非强制性职工民主管理形式的探索 ………………… 221
第七节　完善工会参与民主管理 …………………………………… 224

参考文献 …………………………………………………………… 228

第一章 导论

马克思指出:“每个人的自由发展是一切人的自由发展的条件。”[①]自由蕴含着民主的要义。有学者认为:“劳资合作以寻求积极利益妥协是现代民主政治的重要精神元素。”[②]在工作场所,企业追求效率,工人渴望公平,沟通效率和公平之间的桥梁是发言权,即民主的原则应贯彻到工作场所,为职工参与企业决策与管理提供平台和机会。

第一节 问题的提出和研究的意义

工作场所的民主是沟通效率与公平之间的桥梁,它为劳资双方提供说话的机会,为双方寻求妥协与合作提供条件。缺乏民主的工作场所,劳动者将难逃资本支配劳动的宿命。工人参与管理即意味着工人可以获得某种程度的自主、自由,这对提高工人的满意度具有较大作用。

发达国家的企业民主管理是工人阶级长期斗争的结果,在社会主义国家,工人参与工作场所的管理则是国家政权转换的结果,是社会主义国家人民当家作主的体现,是社会主义协商民主的重要组成部分,是为立法所规范的制度。

① 《马克思恩格斯选集》第 1 卷,人民出版社 2012 年版,第 422 页。

② [美]亚当·普热沃尔斯基:《资本主义与社会民主》,丁韶彬译,中国人民大学出版社 2013 年版,第 153～162 页。

一、制定企业民主管理法是加强我国基层协商民主的迫切需要

(一)企业民主管理制度是我国基层协商民主的重要组成部分

我国企业民主管理制度起源于20世纪20年代,中国共产党自成立初期开始,就把谋求工人当家作主、民主管理企业作为领导企业、管理企业的历史使命。至今,中国共产党领导的企业民主管理制度探索已有近百年的历史。

自新中国成立以来,历届国家领导人都非常重视企业民主管理制度建设。习近平总书记在庆祝中国人民政治协商会议成立65周年大会上的讲话中指出:“人民是否享有民主权利,要看人民是否在选举时有投票的权利,也要看人民在日常政治生活中是否有持续参与的权利;要看人民有没有进行民主选举的权利,也要看人民有没有进行民主决策、民主管理、民主监督的权利。”[①]企业民主管理制度是职工在工作场所参与民主决策、民主管理、民主监督和行使民主权利的体现,是社会主义国家职工在日常政治生活中享有参与的权利。

党的十八大报告指出:“全心全意依靠工人阶级,健全以职工代表大会为基本形式的企事业单位民主管理制度,保障职工参与管理和监督的民主权利。”[②]中共中央印发的《关于加强社会主义协商民主建设的意见》提出:“健全以职工代表大会为基本形式的企事业单位民主管理制度。畅通职工表达合理诉求渠道,健全各层级职工沟通协商机制。”[③]这表明,企业民主管理已经成为我国基层协商民主的重要组成部分。加强企业民主管理制度立法是加强我国基层协商民主、保障职工享有民主权利的需要。现行企业民主管理立法适用范围狭窄,无法充分满足我国职工享有基层民主权利的需要。健全企业民主管理制度,制定企业民主管理法是从立法上保障职工享有基层民主权利的重要保障。

---

① 《习近平谈治国理政》第2卷,外文出版社2017年版,第292页。

② 胡锦涛:《坚定不移沿着中国特色社会主义道路前进　为全面建成小康社会而奋斗——在中国共产党第十八次全国代表大会上的报告》,《人民日报》2012年11月8日。

③ 《中共中央印发〈关于加强社会主义协商民主建设的意见〉》,《人民日报》2015年2月10日。

（二）我国经济结构的变化迫切需要通过立法平等保障职工在工作场所的民主权利

综观我国企业民主管理制度的发展历史，无论是革命根据地时期、计划经济时期，还是社会主义市场经济建立的初期，企业民主管理在立法和实践中都是与公有制密切相连的，至今我国现行宪法也只是规定在公有制企业实行以职工代表大会为基本形式的企业民主管理制度。《中华人民共和国全民所有制工业企业法》（以下简称《企业法》）和《中华人民共和国全民所有制工业企业职工代表大会条例》（以下简称《职工代表大会条例》）将职工代表大会制度的适用范围限定为全民所有制工业企业。随着《中华人民共和国城镇集体所有制企业条例》（以下简称《城镇集体所有制企业条例》）的颁布实施，我国将职工代表大会制度的适用范围限定为公有制企业。这在 20 世纪，市场经济体制改革前，在非公有制企业数量还不多的情况下，是基本适应我国当时的经济发展状况的。

随着经济体制改革的不断深入，我国经济结构已经发生了翻天覆地的变化。第二、三产业在国民经济中的比重已经超过 90%，特别是第三产业对国民经济的贡献和吸纳就业人口数量已经超过第二产业。与此同时，我国企业的所有制结构也发生了重大变化。2021 年中国统计年鉴数据显示：截至 2020 年末，全国企业法人单位总数 25055456 个，其中国有控股企业 293473 个，占 1.17%；集体控股企业 180550 个，占 0.72%；私人控股企业 23903057 个，占 95.4%；港、澳、台商控股和外商投资企业分别为 131106 个和 102477 个，共占 0.93%；其他 444793 个，占 1.78%。就企业的数量来说，非公有制企业数量已经占绝对多数。从吸纳的就业人口数量来看，2020 年城镇非私营单位吸纳就业人口 1.7039 亿人，其中国有单位（包括国家机关、事业单位、社会团体）吸纳就业人口 5563 万人，城镇集体单位就业人口 271 万人，而城镇非公有制单位吸纳的就业人口 2.9232 亿人，是国有单位就业人口的 5 倍多。[①] 当前，我国非公有制单位的数量、对经济发展的贡献和吸纳的就业人口数量都已经超过了公有制企业，并且呈现逐年扩大的趋势。

此种经济形势下，依然将职工代表大会制度限定在“公有制”企业和“工业”企业中，而将绝大多数的非公有制企业和现代服务业企业排除在外，这

① 参见国家统计局编：《中国统计年鉴 2021》，http://www.stats.gov.cn/sj/ndsj/2021/indexch.htm。

会导致不同所有制企业的职工不能平等地享有工作场所的民主权利。恩格斯指出:"一切人,或至少是一个国家的一切公民,或一个社会的一切成员,都应当有平等的政治地位和社会地位。"①职工参与企业管理不应当成为公有制企业职工的特权,如何保障非公有制单位职工享有同样的民主权利就成为立法亟须回答的问题。

从我国企业民主管理的功能来看,企业民主管理制度在保障职工当家作主、调动职工的生产积极性、反对官僚主义、防止企业资产流失、协调劳动关系等方面发挥着重要作用。作为市场经济的主体,我国非公有制企业存在的问题和公有制企业存在的问题有着更多的共性,同样需要企业民主管理制度在非公有制企业发挥上述作用。

虽然公司法等立法及国家的政策文件逐渐取消了企业民主管理制度在公有制企业实施范围的限制,但是非公有制企业是否实行企业民主管理制度在理论和实践中还存在着巨大的争议。具有代表性的是广东省在推动企业民主管理地方立法时受到了非常大的阻力。2018 年 9 月 11 日,人力资源和社会保障部副部长邱小平在全国"深化民营企业民主管理,增强创新发展内生动力现场会"上指出,民营企业要坚持职工主体地位,以职工为本,让职工享有充分的民主权利,共同参与企业管理,共享企业发展成果。② 这一言论遭到尖锐的批评,被指要搞二次公私合营,甚至取消民营企业。也有舆论认为是否采用民主管理应是投资人和创业者的权利而不应是义务,足见在非公有制单位是否实行企业民主管理制度存在着很大争议。因此,研究并推动制定企业民主管理法,从理论上厘清企业民主管理制度存在的理论依据、实施范围、参与范围、各主体之间的权利义务,具有重要的理论意义和实践价值。

二、现行企业民主管理立法已经无法适应我国企业民主管理实践深入发展的需要

自党的十一届三中全会以来,随着改革的不断进行,初步建立了包括法律、行政法规、规章和地方性法规在内的企业民主管理法律体系。企业民主

① 《马克思恩格斯文集》第 9 卷,人民出版社 2009 年版,第 109 页。

② 参见《全面深入推进民营企业民主管理 构建和谐劳动关系》,中华人民共和国人力资源和社会保障部,2018 年 9 月 13 日,http://www.mohrss.gov.cn/SYrlzyhshbzb/dongtaixinwen/buneiyaowen/201809/t20180913_301045.html。

管理制度涵盖了职工代表大会制度、厂务公开制度、职工董事和职工监事制度等民主管理形式。但是,现行企业民主管理立法无法适应我国企业民主管理实践的深入发展。这主要表现在以下几个方面。

(一)部分法律制定于计划经济时期,滞后于时代发展的需要

比如,我国企业民主管理制度的重要法律依据——《企业法》和《职工代表大会条例》制定于20世纪80年代计划经济时期。企业民主管理制度是与公有制相联系的。随着我国市场经济体制改革和现代企业制度的建立,我国大部分国有企业已经按照现代企业制度进行了公司制改革,上述法律法规已经严重滞后于我国企业发展实际。再如,规范集体所有制企业民主管理制度的《城镇集体所有制企业条例》制定于1991年,经过30多年的发展,集体所有制企业的产权结构和职工来源发生了很大变化,集体所有制企业职工代表大会的职权规定已经不能适应当前集体所有制企业的实际情况。

(二)立法缺乏统筹规划,相互之间缺乏衔接和配合

我国企业民主管理法律法规分散在《中华人民共和国宪法》(以下简称《宪法》)、《中华人民共和国公司法》(以下简称《公司法》)、《企业法》、《中华人民共和国劳动法》(以下简称《劳动法》)、《中华人民共和国工会法》(以下简称《工会法》)、《中华人民共和国劳动合同法》(以下简称《劳动合同法》)等法律、行政法规、地方性法规和规章中。在法律层面上,市场经济体制改革以来,随着现代企业制度和劳动关系的发展,公司法和劳动法等法律法规进入立法的快车道,企业民主管理制度也跟随实践的需要在这些立法中有所体现,但是由于缺乏统筹规划,不同立法相互之间缺乏衔接和配合。例如,职工参与企业管理的理论依据、权利属性、职工参与管理的身份等问题模糊不清,缺乏整体设计,没有统筹考虑不同立法在企业民主管理制度建设中应当承担的责任,因而出现了不同立法关于企业民主管理制度的适用范围、权利义务配置、法律责任差异较大,相互之间缺乏衔接与配合。再如,《公司法》出台后,《企业法》中职工代表大会的职权大部分成为股东会和董事会的职权,公司制企业职工代表大会如何运行,《公司法》没有做规定,也没有通过修订《企业法》来加以补充完善。

根据《中华人民共和国立法法》(以下简称《立法法》)的规定,省、自治区、直辖市的人民代表大会及其常务委员会根据本行政区域的具体情况和实际需要,在不同宪法、法律、行政法规相抵触的前提下,可以制定地方性法

规。部门规章规定的事项应当属于执行法律或者国务院的行政法规、决定、命令的事项。但是基于企业民主管理实践的需要，在《企业法》和《职工代表大会条例》严重滞后于时代的情况下，地方性法规和部委规章已经突破《立法法》所赋予的地方性法规和规章的立法权限。地方性立法体现的不是地方性，规章也不仅仅是为了执行法律和行政法规，而是为了补救上位法滞后于时代性的问题。这不仅造成了越权立法，破坏法的统一性，而且在法的实施中违背了上位法优于下位法的实施原则，也给法律的实施带来困惑。

（三）地方立法和部委规章法律位阶低，相互之间冲突多

市场经济体制改革以来，国内很多省、自治区、直辖市和其他具有地方立法权的城市，制定了企业民主管理地方性法规或地方政府规章。2012 年，中央纪委、中央组织部、国务院国资委、监察部、中华全国总工会、全国工商联六部门联合制定了《企业民主管理规定》，这些地方性法规、规章是为适应市场经济条件下企业民主管理实践需要制定的，内容具有较强的时代性，对于指导企业民主管理实践具有一定的促进作用。但是，这些立法法律位阶低，与现行法律、行政法规内容冲突，出现下位法与上位法相抵触的问题。而且地方性法规与《企业民主管理规定》的内容冲突，给企业民主管理实践带来了适用法律依据上的困惑。各省、自治区、直辖市的地方性立法，虽然是对立法的有益探索，但是不同地方的立法理解上的差异，导致内容上的差异较大，不仅导致跨省的集团性企业在推行企业民主管理制度时面临较多的法律适用上的困惑，而且容易带来地方立法过于随意的问题，最终影响法的实施效果。

（四）企业民主管理制度功能定位的前瞻性不足

在新时代下，在满足职工的知情权、表达权和监督权的同时，企业民主管理制度的功能已经开始朝着更加多元化的发展方向迈进。特别是在我国经济已经由高速发展向高质量发展转变的新发展理念下。新时代，我国经济社会发展需要坚定不移贯彻新发展理念，以改革创新为根本动力，不断满足人民对美好生活的需要。新时代，企事业单位要谋求高质量发展，就必须将创新作为单位改革和发展的根本动力。创新发展的思路和路径、创新项目的设计和实施都需要集中集体的智慧。在很多企业的民主管理实践中已经将创新发展作为企业民主管理制度的重要功能。同时，如何解决职工日益增长的美好生活需要与不平衡不充分发展之间的矛盾也已经成为企业民

主管理实践中的重要内容。例如，很多单位将产业工人队伍建设作为企业民主管理的重要议题。职工对工作的要求已经从工资、奖金、工作环境等低层次的需要向着更加多元化的诉求转变，更加关注工作对自我成长和自我实现的需要的满足，而当前立法已经无法适应企业民主管理新的功能的需要。

三、制定企业民主管理法是我国协调劳动关系的迫切需要

（一）企业民主管理制度在协调劳动关系中的重要作用

自机器大工业生产方式产生以来，工作场所中的雇主追求经济效率，雇员追求更高的劳动回报，二者之间的矛盾彰显了效率与公平两大价值之间的冲突。在企业管理实践中，企业行政部门往往会利用在工作管理中的指挥权和信息不对称的有利地位，过多地使用劳动力和更多地占有劳动剩余价值。工业革命以来，劳资之间的冲突和斗争从来也没有停止过。劳资冲突特别是罢工所带来的经济损失和由此引发的社会安定问题，成为各国都无法忽视的问题，因而各国无不重视劳动关系的协调，将矛盾提前化解，降低劳资摩擦所引发的经济损失和社会不安定问题。

随着经济全球化的深入和信息技术的广泛应用，各国之间的竞争加剧，全球劳动关系呈现出从冲突走向合作的发展趋势。民主的理念也从政治延伸到工作场所。工作场所中的民主不仅可以汇聚职工集体智慧，调动职工的生产经营积极性，推动技术创新、管理创新和服务创新，而且可以通过上情下达、下情上达减少信息不对称和传递中的失误，从而有利于增进管理层与普通职工之间的感情，促进相互之间的理解和信任，提高职工的归属感和满意度，从而起到沟通效率与公平之间的桥梁的作用，及时化解矛盾和纠纷，促进工作场所中和谐劳动关系的建立。

（二）我国劳动关系协调压力较大

当前，我国经济社会进入转型期，这一时期是工业化和城镇化与经济全球化和信息化叠加发展的时期，大批农民工进入劳动力市场成为新生代产业工人，如何保护好他们的权益，成为我国经济发展的关键因素。当前，我国面临经济结构转型、传统产业升级、新旧动能转换、劳动用工形式多样化、新就业形态用工逐年增多、灵活用工去劳动关系化等问题频现，新生代劳动者的需求日益多元化，传统劳动关系调整模式面临挑战，受疫情和国际经济

环境影响，劳动就业压力增大，劳动者和用人单位之间的劳动纠纷频发，劳动争议案件数量逐年上升，近十年劳动争议案件数量增长了近一倍（见表 1-1），协调劳动关系的压力日益加大。

表 1-1　2011～2020 年劳动仲裁受理劳动争议案件情况统计　　单位：件

	2011 年	2012 年	2013 年	2014 年	2015 年	2016 年	2017 年	2018 年	2019 年	2020 年
劳动争议案件	589244	641202	665760	715163	813859	828410	785323	894053	1069638	1094788

资料来源：国家统计局网站年度数据。

（三）制定和完善企业民主管理法是我国协调集体劳动关系的需要

经过多年的探索和努力，我国已经形成了一套较为行之有效的劳动关系协调模式，即以个别劳动关系调整为主、以集体劳动关系调整为重点、以社会劳动关系为底线的劳动关系协调模式。应当说，当前我国的劳动关系协调模式是基本适应经济社会发展需要的，但是集体劳动关系协调中还存在不足。

《中共中央关于坚持和完善中国特色社会主义制度　推进国家治理体系和治理能力现代化若干重大问题的决定》指出："全心全意依靠工人阶级，健全以职工代表大会为基本形式的企事业单位民主管理制度……维护职工合法权益。"[①]在劳动关系领域，应推动建立企事业单位协商机制，及时化解和处理劳动纠纷。

在我国目前的劳动关系状况下，非公有制企业特别是民营企业，是劳动纠纷的多发领域，非公有制企业是集体协商协调劳动关系的重点领域。现行立法规定，集体合同草案应经职工代表大会或职工大会讨论通过。按照目前的立法情况，民营企业是否实行职工代表大会是有争议的，这也是导致集体协商在民营企业中无法有效落地的重要原因。

《中共中央国务院关于构建和谐劳动关系的意见》将企业民主管理作为构建和谐劳动关系的重要手段，这也就意味着企业民主管理制度是协调劳动关系的重要方式。在市场经济条件下，企业民主管理是实现职工民主权

① 《中共中央关于坚持和完善中国特色社会主义制度　推进国家治理体系和治理能力现代化若干重大问题的决定（2019 年 10 月 31 日中国共产党第十九届中央委员会第四次全体会议通过）》，《人民日报》2019 年 11 月 6 日。

利、保障职工合法权益、调动职工工作积极性、构建和谐劳动关系、促进企业和职工共同发展的重要保障。特别是在我国推进供给侧结构性改革的背景下，经济下行压力较大，更加需要企业管理层与员工凝心聚力共同发展。推动制定企业民主管理法将有利于我国建立劳动协商机制，构建和谐劳动关系。

总之，研究和制定企业民主管理法是我国建立和完善社会主义基层协商民主，保障职工享有平等的民主权利的需要，是我国建立现代企业制度，汇聚职工集体智慧推动企业发展的需要，是建立沟通与协商机制，保障职工合法权益，及时化解劳动纠纷，构建和谐劳动关系的需要。经过近一个世纪的探索，我国企业民主管理立法已经积累了宝贵的经验，已经具备统一立法的可行性。但是在一些具体问题上还需要更加深入的探讨，这也是本书研究的重点和意义。

第二节 国内外研究的基本情况

国内外学者从政治学、管理学、劳动关系学和法学等多个角度对企业民主管理制度进行了卓有成效的研究。

一、国内研究的基本情况

我国关于企业民主管理的研究较多，但从立法的角度进行研究的较少。关于企业民主管理立法的专著更加有限。当前从事企业民主管理研究的人员主要来自四个领域。一是工会学界，即工会干部和工会干校教师，多从工会民主管理工作的角度出发，探讨企业民主管理的运行范围和发挥的作用，其研究多关注政策和法律在实践中的运行，而缺乏系统深入的研究，理论上的建树很少，在寥寥的图书资源中只能看到用于工会工作实践的教学参考书或操作读本，其学术价值非常有限。二是管理学界，这类成果多是对西方国家文献的翻译，偏重从企业管理的角度研究职工参与对经济效率的意义，而从制度角度专门研究企业民主管理，特别是从立法角度系统研究的成果就更加少见。三是法学界，企业民主管理立法根本没有进入法学界的主流研究视野。从立法层面探讨企业民主管理的专著非常少见，在部分劳动法教科书中有所涉及，但多为概念性的介绍，系统深入探讨的论文和专著极为少见。四是政治学界，这类成果多是从政治角度，从基层民主和基层社会治理的角度开展的研究，往往泛泛而谈，没有从工作场所、工作环境中进行深入研究。多数学者则仅从立法上呼吁完善企业民主管理立法，但缺乏深入探讨。以下从不同的研究视角进行介绍。

（一）政治学视角的企业民主管理研究

从政治学视角研究企业民主管理，国内多数文献主要从社会意识形态的角度探讨企业民主管理与社会主义国家之间的必然联系，如张允美对职工代表大会制度的政策变迁和实际情况进行分析，认为职工政治参与的性质为政治性许可参与。① 近几年来学者们多从社会主义协商民主的角度研究基层民主，将企业民主管理作为基层民主的一部分来进行研究，如杨冬梅阐述了协商民主和职工民主管理的关系，指出协商民主为新形势下职工民主理论创新提供了理论指导，为职工民主管理的发展指明了方向，进一步明确了职工民主管理的定位，进一步丰富了职工民主管理的内容。②

（二）劳动关系学视角的企业民主管理研究

近年来，越来越多的学者从劳动关系视角研究企业民主管理，如刘军介绍了西方产业民主的概念、思想来源、民主实践、发展模式，并总结了产业民主所依托的历史文化、立法背景和发展趋势。③ 李亮山、石美遐通过对中德员工参与形式做出比较提出了德国工作委员会对我国员工参与的借鉴意义。④ 郑文智等认为员工参与对企业的额外投入有积极作用，员工参与与相互投资型劳动关系之间具有部分的中介作用。⑤ 石美遐则主张从多元视角出发构建企业民主管理理论体系。⑥ 有关职工参与管理的身份，传统理论认为“主人翁”身份是职工参与管理的身份，刘元文则认为职工是以工资劳动

① 参见[韩]张允美：《中国职工代表大会制与职工参与模式的政治学分析》，《北京行政学院学报》2003 年第 1 期。

② 参见杨冬梅：《企业政工思想工作中的问题及对策研究》，《企业改革与管理》2015 年第 12 期。

③ 参见刘军：《试论西方产业民主》，《国外社会科学》2007 年第 6 期。

④ 参见李亮山、石美遐：《中德产业民主比较》，《生产力研究》2010 年第 10 期。

⑤ 参见郑文智等：《劳动契约、员工参与与相互投资型劳动关》，《管理科学》2012 年第 6 期。

⑥ 参见石美遐：《多元视角的企业民主管理理论体系研究》，北京交通大学出版社 2017 年版。

者的身份参与管理。[①] 胡国栋、王晓杰主张通过员工持股计划、职工参与决策、强化职工代表大会功能以及打造自我管理团队等方式，尝试建构我国国有企业组织主人翁行为的运作机制。[②] 陆海燕着重从我国工会组织的现状出发，提出国家立法执法上的碎片化以及工会自治性、独立性的欠缺，制约了工业民主形式的有效性。从现实路径出发，应逐步培养工会的自治性和独立性，从而为工业民主在我国的实施打下坚实的基础。[③]

（三）管理学视角的企业民主管理研究

对员工参与效果的研究多集中于管理学角度，即员工参与对提高效率的意义，进而论证员工参与的正当性与合理性。詹静通过对员工参与的发展历史、影响员工参与的因素进行分析，将理论研究和数据调查相结合，对员工参与的影响因素特别是导致员工参与边缘化的因素进行分析，提出弥合员工参与边缘化、减少员工参与分化的建议，以促进职工参与管理的发展。[④]

谢玉华、张群艳提出了员工参与对员工忠诚度的影响。[⑤] 吴建平、陈紫葳以员工参与和满意度为操作变量，验证了职工参与的积极性主要在于职工参与的机会。[⑥] 陈微波提出，民主与管理的价值整合是当代工业民主理论的变革趋势，通过强调员工对企业的产权参与，使参与管理的内容发生变革；通过强调员工对企业的综合参与，使参与管理的形式发生变革。[⑦] 范丽娜分析了互联网助推中国企业民主管理回归产业民主实质。[⑧]

（四）法学视角的企业民主管理研究

专门从法学视角研究企业民主管理的文献较少，从立法视角对企业民

---

① 参见刘元文：《论民主参与法与职工代表大会制度建设》，《工会理论研究》2011 年第 6 期。

② 参见胡国栋、王晓杰：《企业民主的缺失与重建：从“鞍钢宪法”到组织主人翁行为》，《马克思主义研究》2016 年第 1 期。

③ 参见陆海燕：《工业民主理论与实践及其在中国的运用》，《浙江学刊》2014 年第 3 期。

④ 参见詹静：《参与的分化：职工民主发展的现状与前景》，中国工人出版社 2017 年版。

⑤ 参见谢玉华、张群艳：《企业职工民主参与与忠诚度相关性实证研究——来自湖南的调查》，《湖湘论坛》2010 年第 3 期。

⑥ 参见吴建平、陈紫葳：《企业民主管理的实证基础：以员工参与与员工满意度相关关系为视角》，《中国劳动关系学院学报》2010 年第 4 期。

⑦ 参见陈微波：《工业民主理论的发展、困境及其变革——以民主与管理的价值整合为线索》，《社会科学》2012 年第 6 期。

⑧ 参见范丽娜：《互联网＋对中国企业民主管理实践的影响》，《中国劳动关系学院学报》2018 年第 2 期。

主管理进行研究较为集中的当属《劳动法》教科书，如常凯主编的《劳动法》设专章论述参与民主权，区分劳动者参与民主权和企业参与民主权，提出未来企业民主管理的方式应为参与而非自治。① 马建兵主要探讨了职工民主管理在公司治理中的地位和作用，主张股东和职工之间异质性的民主应当建立适当的分隔，并建立一种协商机制。② 谢增毅分析了我国职工代表大会的职权，认为应重新对其功能进行定位，即协商和监督是职工代表大会的功能。③ 刘文华、赵磊④从企业民主管理立法的历史变迁和企业民主管理实践角度，分析了现行立法存在的问题并提出了相应的对策。徐小洪分析了我国职工代表大会制度与集体协商制度权利配置的差异问题。⑤

二、国外研究的基本情况

劳动者参与企业民主管理，进而参与企业决策，在西方国家已成为共识，如德国建立了企业委员会制度并制定了《共同决定法》，瑞典制定了《共决法》，挪威制定了《参与决定法》等，用于规制员工参与企业管理的规定。美国的《全国劳动关系法》也贯彻着员工参与的理念。关于员工参与企业管理的理论依据也有很多探索，如人力资本理论、企业社会责任理论和共同治理理论等。最为典型的是英国韦伯夫妇（Sidneg Webb, Beatrice Potter Webb）的产业民主理论。

（一）从劳动关系视角研究职工参与企业管理

国外学者对企业民主管理的研究大多集中在劳动关系领域，如澳大利亚的班贝尔（G. Bamber）等学者编著的《雇佣关系国际比较》，其中就分析了民主管理的具体问题，并指出，在全球化背景下，在劳动关系协调方面，集体谈判的作用大为减弱，而民主管理将发挥越来越重要的作用。哈里·卡茨（Harry C. Katz）等学者在《集体谈判与产业关系概论》一书中分析了员工参与的过程及其与集体谈判的关系。德国著名劳动法学家沃尔夫冈·多伊普

---

① 参见常凯主编：《劳动法》，高等教育出版社 2011 年版。

② 参见马建兵：《职工民主管理中的治理法律问题研究——异质性民主的分隔与协商》，中国政法大学出版社 2012 年版。

③ 参见谢增毅：《职代会的定位与功能重塑》，《法学研究》2013 年第 3 期。

④ 参见刘文华、赵磊：《企业民主管理法律规制研究》，《中国劳动》2017 年第 10 期。

⑤ 参见徐小洪：《企业职工代表大会制度与企业集体协商制度的冲突——劳动者权益视角》，《天津市工会管理干部学院学报》2018 年第 3 期。

异。以下试着对国内常用的几个概念进行解析。

一、工业民主和产业民主

(一)工业民主的提出

“工业民主”的概念最早由韦伯夫妇提出。1897年,韦伯夫妇出版了《工业民主》一书,三年后《工会主义的历史》问世,这是关于工业民主的最早论述。在韦伯夫妇的理论中,工业民主有两层含义:一是内在维度,即工会民主;二是外部维度,主要指“集体谈判的方法”。[①] 1918年6月,在英国工党会议上,韦伯起草的《工党与社会新秩序》作为“工党成立以来的第一个正式纲领”[②],其中工业民主是他所设计的社会大厦的“四根支柱”之一。从这一意义上来说,韦伯的工业民主权利是一种政治权利。

韦伯认为公有制基础上的民主管理是工业民主的实质,即产业必须归人民控制。工人通过工会管理产业是工业民主的一种形式。有学者认为,韦伯夫妇所设想的工业民主是指由国会、地方政府、消费合作运动团体选举出来的代表组成产业管理机构,而管理人员对全民负责,从而以直接或间接的形式达到全民参与管理的目的。[③] 石美遐认为,韦伯的设想与现代企业管理的利益相关者概念有类似之处。[④] 总结韦伯夫妇工业民主的概念,工业民主首先是一种政治权利,这种政治权利是建立在公有制基础之上的,形式包括工会民主和集体谈判,本质是产业为人民所控制。

(二)产业民主

韦伯夫妇所设想的工业民主在资本主义社会无法得到完全实现,但工业民主的理念却得以传播和发展。工业民主又常常被称为“产业民主”。随着经济的发展,产业范围不断扩大,工会广泛存在于工业企业、服务业、农业,甚至存在于政府部门和事业组织之中,最初意义上的工业民主又称为“产业民主”,以适应经济发展和工会壮大的现实需要。

工业革命催生了政治民主,民主的价值理念必然延伸到社会生活的各

---

① 参见陆海燕:《工业民主理论与实践及其在中国的运用》,《浙江学刊》2014年第3期。

② 曹婉莉编:《韦伯夫妇》,上海社会科学院出版社2012年版,第106页。

③ 参见曹婉莉编:《韦伯夫妇》,上海社会科学院出版社2012年版,第138～140页。

④ 参见石美遐:《多元视角的企业民主管理理论体系研究》,北京交通大学出版社2017年版,第18页。

个领域，即在产业关系中不受专制奴役，在工作中依然享有充分的自由。“工业同政府一样，不能保持半奴役、半自由的状况。我们必须在工业中实现林肯的民主定义：工人所有的、工人掌握的、为了工人的。”[①]实际上产业民主和工业民主常常在同一语境下使用，在产业关系层面，二者并没有本质的区别；但工业民主的外延更为广泛，不限于产业关系层面。

（三）工业民主概念的发展

20世纪20年代末，德国学者拿弗塔利（Fritz Naphtali）和他的同事提出了德国语境下的“工业民主”，即产业和国家宏观经济层面的共同决策。工作场所内的共同决策与前者相比是次要的。这就将工业民主的层面加以区分，并不局限于工作场所内。除此之外，关于工业民主还有其他解释，如德国马克思主义学者卡尔·柯尔斯（Karl Korsch）将集体谈判和区域甚至国家经济层面的共同决策作为工业民主的范畴。英国学者休·克雷格（Hugh Clegg）非常重视工会和集体谈判作为保护劳权的机制，这种机制是工业民主努力的目标。[②] 从这些学者对工业民主的解释来看，工业民主有广义和狭义之分，狭义的工业民主仅指工作场所中的民主，而广义的工业民主还包括产业、区域甚至国家层面的共同决策。

国内学者大多从工作场所层面解释工业民主的内涵和外延。例如，有学者指出，“西方政治学家提出工业民主即劳动生活民主化的概念，主要是指打破企业内部的权力结构，改变资方在管理企业中的特权地位，使工会在企业的管理中起重大作用，工人参与企业管理”[③]。陆海燕将工业民主定义为：“保障工人权利从而做出的一系列能够使工人或其代表参与与自身利益相关决策的制度安排和形式，主要框架包括工会、集体谈判以及员工参与。”[④]张新胜将工业民主解释为通过工作场所共享权力和责任，员工积极参与决策的一种形式。[⑤] 这一概念在强调了共享权力、参与决策之外，还包括了共担责任。

---

① Lauck, W. Jett, *Political and Industrial Democracy, 1776-1926*, New York: Funk& Wagnalls Company, 1926, p.56.

② 参见陆海燕：《工业民主理论与实践及其在中国的运用》，《浙江学刊》2014年第3期。

③ 赵丽江、张远凤：《论发展工作场所的民主参与》，《北京行政学院学报》2007年第6期。

④ 陆海燕：《工业民主理论与实践及其在中国的运用》，《浙江学刊》2014年第3期。

⑤ 参见石美遐：《多元视角的企业民主管理理论体系研究》，北京交通大学出版社2017年版，第2页。

从工作场所层面看，谢玉华区分了广义和狭义的产业民主，她认为："广义的产业民主是指工作场所中的员工通过一定的组织和程序参与和影响决策，共享权力和责任的自我管理……狭义的产业民主是指工人真正控制企业，拥有工厂的所有资产，控制工厂的生产经营等一切活动。"①狭义的产业民主是指工人自治。

关于工作场所中的民主，学者们的核心关注点虽然有所不同，但都指向决策上的民主，都关注工会和员工对企业决策权的分享。其核心是员工有权参与涉及其自身利益问题的决策和管理。②

总结上述关于工业民主(产业民主)的概念，可以看出工业民主(产业民主)是政治民主向经济领域的延伸，包括工会民主和员工民主，工作场所内的民主和工作场所外的民主。工业民主(产业民主)至少在三个层面上使用或者包含三个层面：一是宏观层面，涉及劳动政策、劳动法律的国家层面上的共同决策；二是中观层面，行业、产业、区域层面上的共同决策；三是微观层面，工作场所领域中的职工民主参与。国内的研究更加关注工作场所内的职工参与。

二、员工参与(职工参与)

(一)员工参与概念的产生

相较于工业民主的三个层面，员工参与主要是工作场所的参与，是从管理学的角度来探索工作场所的职工参与。特别是随着人力资源管理理论的兴起，工作场所内的民主受到理论界和实务界的关注。在管理理论的发展史上，基于对工作效率提高的认识，经历了不同的发展阶段，产生了不同的管理学派。科学管理时代，工人在工作场所只是劳动的工具，没有任何的发言权。随着工人的反抗，制度经济学理论开始修正科学管理理论，主张应将政治民主引入工作场所，实施民主，让工人参与雇佣条款和就业条件的决策。而行为科学管理理论的兴起，则开始关注工作场所的人际关系和工业民主的融入，参与管理的理念逐步强化并不断付诸实践。职工参与被认为

① 谢玉华：《中国劳动关系的治理变革：产业民主与职工参与》，中国工人出版社2017年版，第10页。

② 参见程延园：《对企业民主管理立法的几点思考》，《北京市工会干部学院学报》2006年第3期。

是解决工作场所权力失衡的重要手段。所有参与、影响、控制决策，共享权利和责任的企业共决行为都成为员工参与民主的研究范畴，并产生了员工参与的概念。

（二）员工参与（职工参与）的内涵

员工参与有广义和狭义之分，狭义的员工参与一般是指员工参与工作场所的决策和管理。美国加利福尼亚大学的史蒂夫·贝恩布里奇（Stephen M. Barinbridge）认为，员工参与指将员工纳入企业决策，发挥员工在企业决策中的作用的所有制度。①

美国学者劳拉三世（Edward E. Lawler Ⅲ）认为，员工参与是一整套人力资源管理的方法，包括赋予员工决策权，与员工共享公司信息，对员工进行培训以获得必要的知识和技能，实行与绩效相关联的薪酬制度，并由此提出了"高参与型管理"这一概念。② 劳拉提出了员工参与的四要素，即权力、信息、薪酬和知识。授权是员工参与决策的核心，涉及企业的重要经营管理信息是员工参与决策的基础，个人能力和贡献的增值以及组织绩效相关联的薪酬体系设计是员工参与管理的关键，员工的知识和技能则是员工参与管理的保障。③ 劳拉的观点实际上是把员工参与作为一种企业管理的方式，是否授权是员工参与的前提，即从管理学出发的员工参与既不是员工的自然权利也不是员工的法定权利，而是企业的授权。从这一角度而言，其有别于很多国家立法规定的工业民主（产业民主）制度。

对于员工参与决策的范围，部分学者认为，员工参与是指员工参与企业的民主管理、监督管理以及利润分配。如冯彦君、邱虹从人力资本理论和企业契约理论出发认为，认为员工参与应触及企业产权，是职工对企业剩余索取权和（或）企业剩余控制权的分享。④

笔者认为员工参与是从管理学的视角，对员工参与企业决策和管理行为的统称，以提高生产效率，降低劳资摩擦为目标。

---

① Stephen M. Barinbridge,"Privately Ordered Participatory Management: An Organizational Failures Analysis", *Delaware Journal of Corporate Law*, Vol.23, No.3, 1998, p.979.

② Edward E. Lawler Ⅲ, *The Ultimate Advantage: Creating the High-involvement Organization*, San Francisco: Jossey-Bass Publishers, 1992.

③ Edward E. Lawler Ⅲ, *High-invovlvement Mangement*, San Francisco: Jossey-Bass Publishers, 1986, p.252.

④ 参见冯彦君、邱虹：《职工参与制及其理论基础质疑》，《当代法学》2007年第5期。

“员工参与”的概念相较于“工业民主”的概念，更加强调员工在微观层面即对企业内部事务的决策参与，而不涉及国家和行业等宏观经济层面的参与。有学者比较了产业民主和员工参与的内涵，指出“产业民主是一个劳资共同制定决策的过程，集体协商和员工参与是其重要机制。而员工参与相对产业民主而言范围更为狭窄。员工参与的方式，有‘获得资讯’‘劳资协商’‘共同管理’‘自我管理’四种不同的参与层次”[①]。但广义的员工参与不仅包括决策参与，还包括利润分享。员工参与一般不具有法定权利属性，只是企业的管理权利的让渡。

三、雇员参与

（一）雇员参与的概念

从劳动关系的视角来看，雇员参与的概念被广泛地使用。雇员参与是指劳动者参与生产经营的决策并对该决策产生影响的行为，即雇员是决策的参与者而不是决策的旁观者。[②] 国内持同一立场的学者认为，是“职工通过法定机关和法定方式直接参与公司决策的制定，并对该决策制定进行监督，从而影响公司决策结果的参与制度或方式”[③]。

雇员参与一般来说有以下三种解释：一是“强调雇员参与是一种政治概念或哲学。这时候用‘工人控制’或者‘产业民主’可能更贴切一些。这一概念强调改变组织内部的产业力量对比，使力量对比平衡，其中心目标是，工人可以在组织内实现自治”[④]。二是“指所有的雇员能影响企业组织的程序和机构。这时候，只要处于企业等级制度最底层的人员参与了企业的管理或领导，就意味着雇员参与。它同时包含各种社会组织机制，通过这些机制，下属雇员可以以个人或集体方法参与企业的决策。从这个意义上说，雇员参与是以工会为起点的，它包括了劳动关系的各个方面，从资方的信息提供，共同协商，集体谈判或其他制度化的共同经营方式到工人控制企业”[⑤]。

---

① 程延园编著：《劳动关系》第三版，中国人民大学出版社 2011 年版，第 206 页。

② 参见周超：《职工参与制度法律问题研究》，中国社会科学出版社 2006 年版，第 22 页。

③ 陈昌举、王添翼：《职工民主参与制度：目标・依据・模式》，《宁夏社会科学》2011 年第 6 期。

④ 杨体仁、李丽林编著：《市场经济国家劳动关系——理论・制度・政策》，中国劳动社会保障出版社 2000 年版，第 368 页。

⑤ 杨体仁、李丽林编著：《市场经济国家劳动关系——理论・制度・政策》，中国劳动社会保障出版社 2000 年版，第 368 页。

三是特指传统的共同经营程序中增强雇员的影响。雇员参与强调的是劳资双方具有平等的决策权。它要求工会肩负新的责任，要求资方与雇员分享某些决策权。[①] “按照第三种解释，雇员参与的定义应为：是一种组织管理的哲学或方式，它承认雇员个人或集体需要并有权参与比集体谈判更广的范围内的组织管理决策。”[②]这一定义的中心是强调劳资双方在各个层次共同决定和解决各种问题，它的着重点在于雇员参与使雇员有机会影响或参与那些与他们有关的决策。[③]

（二）雇员加盟

随着人力资源管理理念的兴起，“雇员参与”被“雇员加盟”这一概念所取代，雇员加盟是指由雇主主导实施的在保证雇员的目标、需求与组织目标一致的情况下最大化地利用雇员劳动的方法。由此可见，雇员加盟是要加强雇员对组织目标和价值的支持，而雇员参与则是为雇员提供影响和参与组织决策的机会。[④] 二者虽然都重视雇员的参与，但不同的是雇员加盟中雇员的参与是手段而非目的。而雇员参与更侧重于雇员的权利。雇员加盟和员工参与本质上没有什么区别。

四、企业民主管理和职工民主管理

在我国学术界和工会界高频次使用的是“职工民主管理”和“企业民主管理”这两个概念。关于职工民主管理的概念，在我国也有不同的观点。

（一）企业民主管理和职工民主管理的基本含义

企业民主管理和职工民主管理最常见的含义包括以下几个层面。

第一，强调职工民主管理是一种政治概念或政治哲学，如长期以来我国理论界和实务界将职工民主管理权利称为政治民主权利，就是从政治的角

---

① 参见杨体仁、李丽林编著：《市场经济国家劳动关系——理论·制度·政策》，中国劳动社会保障出版社 2000 年版，第 368～369 页。

② 杨体仁、李丽林编著：《市场经济国家劳动关系——理论·制度·政策》，中国劳动社会保障出版社 2000 年版，第 369 页。

③ 参见杨体仁、李丽林编著：《市场经济国家劳动关系——理论·制度·政策》，中国劳动社会保障出版社 2000 年版，第 369 页。

④ 参见杨体仁、李丽林编著：《市场经济国家劳动关系——理论·制度·政策》，中国劳动社会保障出版社 2000 年版，第 369 页。

度对其概念加以界定的。① 其理论来源于列宁学说，以及苏联和我国计划经济时期的职工民主管理理论与实践。将职工参与企业的管理作为社会主义国家职工当家作主的实现方式，将其作为基层民主政治的组织部分。

第二，强调职工民主管理是一种企业组织管理哲学或方式。从公司内部治理的角度，强调职工作为一方利益主体在企业决策中的影响与作用。

第三，强调职工对企业决策形成的影响过程。侧重职工对决策影响的范围、深度、方式和程序。

（二）企业民主管理和职工民主管理含义的异同

在我国，企业民主管理和职工民主管理经常在相同意义上使用，如王全兴认为："职工民主管理，又称企业民主管理……是指职工直接或间接参与管理所在企业内部事务。"②

也有学者强调企业民主管理与职工民主管理之间是存在差异的，如常凯教授认为，职工民主管理的本意应该是职工在管理中有权做主，"做主"是职工民主管理的本质，从职工民主管理制运行的实际情况来看，除少数集体所有制企业外，绝大多数全民所有制企业选择企业领导人和重大问题的决策都不掌握在职工手中，因而称其为"职工民主管理"是名不副实的，它与德国等少数欧洲国家所实行的"职工参与制"是等价的。③ 也就是说，职工民主管理是指职工自治，即完全由职工管理企业；而企业民主管理的核心是职工参与管理，即职工通过一定的方式影响企业行政的决策产生或与企业行政共同决策。从这一角度出发，我国以职工代表大会为基本形式的职工参与企业管理的方式应称为"企业民主管理"而非"职工民主管理"。

谢玉华认为："从我国目前职工民主管理的内容、直接目的、程序、方法等方面来看，我们所说的民主管理与西方国家的工人参与管理并没有实质性区别，其机制和规则是相同的。"④但是，具体参与的范围还是有差异。

笔者认为，我国学术界和工会界几乎在相同概念上使用"职工民主管理"和"企业民主管理"这两个概念。随着我国市场经济体制的改革，职工民

① 参见常凯主编：《劳动关系学》，中国劳动社会保障出版社 2013 年版，第 296 页。

② 王全兴主编：《中国劳动法》，中国政法大学出版社 1995 年版，第 141 页。

③ 参见常凯：《劳动关系・劳动者・劳动权——当代中国的劳动问题》，中国劳动出版社 1995 年版，第 303～306 页。

④ 谢玉华：《中国工业民主和员工参与制度及功能：国企民企外企的比较——来自湖南的调查》，《经济社会体制比较》2009 年第 1 期。

主管理已经名不副实，职工民主管理的实质为职工参与。职工民主管理制度适用的范围也不再局限于企业，“企业民主管理”的说法也无法涵盖目前所有的职工参与制度，因而有学者主张用“职工参与”代替“职工民主管理”或“企业民主管理”。笔者认为，任何一个概念的内涵都不是一成不变的，随着时间和经济社会条件的变迁，很多概念的内涵也在发生改变。“企业民主管理”和“职工民主管理”这两个概念在我国已经存续了近百年的历史，人们已经习惯了二者在同一意义上使用，只需要在新的历史背景下赋予其新的内涵，而不必更换概念的名称。

第二节　企业民主管理的概念界定

市场经济条件下企业民主管理的核心是职工参与，因而，有必要澄清“职工”和“参与”两个概念。

一、职工的概念

根据现行立法，我国企业民主管理的主体是职工，即企业民主管理参与权的主体为具有“职工”这一身份的人。

（一）职工的概念

一般认为，职工是指在中国境内的用人单位中以工资收入为主要生活来源的劳动者，即工资劳动者。

在我国，“劳动者”也是一个模糊的概念，《劳动法》和《劳动合同法》使用“劳动者”这一概念。在境外，在探讨职工参与的问题时“劳动者”一般指的是雇佣劳动者。台湾学者卫民在其《劳资关系——问题与政策》一书中提出“工业民主是一种增进劳工参与管理决策之各项政策或措施之总称”，即“劳工参与乃指劳工以劳工之地位而直接或间接地行使企业经营之职权而言”。[①] 在我国劳动法领域，劳动者即劳权的拥有者。常凯梳理了市场经济国家劳权的主体，“或称 labourer（劳动者、劳工），或称 worker（工人、职工），或称 personnel（员工），或称 employee（雇员、雇工），或称 wage worker（工薪

---

① 卫民：《劳资关系——问题与政策》，环球经济社 1990 年版，第 96 页。

收入者),或称 employed labour(雇佣工人)”[1],虽然说法不同,但实质含义都是与雇主相对的工资劳动者。总之,职工是以劳动力的所有者身份进入劳动力市场,其基本身份是雇佣劳动者或工资劳动者。

(二)职工的范围

1.非公有制企业的老板不具有职工身份

在明确了职工的概念之后,我们还需要澄清一个单位中哪些人不是职工。例如,根据《企业民主管理规定》,职工代表大会的代表由工人、技术人员、管理人员、企业领导人员和其他方面的职工组成。这里企业领导人员的范围,立法并没有明确说明。在我国,能够以职工身份参与企业管理,特别是能够以职工身份出席职工代表大会的人,是否包括同时兼有雇主和职工双重身份的非公有制企业的高管、国有企业负责人、事业单位负责人,则是需要探讨的范畴。实践中上述人员往往都被安排进入不同的选区,自动获得职工代表的身份,进入职工代表大会参与表决和表达意见,甚至主导或推进一些重大事项的决策。按照《工会法》关于工会会员对职工范围的界定,职工不包括非公有制企业的老板。非公有制企业的老板具有雇主身份,不应当同时具有职工身份。

2.国有企业的厂长或经理等主要负责人不应具有职工的身份

虽然国有企业领导人也需要与国资委签订劳动合同,接受委托管理国有企业,但是他们的主要身份是雇主,而非一般意义上的雇员。他们是企业的直接管理者,而不是参与管理者。正如有学者所言,“现代企业中,厂长经理并不是一般的劳动者,而是资本——不管是国家资本还是私人资本——的代理人”[2]。

笔者认为,国有企业领导人不能以“职工”的身份参与企业管理,但这并不等于说国有企业的领导人不能出席职工代表大会,但其身份有别于普通职工,其身份是投资者的代理人,即应以雇主的身份进行企业管理。

3.公司制企业的高管不应以职工的身份参与企业管理

职工董事、职工监事制度是公司制企业职工参与企业共同决策的机制。

---

① 常凯:《劳权本位:劳动法律体系构建的基点和核心——兼论劳动法律体系的几个基本理论问题》,《工会理论与实践》2001 年第 6 期。

② 常凯:《劳权本位:劳动法律体系构建的基点和核心——兼论劳动法律体系的几个基本理论问题》,《工会理论与实践》2001 年第 6 期。

如果不限制公司高级管理人员以职工的身份参与管理，那么最终被选为职工董事、职工监事的职工依然是这些高管，企业民主管理作为一种平衡劳资利益的机制也将流于形式，将会大大减少普通职工进入管理层参与决策、监督的机会。因此，职工应当指公司的普通员工，《公司法》规定的高级管理人员不应被选任为职工董事和职工监事。

4.外籍员工是否有权参与企业管理

根据中华全国总工会1979年下发的《关于外籍职工参加工会的意见》，外籍职工符合会员条件的，可以加入工会。从我国企业民主管理立法的发展来看，逐渐淡化了职工参与权利的政治属性，而强化了职工参与的经济属性。根据《企业民主管理规定》，与企业存在劳动关系的职工享有企业民主管理权利。因而从现行立法来看，应赋予与用人单位订立劳动合同，建立劳动关系或建立事实劳动关系的外籍职工参与企业民主管理的权利，但其参与权利应有所限制，如外籍职工可以通过厂务公开获得用人单位公开的信息，对用人单位的发展有提出意见和建议的权利，但不应被选为职工代表和职工董事、职工监事。

5.集体所有制企业的职工范围

集体企业内部存在不同身份的职工。按照《城镇集体所有制企业条例》的规定，城镇集体所有制企业（以下简称“集体企业”）是财产属于劳动群众集体所有、实行共同劳动、在分配方式上以按劳分配为主体的社会主义经济组织。按照有关法律的规定，集体企业的职工同时具有另一个身份，即集体成员。集体成员所蕴含的法律上的意义是，集体成员作为一个整体是集体企业的出资者。因而，《城镇集体所有制企业条例》中的集体企业职工与其他所有制企业类型的职工具有本质意义上的差异。集体企业的职工不是以雇员的身份来参与企业管理，而是以出资者的身份参与职工代表大会。因而，《城镇集体所有制企业条例》所规定的职工代表大会制度实质是职工民主管理企业，而非企业民主管理。但在实践中，那些经营好的集体企业大多进行了公司制改革，留下来的集体企业在劳动用工上已经偏离了集体企业职工同时也是集体成员的情况。绝大多数集体企业的劳动用工与其他企业的用工已经没有明显差异。

张静指出，“身份是社会成员在社会中的位置，其核心内容包括该特定的权利、义务、责任、忠诚对象、认同和行事规则，还包括该权利、责任和忠诚存在的合法化理由”[①]。在集体企业中，作为雇员的职工可能并不只有一种身份。有的职工是纯粹的雇员，而有的职工则是集体企业出资的集体经济组织成员。作为企业的雇员组成的职工代表大会的职权与作为出资者代表组成的集体经济组织成员大会，其在集体企业中的地位和职权应有所不同。

《中华人民共和国乡村集体所有制企业条例》(以下简称《乡村集体所有制企业条例》)区分了企业所有者成员大会和职工大会的职权，从而区别了作为“雇员”的职工和作为“出资人”的职工。

在探讨集体所有制企业职工的范围时，无论是城镇集体所有制企业，还是乡村集体所有制企业，参与企业管理的职工范围应特指作为雇员身份的职工，即没有以个人身份出资，也没有作为集体经济组织成员履行出资义务的职工。

二、参与的概念

(一)参与的内涵

企业民主管理的核心是“职工参与”，其实质是在管理层和职工之间建立一种对话机制。有关“参与”的概念，学界存在着较大争议，学者们因视角不同，观点也不同。美国管理学家道格拉斯·麦格雷戈(Douglas M. Mc Gregor)指出：“(参与)基本上是指在合适的条件下创造出人们影响与他们有关的决策的机会。影响的程度从几乎没有到大量参与……(参与)是一种特殊的委托活动，其中，下级在有关他自己的事务方面具有更大的控制力、享有更多的选择自由。‘参与’一词通常指在上级所负责的事务中下级有着较高的影响力。”[②]关于参与，其核心包括决策参与、委托授权和下级影响上级，即按照麦格雷格说法，没有委托就没有参与，因而参与不是员工的权利，而是管理者的授权。结合麦格雷戈的理论我们不难发现，在他那里参与是企业管理的手段，是企业的权利而非义务。

此外，还有两种“参与”概念，一是指雇员在影响他们的工作的管理决策

---

① 张静：《身份认同研究：观念·态度·理据》，上海人民出版社2006年版，第4页。

② 转引自[美]卡罗尔·佩特曼：《参与和民主理论》，陈尧译，上海人民出版社2018年版，第64页。

中发挥积极作用的过程。[①] 这一概念是从保护雇员权利的角度出发，相比麦格雷戈的概念，其参与范围缩小到劳动管理，在外延上这一概念的内涵更加模糊。二是指在组织中下级由下至上地行使权力的过程，这一过程被他们自己和上级认为是合法的。[②]

上述三种概念的边界并不清晰，但都是从管理学的角度进行的定义，即参与并不是职工的权利，是否允许员工参与服从于企业的管理策略。持相似观点的还有美国管理学家弗伦奇（J. R. P. French）、伊思雷尔（J. Israel）和阿斯（D. Aas），他们认为，工业领域中的参与是指“在制定计划、政策或决定过程中双方或多方相互影响。它限定于对那些有权做决策的人和接受委托的人产生影响的决策”[③]。根据这一观点，将企业管理相关的信息告知员工不属于职工参与的范畴。再如，管理者说服员工服从决策的方法不被认为是员工参与。佩特曼认为这是一种假参与。[④] 但是员工要想高质量地参与决策，必须拥有做出决策所必需的信息。上述观点的共性是都指向决策参与，都强调下级对上级的影响。

长期以来，我国党政文件和立法将“参与”表述为“民主管理”“民主决策”“民主监督”。新修改的《工会法》在上述基础上增加了“民主选举”和“民主协商”。因此，我国企业民主管理法上的“参与”有着更广泛的内涵，既包括下级对上级决策权、管理权的分享，还包括下级对上级的监督和劳资共决。但对企业剩余索取权的参与，立法并没有涉及。

笔者认为，广义的职工参与是指职工对不属于自己工作职责范围内的事项参与决策、管理和监督，以及对自己工作范围事项的自我管理，还包括对企业剩余索取权的分享。狭义的职工参与则不包括对企业剩余索取权的分享。职工对完全属于自己职责范围内的事项的参与属于职工自主管理的范畴，不应当纳入职工参与立法的范畴。例如，某一基层职工对于本部门工作管理事项的参与属于职工参与的范畴，但对自己负责的单一事项的处理

---

① 参见[美]卡罗尔·佩特曼：《参与和民主理论》，陈尧译，上海人民出版社 2018 年版，第 64 页。

② 参见[美]卡罗尔·佩特曼：《参与和民主理论》，陈尧译，上海人民出版社 2018 年版，第 64 页。

③ 转引自[美]卡罗尔·佩特曼：《参与和民主理论》，陈尧译，上海人民出版社 2018 年版，第 65 页。

④ 参见[美]卡罗尔·佩特曼：《参与和民主理论》，陈尧译，上海人民出版社 2018 年版，第 66 页。

方式则不属于参与范畴。正如王全兴老师所言,职工民主参与“从其行为来看,是对企业管理的参与,而不是企业管理本身,也不是职工方与企业方的协议行为。职工作为被管理者,通过这种参与,使其意志贯穿于管理过程并与管理者意志相协调。如果职工作为企业管理人员执行其职务,或者与企业进行平等协商,都不属于职工民主管理”[①]。

(二)参与的深度和广度

1.参与的深度

职工参与作为一种权利在立法中加以体现,这不仅是职工和企业意志的体现,而且是国家意志的体现。参与的目的是职工参与广度和深度的尺度。职工无论是对经营管理事项的参与,还是与自身利益密切相关事项的参与都指向的是利益[②];对企业而言,给予职工参与机会的原因也是经济利益,职工参与有利于建立劳资合作机制,有利于构建和谐的劳动关系,提高经济效益。政府推进职工参与的目的,既是政治民主在基层的贯彻,服务于政治目标的实现,同时职工民主参与也有利于协调劳动关系,有利于政治稳定目标的实现,还可以实现经济目标。对政府而言,职工参与政治目标是首要目标,经济目标次之。虽然三者的目标有所差异,但是具有共同之处。因此,凡是三者目标一致的领域,应允许职工深度参与,而只能满足部分主体需要的领域,其参与的深度应有所差异。

从现行立法关于参与事项的规定就可以看出这一原则。例如,凡是与职工利益密切相关的事项,这是职工参与最关注的领域,也是企业非常关注的事项,同时也为政府所高度关注,因而立法规定了职工的深度参与。再如,企业的经营事项是企业最为关注的,而职工和政府的关注度则较弱,因而在参与的深度上,立法赋予职工有限的参与权。参与权利分为知情权、建议权、共决权和决定权。

2.参与的范围

(1)职工参与的层次性

职工参与具有广泛性和层次性。从政治上来看,职工参与的范围广泛。从参与的层面上,宏观层面,包括选举职工代表参与国家和社会事务管理,

① 王全兴主编:《中国劳动法》,中国政法大学出版社1995年版,第141页。

② 无论是职工还是企业都是以经济利益为主,包括物质、精神和价值观等多重利益。经济利益是职工民主参与的源动力。

参与国家劳动政策、法律制度的制定和修改，协调劳动关系三方机制中的参与；中观层面，主要指产业行业劳动标准确定和劳动关系协调中的参与；微观层面，企业民主参与也经常称为工作场所的参与。

(2)职工参与领域界定

此处探讨的核心在于是否包括工作场所以外的民主。本书所要探讨的职工参与仅指工作场所中的职工参与，不包括宏观和中观层面的参与。微观层面的职工参与，不仅包括职工参与企业决策、管理和监督，还包括集体协商(集体谈判)。工作场所一般指工人处理工作事务的主要场所，但在互联网经济条件下，工作场所的概念已经区别于大工业时代，工作场所已经延伸到主要企业住所之外的家庭、休息场所等领域。通过远程在线开展的民主参与依然属于工作场所中的职工参与。本书只探讨工作场所内的职工民主参与。关于工作场所的民主，西方学者戴维·杰肯(David Jenkins)在20世纪70年代提出了“综合参与”的概念，他认为，最满意的工业民主既包括工人在车间中的参与，又包括在公司高层战略方面的参与。①

笔者认为，职工参与民主管理与企业民主管理相比是一个外延更为宽泛的概念。一是在层面上，职工参与民主管理在宏观层面是指职工在国家政策、法律的制定上的参与权，中观层面则指职工在产业行业层面上的共同决策权，在微观层面是指在工作场所中的决策参与权。陆海燕认为工业民主并不需要限定在企业内部，发生在工作场所之外的诸如三方协商机制、工会与党政建立的联席会议制度、行业产业范围内的集体谈判，甚至是工会本身也被纳入工业民主的范畴。② 二是在参与的形式上，职工参与民主管理既包括职工的直接参与和间接决策参与，也包括职工通过工会的直接和间接参与决策。三是工作场所中的民主参与，既包括企业也包括国家机关、事业单位、社会团体等所有类型的工作场所。四是参与的程度，既包括民主管理企业，即做主决策、职工自治，也包括部分参与，即对企业决策的参与和影响。而企业民主管理则只指在一工作场所，是从微观层面上职工对企业决策的影响和参与。本书主要在企业民主管理这一概念下进行探讨。

---

① David Jenkins, *Job Power*, London: Heinemann, 1974, pp.65-67.

② 参见陆海燕：《工业民主理论与实践及其在中国的运用》，《浙江学刊》2014年第3期。

（三）企业民主管理的形式

1.职工参与管理的方式分类

按照不同的标准对职工参与可以做不同划分，代表性的职工参与有如下几种。

第一，部分参与和充分参与。职工民主参与的方式，按照不同的标准可以做不同划分。在参与的程度上佩特曼将参与分为部分参与和充分参与。部分参与是指员工可以通过一定的方式影响决策的做出，但是最终的决策权归属于管理者。部分参与可以广泛地适用于企业的管理层次。充分参与是指单个员工平等地享有决定决策结果的权力的过程。[①]

第二，组织性参与和自主性参与。例如，按照是否以一定的组织形式进行参与，可以分为组织性参与和自主性参与。组织性参与如我国的职工代表大会制度、德国的企业委员会制度。自主性参与如我国的合理化建议制度、工厂车间班组的工人自治化管理等。

第三，直接参与和间接参与。职工个人直接参与，如合理化建议，职工代表本人参与职工代表大会的参与属于直接参与，职工代表本人作为职工董事、职工监事参与董事会和监事会属于直接参与；选举代表或委托工会代为参与属于间接参与。

第四，无参与、共同磋商、共同决策[②]和自治管理。这是根据参与的影响程度所做的划分。无参与是指参与形式本身并不影响企业的决策，如厂务公开，职工并没有实质参与，仅仅是信息的获得。共同磋商是指双方信息的交换和妥协，最终达成一致意见。共同决策是指在有关问题上双方共同做出决策，对决策的做出有同等影响力。自治管理（自我管理）是指在有关事项上完全由职工控制，如车间班组的自治管理。

第五，建议参与和决策参与。根据参与的范围和深度可以分为建议参与和决策参与。建议参与是指对企业有关事项职工可以提出建议，但是否采纳主导权掌握在企业手中。建议参与可以是咨询性的，也可以是磋商性的。

第六，底层参与和最高管理层的参与。参与可以在不同的层次上进行，可以是底层参与，如班组层面上的参与，也可以是中等层面上的参与，还可

① 参见[美]卡罗尔·佩特曼：《参与和民主理论》，陈尧译，上海人民出版社2018年版，第67页。

② 程延园编著：《劳动关系》第三版，中国人民大学出版社2013年版，第206～207页。

以是最高层面上的参与，如职工董事、职工监事制度。

第七，经营管理事项的参与和劳动者密切相关事项的参与。这是根据参与的事项不同所做的划分。凡是与劳动者的利益密切相关的事项，如属于劳动合同中权利义务内容的事项，以及可能对职工工作、生活等造成较大影响的事项，均属于劳动者密切相关事项的参与。其他事项则为经营管理事项，对经营管理事项的参与是影响决策，而劳动者密切相关事项的参与则为共同磋商或共同决策。

2.企业民主管理形式界定

(1)企业民主管理形式的主要观点

关于企业民主管理的形式，国内学者认识不同，有广义和狭义之分。狭义的企业民主管理仅指职工以职工身份参与企业的决策过程，与企业决策无关的职工参与、为职工参与决策提供辅助服务的方式以及职工的监督行为都不属于企业民主管理。中义的理解则是指职工以职工的身份参与民主管理、民主决策、民主监督的过程。包括当前立法所规定的职工代表大会(职工大会)、厂务公开、职工董事和职工监事制度等。而广义的企业民主管理则指所有职工直接、间接或者通过其他主体间接参与企业内部事务管理的制度形式都属于企业民主管理的范畴，如除了职代会、厂务公开、职工董事和职工监事制度之外，还包括工会的参与管理——集体协商、劳资协商，职工持股计划、职工经营自治和各种形式的民主恳谈会、座谈会、合理化建议以及企业基础班组内部事务的管理，都属于企业民主管理的范畴。[①] 例如，中华全国总工会主编的“十一五”全国工会干部培训基础教材《工会职工民主管理工作概论》将职工代表大会、厂务公开、职工董事监事、区域(行业)职代会、班组民主管理、民主恳谈会、厂长经理联系接待制度、政府与工会联席(联系)会议制度等都作为职工民主管理的形式。

(2)集体协商(集体谈判)与企业民主管理

在西方国家，广义的企业民主管理包括集体协商(集体谈判)。在我国，企业民主管理制度与集体协商(集体谈判)是两种不同的制度。尽管集体协商(集体谈判)也是职工参与决策的一种形式，但是作为一种制度，企业民主管理与集体协商有着不同的特点。首先，职工民主参与是职工单方意志对

① 如常凯主编的《劳动关系学》就持这一观点。参见常凯主编：《劳动关系学》，中国劳动社会保障出版社 2013 年版，第 316～318 页。

企业意志的影响，可以是个体意志对企业意志的影响，也可以是有组织的集体意志对企业决策的影响；而集体协商是双方行为，协商的结果（集体合同）是双方意思表示一致的体现。其次，职工民主参与体现的是下级对上级的影响，即决策权在纵向维度上分配；而集体协商则是劳资双方平等主体之间，权利义务在横向维度上分配。最后，职工民主管理表现形式多样，广泛存在于企业管理的各个环节，对劳动关系的协调可以进行即时、经常性的协调，较为灵活；而集体协商只有在启动协商、达成协议时才能发挥协调的作用。民主参与权是劳动者通过其组织、团体行使的相应权利，是比传统的劳动三权层次更高的权利。劳动三权更为注重劳资双方的利益差别与劳资矛盾，民主参与权更注重劳资双方的共同利益与劳资合作。分享经营管理权、分享利润、尊重人格是企业民主管理的三大原则。[①]

（3）职工持股

在美国，职工持股被认为是工业民主的重要形式。有学者认为，职工持股作为一种产权参与，打破了资本对企业内部权力资源的垄断，提供了一种制约资本力量的机制；职工持股也改变了员工的单一角色，使其具有了股东的身份，这样有利于民主价值的实现。[②] 基于这样的判断，职工持股成为工业民主的发展方向。职工持股，即职工是以股东的身份参与而非以职工的身份参与。企业民主管理制度中，职工民主参与权的权利主体是作为劳动关系中的一方——劳动者参与企业管理，而非以出资者的身份参与管理。因此，本书对职工持股的问题不做专门讨论，在法律上，职工持股也不宜作为一项法定权利加以规定。

总之，本书将主要从微观层面即工作场所中的职工民主参与进行讨论，在概念的使用上不对企业民主管理和职工民主管理做严格区分。在介绍域外典型国家企业民主管理制度时，不严格区分工业民主和产业民主、雇员参与和员工参与等概念的差异性，在没有特别说明的情况下，职工民主参与都指的是工作场所中的职工民主参与。

---

① 参见常凯主编：《劳动法》，高等教育出版社 2011 年版，第 154 页。

② 参见陈微波：《工业民主理论的发展、困境及其变革》，《社会科学》2012 年第 6 期。

第三章　企业民主管理的理论基础

自企业民主管理制度诞生以来，关于企业民主管理制度理论基础的探讨从来没有停止过，甚至出现了对企业民主管理制度的质疑。在我国，对企业民主管理制度理论基础的研究也在不断进行。澄清企业民主管理制度的理论基础是开展立法研究的前提。

第一节　对企业民主管理制度的质疑

对企业民主管理制度的质疑主要集中于以下三个问题：一是职工是否有权参与企业管理？二是我国企业民主管理是否应当建立在公有制基础上？三是市场经济条件下是否应当实行企业民主管理制度？

一、职工是否有权参与企业管理

自工业民主理论产生以来，对职工是否有权参与企业管理的质疑之声就不绝于耳。例如，在工作场所强调民主，是否会与市场经济的价值规律相背离，反对的声音主要包括民主与效率的冲突、职工参与权责不对等。

（一）民主与效率的冲突

以营利为目的是企业的本质特征。经济效率无疑是企业运行的首要目标。要在工作场所中体现民主的价值追求也就意味着要实现经济公平，即在企业管理中给予员工平等的参与机会。但如果让每个员工都参与企业决策则会带来决策效率低下的问题，导致在一些问题上分歧过大，甚至无法形成决策。而现代市场机遇瞬息万变，需要在捕捉到市场信息时迅速做出反应，否则就会错失良好的市场机遇，在竞争中失败。效率的目标要求决策权集中在少数人手中，而民主则要求所有人均有机会参与决策。

企业民主管理制度彰显了民主与效率之间的紧张和矛盾。以牺牲经济效率的代价追求民主是不符合市场运行规律的，反之，以牺牲民主价值追求效率的企业，从长远来看，也很难构建和谐的劳动关系，也必然不利于企业的发展。

在国外，在经历过自由资本主义经济时期的罢工潮之后，无论是企业、工会还是政府，一直在努力寻求企业民主与经济效率两种价值之间的平衡，但民主价值与管理价值的内在差异性导致二者之间的冲突很难弥合。[①] 企业民主管理很容易演化为以摒弃工会维权为目的的“民主”，这种工具化民主模式对于劳资关系治理的积极作用是相当有限的。一些西方国家特别是美国，不再把主要关注点放在分享决策权上，而是转向企业产权参与。[②] 欧洲各国则努力调和民主与效率之间的矛盾。也有学者认为德国发达的企业民主管理制度在一定程度上阻碍了外资的引进。

（二）职工参与权责不对等

一般来说，职工对参与企业管理较为热衷，职工希望能在工资标准、工作时间、劳动条件改善和工作规则等方面有更多的发言权。特别是那些受教育水平高、工作年限长以及在企业里有一定管理权限的职工，更倾向于参与企业的决策和管理。而企业管理者往往对职工参与决策持有比较谨慎的态度。

一些企业管理者根本不愿意将决策权限下放给职工，甚至对职工参与持抵制态度。理由一般包括以下几点。

第一，绝大多数职工缺乏管理的知识和经验，不熟悉市场经济规律。他们只关心自己的利益，对企业的长远发展关注度不够，缺乏决策能力，可能导致决策质量下降。

第二，职工不需要对决策后果承担责任。虽然职工也关心企业的长期发展，但是职工参与决策并不需要承担决策失误所带来的损失。劳动报酬

---

① 参见陈微波：《工业民主理论的发展、困境及其变革——以民主与管理的价值整合为线索》，《社会科学》2012 年第 6 期。

② 参见方竹兰：《论民主首先是一种产权》，《首都师范大学学报》（社会科学版）2009 年第 1 期。

是早就写进劳动合同里面约定好的条款,企业不可以因为职工决策失误减少职工的劳动报酬,职工反而可以通过跳槽来解决自身的发展问题,这使得职工往往更为关注眼前的利益,这种决策权利和责任的不对等,无法对职工的决策形成约束机制,从而影响决策质量。

第三,职工参与决策影响决策效率。职工参与决定会更关注自身的利益,这会使企业内部矛盾和冲突暴露甚至激化,从而影响决策的效率等。南斯拉夫学者斯韦托扎尔·平乔维奇(Svetozar Pejovich)认为,职工参与管理是把决策的责任转移给了一群根本不受这些决策影响的人;工人总能得到合同工资,公司投资成功,好处与工人一起分享,公司投资失败,股东独自承受损失:这就违反了风险—报酬关系。①

基于以上原因,各国对于职工是否享有参与决策的法律权利存在着巨大的争议,这在欧洲和美国形成鲜明的对比,欧洲多国较为关注职工参与决策所带来的积极作用,因而将职工参与作为一项法定权利加以规定,立法也较为健全,企业也乐于配合。而在美国,很多企业管理者则认为职工参与民主决策没有必要作为一项法定权利存在。在我国,反对职工参与企业管理的声音同样不同程度地存在。

二、我国企业民主管理是否应当建立在公有制基础上

在我国,很长一段时间内,企业民主管理的理论基础是建立在公有制基础之上的,即职工基于主人翁的主体地位管理企业。持这一观点的并不局限于国内学者。国外也有部分学者认为,民主管理企业是与产权制度密不可分的。如美国政治学家罗伯特·达尔(Robert Alan Dohl)提出,只有共同所有的合作企业才能实行工人参与和民主管理。② 同样美国学者施韦卡特(David Schweickat)主张,工人直接成为企业的共同所有者与决策者,共同经营企业并共享收益。③ 韦伯夫妇的工业民主理论也是建立在公有制基础之上的。

① 参见[南]斯韦托扎尔·平乔维奇:《产权经济学——一种关于比较体制的理论》,蒋琳琦译,经济科学出版社 1999 年版,第 79 页。

② Robert Alan Dahl, *A Preface to Economic Democracy*, Los Angeles: University of California Press, 1985, p.111.

③ 参见[美]戴维·施韦卡特:《反对资本主义》,李智、陈志刚等译,中国人民大学出版社 2008 年版,第 68 页。

新中国成立之前，我国的企业民主管理制度一直只在国营和公营企业实施。新中国成立之后，计划经济时期，企业民主管理也依然是在公有制企业实施。在实行企业民主管理的理论依据上，20 世纪 80 年代比较流行的观点是从生产力和生产关系这一对矛盾统一体来论证的。社会主义生产关系决定了社会主义国家要实行企业民主管理。其一，生产资料公有制制度下，生产资料归全民所有，国有企业职工为全民的一部分，国有企业代表全民行使对国有企业财产的占有、使用和管理，企业职工为企业的主人，进而得出职工有参与管理企业的权利；其二，社会主义生产条件下人们在生产中形成了平等合作的互助关系。职工由于共同占有生产资料，基于共同利益和需要共同劳动。管理者和被管理者只是分工不同，地位平等。

从现实功能的角度出发，为克服生产领域中的官僚主义，从企业领导制度和管理制度方面讲，根本性的办法就是要建立健全民主管理制度，落实职工的主人翁地位。只有实行民主管理，才能有效地防止和克服官僚主义。① 实行企业民主管理也是生产力发展的需要，即社会化大生产管理的复杂性要求吸纳职工参与管理，发挥集体智慧。计划经济时期，以职工代表大会制度为主要形式的企业民主管理制度，也一直被认为是克服官僚制、维护职工权益、落实职工当家作主的制度安排。

但是在市场经济条件下，特别是在非公有制经济占多数的情况下，推行企业民主管理制度在理论和实践层面都存在很大争议。尽管 2012 年的《企业民主管理规定》和地方立法已经将非公有制企业纳入企业民主管理制度的实施范围，《中共中央国务院关于构建和谐劳动关系的意见》在企业民主管理制度建设中也没有区分企业性质，但是在实践中，非公业制企业是否应当实行企业民主管理还存在着巨大的争议。2018 年 9 月 11 日，人力资源和社会保障部副部长邱小平在全国“深化民营企业民主管理，增强创新发展内生动力现场会”上指出，民营企业要坚持职工主体地位，以职工为本，让职工享有充分的民主权利，共同参与企业管理，共享企业发展成果。②

---

① 参见员文贤等：《企业民主管理教本》，陕西人民出版社 1986 年版，第 10 页。

② 参见《全面深入推进民营企业民主管理 构建和谐劳动关系》，中华人民共和国人力资源和社会保障部，2018 年 9 月 13 日，http://www.mohrss.gov.cn/SYrlzyhshbzb/dongtaixinwen/buneiyaowen/201809/t20180913_301045.html。

三、市场经济条件下是否应当实行企业民主管理制度

部分学者认为计划经济时期实行企业民主管理有其合理性，市场经济条件下实行企业民主管理则缺乏合理性。如冯彦君、邱虹认为，计划经济时期实行企业民主管理有其合理性。理由为，计划经济时期国有企业政企不分、企业产权关系不明晰，企业不是单纯作为经济实体而存在的，而是为了完成政府的任务而存在；作为契约关系、私法关系的劳动关系被劳动行政关系所替代，用人单位并不仅仅是工作场所。① 李汉林认为，单位组织通过将经济控制权力与行政控制权力结合在一起，从而像国家对单位组织的统治那样，实现对个人的统治。个人对单位组织的服从即是对国家的服从，单位组织对个人的权力，在很大程度上即是国家权力的表现。② 正是在这一背景下，企业民主管理才有必要存在。而市场经济时期人力资本理论和企业契约理论都无法得出职工有参与企业管理的权利。从保护职工合法权益的角度出发讨论职工董事、监事设置的合理性，冯艳君认为这是牺牲资本的利益单方面追求劳动者的利益。持有相同观点的还有方流芳教授，他认为，就保护雇员利益而言，劳动法、社会保障法、劳动安全法和反歧视法恐怕比职工参与公司控制更有效。③

总之，尽管反对企业民主管理制度的声音没有停止，但是国内外许多学者从不同角度阐述企业民主管理制度的正当性，形成了不同时期的企业民主管理理论，指导着企业民主管理实践和立法。

第二节　国外关于企业民主管理的主要理论

关于企业民主管理研究的视角主要包括劳动关系视角、管理学视角和政治学视角。劳动关系视角是从工会维护劳动者权益的视角关注职工的表达权、参与权从而提高集体谈判的效果。例如，劳动法和劳动关系学界多从经济社会发展、产业民主或工业民主的产生与发展、在现代企业制度下将企

① 参见冯彦君、邱虹：《职工参与制及其理论基础质疑》，《当代法学》2007年第5期。

② 参见李汉林：《中国单位社会：议论、思考与研究》，上海人民出版社2004年版，第11页。

③ 转引自刘连煜：《公司治理与公司社会责任》，中国政法大学出版社2001年版，第3页。

业民主管理作为劳动者权益维护和劳动关系协调机制等方面来研究。管理学视角是从企业人力资源管理和组织行为学的角度，从经营者的需要出发，研究企业管理的手段，目的在于削弱工会的作用，调动职工的积极性，提高经济效率，即通过民主将职工个人目标与企业的发展目标相结合。这两个视角彰显管理目标的效率价值与工会目标的公平价值之间的张力和矛盾。人力资源管理和工会关于企业民主管理的视角恰恰反映了资方和劳方之间的差异性。而政治学则从政治民主的角度研究工业领域的民主，将工作场所中的民主视为政治民主在经济领域的延伸。

因而探讨企业民主管理的理论基础，我们不得不从不同视角出发进行探讨，但不同视角之间并没有绝对的界限，往往由同一经济背景下，产生了相应的政治民主理论。反映在工作场所中，企业管理发生相应的变革，而作为劳动者的代表——工会产生相应的维权对策，因而虽然视角不同但其宏观经济环境却是相同的。从微观领域来看，是让企业保持持久的竞争力，还是更应当关注工作场所的不平等，这是关于企业民主管理争论的实质问题，各种理论都试图在调和二者之间的矛盾。从长远来看，不公平的经济对待，必然会激化劳资矛盾，最终也必将导致低效率甚至无效率。

一、工业民主或产业民主理论

（一）工业民主理论的创立

最早提出工业民主思想的是英国费边社的创始人韦伯夫妇。韦伯夫妇提出，现代工业社会所有方面都应该进行民主管理或建立在民主管理的基础之上。工业民主要求的是完全真实的民主、个人自由、政治权利。[①] 民主管理应建立在公有制的基础之上，公有制是工业民主得以实施的实质条件。产业必须归人民控制是韦伯的政治主张。韦伯夫妇的“产业归工人控制的思想”并不是由工人直接控制而是通过工会来实现的。他们认为员工在雇佣关系中没有发言权，对于工资、劳动条件等无法表达自己的意见，所以应该建立工会，由工会代表职工参与企业的管理，这就将民主引入企业的管理过程。韦伯夫妇是在他们主张的社会主义社会下探讨工业民主的，即由政治民主延伸到经济民主。韦伯夫妇所设想的工业民主有别于工人自治，而

---

① 参见石美遐：《多元视角的企业民主管理理论体系研究》，北京交通大学出版社 2017 年版，第16 页。

是一种民主加精英管理的模式，工作场所的民主是韦伯夫妇所设想的社会主义理想政治的组织部分，韦伯夫妇所设想的社会主义理想政治架构是一种“二元议会”与“工人委员会”的模式。① 韦伯夫妇的政治理想在当时经济社会背景下是不可能实现的，带有理想化的成分。

（二）工业民主理论的发展

韦伯夫妇“民主＋精英”的管理模式和“工人委员会”的设想，对后世工业民主实践有着非常大的影响。他们所倡导的工业民主理念，强调工人在工作中应当有自己的“声音”，工作场所中的工人应该像国家公民一样享有基本的权利。现代很多国家实行的企业委员会制，无不闪耀着工业民主思想的光辉。

因韦伯夫妇是劳工研究专家、社会学家，因而很多人认为韦伯是从劳动关系的视角来探讨工业民主的，但笔者认为韦伯夫妇的研究已经突破了劳动关系视野，而从更广泛的政治民主的视野来看待工业民主，工业民主是韦伯夫妇所设想的社会主义政治结构的重要组成部分。

工业民主也常常被称为产业民主，韦伯夫妇所在的年代工会只存在于工业企业内部，但随着经济的发展，产业范围不断扩大，工会广泛存在于工业企业、服务业、农业，甚至政府部门和事业单位，因而部分学者将最初意义上的工业民主称为“产业民主”，以适应经济发展和工会壮大的现实需要。工业革命催生了政治民主，民主的价值理念必然需要延伸到社会生活的各个领域，即在产业关系中不受专制奴役，在工作中依然享有充分的自由。因而工业民主理论由早期韦伯夫妇从政治视角将工作场所的民主作为社会主义政治结构的组成部分，慢慢演变为将主要视角转向劳动关系领域，但这并不等于否认政治民主对工作场所民主的重要影响。

二、参与民主理论

从政治民主的视角对工作场所工人参与管理进行解读的另一种有力理论依据是参与民主理论。

（一）参与民主思想的产生

古代雅典城邦的民主实践开启了直接民主的先河，经过资产阶级革命，

---

① 参见石美遐：《多元视角的企业民主管理理论体系研究》，北京交通大学出版社 2017 年版，第 18～19 页。

民主的理念逐渐深入人心。但是跨越历史的长河,在政治思想领域,民主是确立人民当家作主的地位或人民的统治地位,还是为达成政治决定而做出的制度安排,一直存在着深刻的矛盾。基于这种矛盾,在民主理论的立场上,近代逐渐分化出两种不同倾向的民主:一种是共和主义倾向的民主,如直接民主或者参与民主,主张公民直接参与公共事务的管理和决策;另一种则是自由主义倾向的民主,即实行代议制,民主选举产生政治官员来管理国家事务和公共事务。近代以来,庞大的公民数量限制了直接民主的发展,因此,后一种倾向即代议制精英政治成为很多国家的政治实践。而共和制民主制,即主张人民当家作主或人民的统治的价值理念,由于公民群体的庞大则逐渐向着参与民主的方向发展。

卢梭在《社会契约论》中对政治体系本质的理解对于参与民主理论的形成起到了奠基作用。卢梭认为"人们服从于自己为自己所规定的法律才有可能自由"①。这就使个人的自由建立在个人的参与权的基础之上。反之,要求个人服从法律,如果没有任何的参与权利,则很难说个人是自由的。卢梭强调任何一个没有成为自己主人的人都是不自由的。从卢梭开始,人们认为制度的权威结构和个人心理品质之间存在着关联性,这为参与民主提供了必要和可能。之后密尔、科尔等政治学家也都从政治的视角进一步探讨过参与民主。

(二)参与民主理论的创立

1960 年,美国哲学家瓦尔特·阿诺德·考夫曼(Walter Arnold Kaufmann)首次提出"参与民主"的概念。1970 年,美国著名政治学家卡罗尔·佩特曼的著作《参与和民主理论》问世,这标志着西方参与式民主政治理论形成。佩特曼非常关注基层如社区和工作场所的参与。他认为像工业这样的领域本身就应该被看作是政治体系,它提供了除国家层次上的参与以外最重要的参与领域。工厂内部的参与活动推动工业领域权威结构中的民主化,这实际上就废除了"管理者"和"工人"之间的差异。② 卡罗尔·佩特曼所推崇的南斯拉夫的参与理论实际上是工人自治。

---

① 转引自[美]卡罗尔·佩特曼:《参与和民主理论》,陈尧译,上海人民出版社 2018 年版,第 25 页。

② 参见[美]卡罗尔·佩特曼:《参与和民主理论》,陈尧译,上海人民出版社 2018 年版,序言第 8～9 页。

20 世纪后期，参与民主理论的重要发展是协商民主理论的兴起。协商民主的核心理念是，在公共协商过程中，公民通过对话、讨论、审视各种相关理由而赋予立法和决策合法性的一种治理形式。

三、企业社会责任和利益相关者理论

（一）企业社会责任和利益相关者理论产生的背景

19 世纪末 20 世纪初，资本主义进入垄断阶段以后，频发的经济危机和劳资矛盾的加剧颠覆了亚当·斯密关于"人的自利行动必然在个人的利益追求中考虑到其他人的利益"的假说。平衡社会主体之间的利益成为立法应当考虑的问题。诚实信用的道德原则纷纷被发达资本主义国家引入，成为民法的基本原则。这一原则要求社会主体在追求自身利益时不得损害第三者的利益。企业在经营中不得损害消费者和劳动者的利益、不得污染环境、不得损害社会公众利益的观念开始逐渐深入人心，并被写进国内法和国际法。企业社会责任理论和利益相关者理论也应运而生。

（二）企业社会责任和利益相关者理论的创立

现代公司作为独立的利益主体，集股东、职工、债权人、消费者等诸多利益于一体。公司利益独立于股东利益，公司决策时应综合考虑各相关者的利益，包括职工的利益。职工对企业拥有较强的经济从属性，一旦失业将失去生活来源。职工是公司利益最密切的相关者，职工的基本生活与公司休戚相关，职工的行为对公司的影响也最大。①

1984 年，美国学者爱德华·弗里曼(Edward Freeman)出版了《战略管理：利益相关者方法》一书，抛弃了传统的股东至上理论，提出了利益相关者管理理论。该理论要求企业管理应在综合平衡利益相关者的利益要求的基础上进行。企业作为营利性主体，追求的是利益相关者的整体利益，而不仅仅是某个或某些主体的利益。

企业社会责任理论和利益相关者理论引导企业全面地看待企业追求的目标。公司社会责任理论的支持者主张，单纯地以股东利益至上并不有利于实现公司的最佳利益和长远利益。1932 年，多德在《哈佛商业评论》上发

---

① 参见陈昌举、王添翼：《职工民主参与制度：目标·依据·模式》，《宁夏社会科学》2011 年第 6 期。

表了“For Whom are Corporate Managers Trustees”一文，他指出，决不能认为股东创造利润是公司存在的唯一目的，公司在创造利润的同时也有服务社会的功能。[①] 这就提出了企业的社会责任问题。在立法上，美国宾夕法尼亚州首开先河，于1989年修正《公司法》，要求公司经营者不仅要对股东负责，也要对公司所有的“利益相关者”负责。目前美国多数州采用了类似的公司法条款，旨在使各方“利益相关者”参与公司的管理。[②]

（三）企业社会责任和利益相关者理论的发展

二战后，企业社会责任的研究逐渐深入，经济繁荣、环境平等和社会公正成为企业社会责任的“三重底线”。1956年，美国著名管理学大师德鲁克(Peter F. Drucker)提出了“企业公民”的概念，倡导应给予劳动者应有的地位和满足感。[③] 哈佛大学教授杜德(E. Merrick Dodd)撰文指出，公司对其职工、消费者和公众负有社会责任，今后的企业将逐步成为既为股东利益，又为职工、消费者乃至社会公众利益而存在的社会机构，企业管理者也将最终演化为所有利益相关者的受托人。[④] 因此，企业社会责任理论与利益相关者理论是相伴而生的。不同的是利益相关者理论更加关注的是利益相关者在公司治理中的地位。

杜德认为公司的竞争力和最终成功是协同工作的结果，它体现了来自许多不同资源提供者的贡献，包括股东、职工、债权人和供应商。公司应当认识到利益相关者的贡献是建立一个有竞争力而且盈利的公司的宝贵资源库。也就是要从公司的长期利益考虑，来促使利益相关者之间进行创造财富的合作。[⑤] 2004年的《OECD公司治理原则》将利益相关者理论引入其中，并专门规定了利益相关者的角色。《OECD公司治理准则》提出，公司治理结构认可法律规定和通过协商赋予利益相关者的权利，公司提高员工参与

---

① E. Merrick Dodd,“For Whom are Corporate Managers Trustees”, *Harvard Law Review*, Vol.45, No.7, 1932, pp.1147-1149.

② 参见姜旭阳:《试论我国公司决策中的职工参与制度的法律完善》,《四川教育学院学报》2002年第7期。

③ 参见[美]彼得·F.德鲁克:《公司的概念》，慕凤丽译，北京机械工业出版社2009年版，第109～110页。

④ E. Merrick Dodd,“For Whom are Corporate Managers Trustees”, *Harvard Law Review*, Vol.45, No.7, 1932, pp.1145-1163.

⑤ E. Merrick Dodd,“For Whom are Corporate Managers Trustees”, *Harvard Law Review*, Vol.45, No.7, 1932, pp.1145-1163.

程度的机制应当被允许发展，利益相关者参与公司管理，应当获得恰当的、充分的、可靠的信息。

企业承担社会责任，包括法律意义上的责任和道义或伦理意义上的责任。关于职工有参与企业管理的权利方面，各国对企业承担责任的性质要求并不相同。例如，欧洲实行劳资共决的国家，企业社会责任被纳入了立法，企业社会责任的性质是法律责任，而以美国为代表的国家，职工参与企业管理的权利并没有纳入立法规制，企业分享管理权利则是一种道义责任。

四、人力资本理论和企业契约理论

（一）人力资本思想的产生

人力资本理论是职工参与的另一理论基础。“人力是一种资本”的思想最早可以追溯到柏拉图、亚里士多德等古希腊先哲。17 世纪，英国古典经济学家威廉·配第（William Petty）在《政治算术》中提出“土地是财富之母，劳动是财富之父”[①]，这就提出了劳动创造价值的理论。近代经济学说史上，第一个将人力作为资本的经济学家是亚当·斯密，他在《国富论》中将劳动者的才能与其他物质资本统称为社会的固定资本，这实际上就是承认劳动者的才能是一种资本。[②] 此后，萨伊进一步论述了人对经济的贡献，认为教育是一种资本。[③] 马克思继承了古典经济学家劳动价值论，在此基础上创立了马克思主义经济学说，揭示了剩余价值是劳动者的劳动创造的。19 世纪末英国经济学家马歇尔（Alfred Marshall）注意到：“所有资本中最有价值的是对人本身的投资。”[④]1906 年美国经济学家欧文·费雪（Irving Fisher）在《资本和收入的性质》中进一步论述了人力资本的思想。经济学家们都注意到人的知识、技能、健康等对经济社会发展的重要贡献与教育投入对人力资本增长的意义。1935 年，美国学者沃尔什（J.R.Walsh）发表了《人力资本观》（“Capital Concept Applied to Man”）一文，首次提出了“人力资本”的概念，

---

① ［英］威廉·配第：《配第经济著作选集》，陈冬野等译，商务印书馆 1981 年版，第 33 页。

② 参见［英］亚当·斯密：《国富论》，郭大力、王亚南译，商务印书馆 1987 年版，第 28 页。

③ 参见［法］让·巴蒂斯特·萨伊：《政治经济学概论》，陈福生、陈振骅译，商务印书馆 1963 年版，第 366～375 页。

④ 转引自赵西萍：《组织与人力资源管理》，西安交通大学出版社 1999 年版，第 14 页。

并论证了大学教育与经济收入的关系。[①]

(二)人力资本理论的创立和发展

二战后,随着科学技术的迅猛发展,人的因素特别是人的创造性对经济发展的贡献日益凸显,在经济领域,投资者开始不再将劳动者作为生产要素来看待,而是视为一种资本,人力资本逐渐受到重视并逐渐与物质资本并重,人力资本理论应运而生。1957 年,英国经济学家雅各布·明赛尔(Jacob Mincer)率先从人力投资的视角研究收入分配问题。[②] 1960 年,诺贝尔经济学奖得主西奥多·舒尔茨(Theodore W. Schultz)首次系统阐述了人力资本理论。舒尔茨认为:“人力资本,即凝聚在劳动者身上的知识、技能及其表现出来的能力。”[③]同一时期的另一经济学家加里·贝克尔(Gary S. Becker)的著作《人力资本》被西方学术界认为是“经济思想中的人力资本投资革命的起点”[④]。人力资本理论认为,企业由物质资本和人力资本共同构成。物质资本的持有者有参与企业决策的权利,人力资本的持有者即劳动者也应当有机会参与企业的决策和管理。职工不可避免地要承担与特定投资,特别是与“人力资本”投资相关的风险。职工作为最重要的利益相关者基于人力资本所有者的身份具备了参与公司治理的要素。[⑤]

人力资本理论最大的贡献在于改变了企业对待劳动者的看法,让企业的管理者开始关注劳动者作为“人”的特性,开始关注人力资源的开发,这对劳动者个人的发展无疑是具有促进作用的。但人力资本理论存在固有的逻辑缺陷,即劳动者虽然可以为公司创造价值,但是人力在市场上无法估价、无法变现,无法成为公司承担债务的方式,这导致人力作为一种资本的理论具有内在的局限性。要求职工和企业投资者享有相同的决策权在实践中是行不通的。因而国内也有学者认为并不能从人力资本理论得出职工应当参

---

① J. R. Walsh,“Capital Concept Applied to Man”, *The Quarterly Journal of Economics*, Vol.49, No.2, 1935, pp.255-285.

② 参见[英]马克·布劳格:《20 世纪百名经济学巨匠》,吴雅杰等译,中国经济出版社 1992 年版,第 201 页。

③ 转引自李友根:《人力资本出资问题研究》,中国人民大学出版社 2004 年版,第 126 页。

④ [美]加里·S.贝克尔:《人力资本》,梁小民译,北京大学出版社 1987 年版。转引自高艳:《企业人力资本经营研究》,中国经济出版社 2011 年版,第 21 页。

⑤ 参见石旭雯:《两种理念的公司职工参与制——德国和美国的比较研究》,《兰州学刊》2007 年第 2 期。

与公司控制这一结论。①

但是，人力资本理论的贡献在于打破了“资本至上”的理论，从而引发了对“劳动者”的关注。与人力资本理论较为相似的“企业契约理论”认为，公司实际上是由物质资本的所有者——股东和人力资本的所有者——职工之间达成的契约。公司成立后二者应当共享权利、共同履行义务、共同承担风险。基于此，股权激励即是这种理论的实践，是对人力资本的认可。但企业契约理论和人力资本理论的内在缺陷是相同的。

综上，从不同的角度分析，各种理论都解释了职工参与企业管理的正当性。不同的是，工业民主理论和参与民主理论最初都是从政治民主的角度探讨劳动者在工作场所中应当享有民主参与的权利，而企业责任理论、利益相关者理论和人力资本理论则主要是从法学和管理学的角度探讨工作场所中的职工参与管理的正当性。

第三节　国内关于企业民主管理理论的探讨

在国内，学者们对国外企业民主管理的理论进行了大量的翻译、介绍和卓有成效的研究。有些学者甚至直接将国内的企业民主管理称为工业民主、产业民主或职工参与等。

需要注意的是，在我国，虽然职工参与企业管理的制度开始于革命根据地时期，并延续到市场经济条件下，但是在职工参与企业管理的深度和范围上，经历了民主管理企业和企业民主管理两个不同的阶段。民主管理企业的理论基础显然是基于公有制的社会主义国家属性和人民当家作主。而市场经济条件下的职工参与企业管理并非民主管理企业，更加强调职工的参与性和对企业决策的影响，因而不能将民主管理企业和企业民主管理混为一谈，今天我们应当基于“企业民主管理”这一概念明确其理论基础。基于中国的政治、经济，特别是职工参与企业管理的本土化实践和文化探讨企业民主管理的理论基础。②

---

① 参见冯彦君、邱虹：《职工参与制及其理论基础质疑》，《当代法学》2007年第5期。

② 世界各国职工参与管理的形式多种多样，在我国已经形成了以职工代表大会为基本形式的职工民主管理，形成了具有中国特色的职工参与管理文化。

当前，从国内党和国家政策、立法以及社会实践来看，我国企业民主管理制度的理论主要有三个视角：一是广泛出现在党和国家政策中从政治视角出发的社会主义协商民主理论；二是存在于法律和其他规范性文件中，从社会本位出发的利益相关者理论和企业社会责任理论；三是运行于大量企业管理实践中的经营共同体理论。但在理论和实践层面对企业民主管理制度理论基础的探讨则不限于这三个视角，以下分析国内主要代表性的观点。

一、“主人翁”理论

“主人翁”理论是从政治权利的角度解释职工为什么有权参与企业管理。有学者指出，企业民主管理制度历来就是一个政治概念，与公有制和人民民主专政联系在一起，是党的群众路线在企业中的具体体现。① 姜颖从产权的视角将“主人翁”理论称为“所有权理论”，即我国传统企业民主管理的实施范围限于公有制企业。②

（一）“主人翁”理论的产生和发展

从革命根据地时期的“三人团”“厂务会议”，到新中国成立前夕的工厂管理委员会和职工代表会议制度，无不强调这是职工当家作主的具体体现。据相关学者考证，“工人阶级是主人翁”的说法最早出现在邓中夏1925年编写的《工会论（上编）》之中。③ “主人翁”包括主人翁地位和主人翁意识（主人翁责任），主人翁地位强调的是工人阶级在国家政权中的地位，即人民当家作主，职工是国家的主人。公有制企业属于全民所有，进而推导出，全民所有制企业的职工也是全民所有制企业的主人，因而职工是基于“主人”的身份而非“职工的身份”管理企业。这也就决定了“主人翁”理论下的企业民主管理，必然与社会主义国家人民当家作主、生产资料公有制相联系。而主人翁意识（责任）则要求职工不能局限于眼前利益，只考虑短期劳动条件的改善和劳动报酬的提高，而应有长远的打算，有大局的观念，担负起发展工业生产的责任，以主人翁责任感对待自己所参加的劳动。职工民主管理的作

---

① 参见常凯：《劳动关系 · 劳动者 · 劳权——当代中国的劳动问题》，中国劳动出版社1995年版，转引自[韩]张允美：《中国职工代表大会制与职工参与模式的政治学分析》，《北京行政学院学报》2003年第1期。

② 参见姜颖、沈建峰：《论企业民主管理的正当性基础》，《中国人力资源开发》2019年第10期。

③ 参见邓中夏：《邓中夏文集》，人民出版社1983年版，第179～182页。

用在于辅助行政，监督企业经营管理，以增强国家渗透基层管理的力量，同时激发职工的劳动热情，以主人翁的意识对待劳动和生产。

（二）“主人翁”理论在改革开放之初的发展

改革开放之初，职工代表大会制度的兴起和发展，是基于国有企业改革，防范权力过于集中，密切联系职工群众，在搞活国有企业的同时保障职工当家作主等多重目标的情境下推进的。1984 年《中共中央关于经济体制改革的决定》等政策文件中提出，在实行厂长负责制的同时，必须健全职工代表大会制度和各项民主管理制度，充分发挥工会组织和职工代表在审议企业重大决策、监督行政领导和维护职工合法权益等方面的权力和作用，体现工人阶级的主人翁地位。

在立法上，《企业法》明确规定了职工代表大会在全民所有制企业中的权力机构地位。《城镇集体所有制企业条例》规定，集体企业的职工是企业的主人，依法行使管理企业的权力。职工（代表）大会是集体企业的权力机构，而同为集体所有制的《乡村集体所有制企业条例》并没有将职工代表大会作为企业的权力机构。依据乡村集体企业的财产所有权结构可知职工不是企业的主人。从立法上我们可以看出，这一时期的职工民主管理权利是基于职工“主人”的身份而存在的。因此，笔者不采用所有制或所有权的说法，而称为“主人翁”理论。

当时的企业民主管理权利的内涵和今天也有着本质的不同，属于“民主管理企业”的范畴。有学者认为，改革开放之初，“职代会制度在起源和设计上不是处理利益冲突的代表机制，也不是自发协调群体之间紧张的组织”①。职代会制度主要是作为一种政治制度而存在。

（三）“主人翁”理论面临的质疑和挑战

随着非公有制企业的大量出现，国有企业股份制改造与公有制、主人翁密切联系的职工代表大会制度在实践中面临困境。职工的主人翁地位在非公有制企业内部已经缺乏说服力，按所有制区分职工民主管理权利的立法模式在实践中也受到挑战。公有制企业和非公有制企业职工所享有的民主参与权利差距较大，这有违公平的原则，既不符合市场经济的发展规律，也

① ［韩］张允美：《中国职工代表大会制与职工参与模式的政治学分析》，《北京行政学院学报》2003 年第 1 期。

无法适应现代企业改革。随着现代企业制度的推行，主人翁理论在理论和实践中均受到挑战。姜颖认为企业民主管理和现代企业制度之间的关系并未理顺，以所有权为基础的理论会导致直接否定非公企业的民主管理，也不符合市场经济国家的一般制度现象。①

二、社会主义协商民主理论

（一）协商民主理论的提出

协商民主是20世纪80年代以来在西方政治学界兴起的一种民主理论。1980年，美国约瑟夫·毕塞特（Joseph M. Bessette）教授发表了《协商民主共和政府的多数原则》一文，首次在学术意义上使用了"协商民主"一词，他主张公民参与，反对精英主义。② 20世纪90年代后，研究协商民主的学者逐渐增多。如美国圣路易斯大学教授詹姆斯·博曼（James Bohman）的《公共协商：多元主义、复杂性与民主》、哥伦比亚大学教授约·埃尔斯特（Jon Elster）的《协商民主》都对协商民主进行了更深入的分析。③ 之后，米勒（David Miller）、亨德里克（Carolyn Hen-Driks）等人把协商民主理解为一种民主的决策体制或理性的决策形式。协商民主的核心是通过对话和交流实现民主决策和民主治理。④

（二）社会主义协商民主在我国的产生和发展

有别于西方的协商民主，具有中国特色的社会主义协商民主制度作为一种决策机制，可以追溯到新民主主义革命时期。早在抗日战争时期，"三三制"民主政权就已具备了协商民主的雏形。新中国第一代领导人毛泽东同志说过："国家各方面的关系都要协商。"⑤"我们政府的性格，你们也都摸熟了，是跟人民商量办事的"，"可以叫它是个商量政府"⑥。周恩来同志也说过："新民主主义的议事精神不在于最后的表决，主要是在于事前的协商和

---

① 参见姜颖、沈建峰：《论企业民主管理的正当性基础》，《中国人力资源开发》2019年第10期。

② 参见陈家刚：《协商民主》，上海三联书店2004年版，序言，第1页。

③ 参见杨炳超：《协商民主：中国宪政民主的可能路径》，山东大学博士学位论文，2010年，第1页。

④ 参见杨炳超：《协商民主：中国宪政民主的可能路径》，山东大学博士学位论文，2010年，第2页。

⑤ 毛泽东：《关于政协的性质和任务》，《毛泽东文集》第6卷，人民出版社1999年版，第386页。

⑥ 《毛泽东文集》第7卷，人民出版社1999年版，第178页。

反复的讨论。”①决策前的协商讨论，就是社会主义协商民主思想的内核。新中国成立前后的“协商建国”标志着我国社会主义协商民主制度初步形成。新中国在成立初期即确定了中国共产党领导的多党合作和政治协商制度。早在1987年，党的十三大报告就提出建立社会协商对话制度，正确处理和协调各种不同的社会利益和矛盾。对全国性的、地方性的、基层单位内部的重大问题的协商对话，应分别在国家、地方和基层三个不同的层次上展开。这意味着协商制度开始在党和国家制度层面上提出来。1993年，中国共产党领导的多党合作和政治协商制度在宪法中得到确认。

（三）社会主义协商民主理论成为企业民主管理制度的理论基础

自2006年起，社会主义协商民主理论得到快速发展，被写进中央文件的次数逐渐增多。2007年，《中国的政党制度》白皮书提出，选举民主与协商民主相结合是中国社会主义民主的一大特点。党的十八大报告提出“健全社会主义协商民主制度”，“推进协商民主广泛、多层、制度化发展”，“积极开展基层民主协商”等。

2014年，《中共中央关于加强社会主义协商民主建设的意见》提出，健全以职工代表大会为基本形式的企事业单位民主管理制度，畅通职工表达合理诉求渠道，健全各层级职工沟通协商机制。这实际上是将企业民主管理制度作为社会协商民主制度的组成部分。在地方，一些地方政府和工会也将协商民主写入政策文件中，如2013年江苏省总工会出台了《关于加强企业协商民主制度建设的指导意见》，提出推动企业将协商民主作为重要的决策方式。

习近平总书记指出：“社会主义协商民主，是中国社会主义民主政治的特有形式和独特优势……人民是否享有民主权利，要看人民是否在选举时有投票的权利，也要看人民在日常政治生活中是否有持续参与的权利；要看人民有没有进行民主选举的权利，也要看人民有没有进行民主决策、民主管理、民主监督的权利。”②企业民主管理就是职工在工作场所参与民主决策、民主管理、民主监督的权利。企业民主管理权利被作为职工的民主政治权利在基层民主制度中体现，是全过程民主的组成部分，是人民当家作主政治

① 周恩来：《关于人民政协的几个问题》，《周恩来统一战线文选》，人民出版社1984年版，第134页。

② 《习近平谈治国理政》第2卷，外文出版社2017年版，第291页。

制度在基层的体现。

在立法层面,《中华人民共和国宪法》(2018 修正案)总纲第二条规定:“人民依照法律规定,通过各种途径和形式,管理国家事务,管理经济和文化事业,管理社会事务。”一般认为《宪法》的这一规定为协商民主提供了立法依据。职工参与企业民主管理也被认为是这一依据的法律授权。

社会主义协商民主是在共同体的理念下,在承认利益差别的基础上的公众参与、信息沟通、责任共担的决策机制。协商民主可以弥补精英政治的不足。协商民主在推进公民有序政治参与、化解社会利益冲突、优化整合社会资源、推进国家和社会治理能力和治理体系现代化等方面发挥着日益重要的作用。从目前党和国家的政策文件中可以看出,企业民主管理制度是基层协商民主的组织形式。社会主义协商民主理论作为政治民主的一种形式,突破了长期以来企业民主管理与公有制相联系的限定性规定,打破了职工“主人”身份的限定性规定。在这一理论的基础上,杨冬梅认为社会主义协商民主是新形势下所有类型企业推行企业民主管理的理论基础。①

总之,在当前,我国企业民主管理制度属于基层民主制度的范畴,其理论依据是社会主义协商民主理论。在互联网经济快速发展的今天,政治决策和各种信息日益透明,随着国民教育的快速发展、公民政治素养的日益提升,政治参与成为公民在新时代的广泛需求,从国家管理走向国家治理成为大势所趋。在我国推进国家治理体系和治理能力现代化的背景下,公民参与基层治理是满足公民政治参与的最重要途径,因而从政治视角来看,社会主义协商民主理论将成为我国企业民主管理制度的理论基础。

三、利益相关者理论和企业社会责任理论

从法学视角出发,企业民主管理法是劳动法体系的组成部分,是与劳动合同制度、工资制度等具有同等重要的组成部分,是现代集体劳动关系法的组成部分。在法学领域,利益相关者理论和企业社会责任理论是企业民主管理法的理论来源。

(一)公司中的利益主体与公司治理结构

长期以来,股东利益最大化和股东本位是公司治理的帝王法则。公司

① 参见杨冬梅:《协商民主与职工民主管理刍议》,《中国劳动关系学院学报》2015 年第 4 期。

治理的设计在于保障公司的管理权不被滥用，以保障投资者可以获得回报。特别是随着股权的分散，公司掌握在管理者、实际控制人手中，如何防止管理者滥用权力、损害投资者的合法权益成为公司治理所要解决的首要问题。公司治理是要建立一种分权与制衡的内部机制，保障股东的投资回报权益。但是随着经济社会的发展，人们逐渐发现，对于公司而言，不仅股东承担着公司经营的风险，从某种程度上而言，其他利益相关者如员工、债权人所承担的风险甚至比股东更大，而其规避风险的能力却比股东要弱，因而必须重视这些利益相关者的利益，将他们纳入公司治理之中，以确保其利益的实现。传统公司实现股东利益最大化的理论开始被修正，代之以更加关注公司的利益，引入利益相关者参与治理，既可以监督管理者滥用权力，损害股东利益，还可以保障利益相关者的利益不被损害。

国内著名经济法学家、《公司法》立法的参与者刘俊海教授指出，强化公司社会责任的理论依据在于公司的社会性和公司的经济力量。[①] 公司既是“经济人”也是“社会人”。公司股份的分散性越发增强了公司的社会性，而公司的经济力量也决定了公司的社会责任。根据权利义务相一致的原则，公司在享受市场经济所赋予的权利的同时也应当承担相应的义务。民法诚实信用原则要求市场经济主体在经济活动中，在行使权利的同时不得损害其他人的利益，这就包括劳动者的合法权益。公司法中职工董事、职工监事制度的设计即是在公司治理结构中实现利益相关者参与公司治理，是公司承担社会责任的体现。

（二）我国公司法中的利益相关者理论和企业社会责任理论

1.利益相关者理论的引入

利益相关者理论和企业社会责任理论是我国《公司法》立法在公司治理结构设计中的重要理论基础。1993 年《公司法》引入利益相关者理论。《公司法》“总则”将保护公司和职工利益作为重要关注点。对公司利益的保护，不仅意味着对中小股东权益的保护，而且也是对债权人和职工等利益相关者权益的保护。

2.企业社会责任理论的引入

2004 年修改后的《公司法》第五条将社会本位的理念引入公司法，首次

① 参见刘俊海：《自觉承担社会责任是在全球金融危机背景下增强公司核心竞争力的重要方略——谈新〈公司法〉第 5 条的正当性与可操作性》，《法治论坛》2010 年第 1 期。

将承担社会责任写进《公司法》,作为《公司法》的基本原则在总则中加以规定。此外,在《公司法》分则中也有多处贯彻了利益相关者和企业社会责任理论,如公司可以回购股份奖励给职工的规定,公司解散时优先保障职工工资、社会保险费和经济补偿金的支付等。此后《公司法》历次修改都将利益相关者理论和企业社会责任理论作为公司治理的重要理论基础。2013 年《公司法》首次突破了投资者所有制对职工代表大会制度的限制,将职工代表大会制度实施于所有公司制企业,这更加体现了利益相关者理论让所有的职工有机会参与公司的决策和管理。职工董事、职工监事的设置,一方面发挥了职工的民主管理、民主参与和民主监督作用,保护国有资产;另一方面通过职工董事、职工监事的直接管理保护了职工合法权益。

3.现行《公司法》中利益相关者理论和企业社会责任理论的体现

现行《公司法》在公司治理结构中注重公司利益相关者——股东、债权人、公司和劳动者权益的平衡和保护。在对劳动者的权益保护方面,明确规定了公司的劳动者权益保护义务,加大了对工会维权的保护力度,规定公司通过职工代表大会或者其他形式实行民主管理。工会和职工代表大会作为公司的咨询机构,有参与公司决策的建议权。在 2021 年公司法修订草案二审稿公司治理结构中不再按照公司投资者的所有制类型对职工董事的设置提出要求,而是按照公司职工规模来加以规范,规定职工人数三百人以上的公司董事会成员中应当有职工代表,其他公司董事会成员中可以有职工代表。监事制度也是从职工作为利益相关者的视角出发,要求企业承担劳动者权益保护的社会责任。

从公司法修订草案二审稿有关利益相关者理论和企业社会责任理论的表述来看,更加强调公司的社会责任,要求公司充分考虑公司职工、消费者等利益相关者的利益以及生态环境保护等社会公共利益,承担社会责任。

(三)其他规范性文件中的利益相关者理论和企业社会责任理论的体现

2004 年,国资委发布的《关于国有独资公司董事会建设的指导意见(试行)》,明确了维护利益相关者(职工、债权人和用户)的合法权益是董事会的义务。2006 年,国资委印发的《国有独资公司董事会试点企业职工董事管理办法(试行)》规定了董事会研究决定公司重大问题,职工董事发表意见时要充分考虑出资人、公司和职工的利益关系。该规定再次强调对利益相关者利益的平衡与兼顾。

笔者认为从现代企业公司治理角度出发，企业社会责任理论和利益相关者理论都是在强调各方利益的平衡。法的发展经历了从义务本位到权利本位再到社会本位的过程。社会本位要求任何法律关系主体在实现自身的利益时，不得以牺牲其他利益主体的利益为代价。利益相关者理论和企业社会责任理论都是从社会本位推导出来的，但社会本位对企业的要求不仅局限于企业内部，还包括企业外部治理。这就要求企业对投资者的利益、企业利益、职工的利益统筹考虑，虽然企业的管理需要遵循管理的规律即少数专业化管理，但是为避免企业内部少数人的“暴政”可能会给企业、职工造成损害，应允许职工参与，通过参与影响企业高层做出决策。《公司法》规定的企业民主管理权利主要是作为一种企业决策参与权利而存在。而《劳动法》《劳动合同法》等法律法规则基于劳权理论将企业民主管理作为企业内部解决劳资冲突的协调机制。这就意味着职工参与企业管理的权利不仅是一项政治权利，还是一项劳动所有权。

四、经营共同体理论

（一）经营共同体理论的产生

在国际上坚持经营共同体理论的典型国家为德国。“共同体”思想的本质在于主张社会或国家与个人之间的有机结合。德国著名经济学家尼科利兹（Heinirich Nichlish）认为，经济生活的主要承担者是人，故要从人的角度分析经济共同体。企业是劳动的共同体，企业的目标应该反映劳资双方的需要和愿望。可以说，这一观点后来成为人本主义企业经营理念的来源之一。按照尼科利兹的逻辑，企业的目标还应该包括企业主体之一——劳动者的利益。那么，工人获得的工资就不仅是企业支付给工人的工资费用，而且是企业利益的一种分配。也正是这种利益分配的思想成为后来德国、美国和法国等国家职工参与利益分配制度的基础。[①] 在我国学术界，经营共同体理论虽然没有成为我国企业民主管理的主流理论，但在企业管理实践中，经营共同体理论逐渐成为企业管理者的重要管理理论，并成为企业管理者主动推动企业民主管理制度实施的重要动因。

---

① 参见石美遐：《多元视角的企业民主管理理论体系研究》，北京交通大学出版社 2017 年版，第 51～52 页。

(二)企业文化与经营共同体理论

经营共同体理论首先体现在很多企业的企业文化中。中华民族是一个以和谐、和合为贵的民族,中国传统文化中的"和谐""和合"文化源远流长。《国语·郑语》说:"和实生物,同则不继。"这实际上就是提出了万事万物实现了和谐则可以很好地发展,但如果完全相同则无以为继,这实际上就是承认差异性。传统文化承认和尊重差异性,强调"和而不同""同舟共济""合作发展",为利益共同体思想提供了深厚的文化基础。这些文化基础在企业经营实践中转化为企业文化。社会主义和谐社会目标的提出,满足了社会公众追求和谐的需求。在企业内部减少内耗、建立和谐劳动关系、推动企业健康发展是企业管理者的心愿。因而"和谐"成为很多企业文化的重要组成部分。

(三)经营共同体理论在企业管理实践中的表现

随着工作革命的到来,很多企业管理者已经意识到,必须与劳动者建立伙伴关系,将企业的发展与劳动者个人的发展共同考虑,打造利益共同体和事业共同体。在市场竞争异常激烈的时代背景下,越来越多的企业不再把追逐利润当作企业发展的唯一目标。投资者也不再把劳动者单纯地当作生产要素来对待,而是作为企业的财富根本和合作者、合伙人,形成了投资者与劳动者合作的理念,也就是"一个平台、三个共同体"的新时代企业发展理念,即以合伙、合作为导向,将企业作为投资者和员工实现自我发展、奉献社会的一个共同平台,在企业内部构建利益共同体、事业共同体和精神共同体,全心全意依靠工人办好企业。笔者在多个民营企业调研时发现,大量民营企业在企业文化和发展愿景中把职工的发展作为企业发展的核心,非常重视职工参与管理,发挥职工全员创新的动力,在企业内部建立了良好的沟通协商机制,既调动了职工的劳动积极性,又构建了和谐的劳动关系。

《2019～2023年全国企业民主管理工作五年规划》在指导思想中提出,推动企业和职工构建利益共同体、事业共同体、命运共同体,助力企业高质量发展。由此可以看出,经营共同体理论已经成为我国企业民主管理的重要理论基础。这既符合企业发展的需要,也有利于企业民主管理制度在实践中的推广。

(四)经营共同体理论与职工参与的动力

有学者从美国心理学家马斯洛(Abraham H. Maslow)的需求层次理论出发,认为职工都有自我实现的需要,并认为"自我实现论"揭示了职工参与的权利来源。[①] 笔者则认为,自我实现的需要并不是职工参与的权利来源,而是职工参与的动力来源。基于自我实现的需要,职工有对自己劳动所涉及的管理事项甚至超出自己劳动范围的管理事项贡献自己才智的需求,这成为激发职工积极参与企业管理的内在动机。立法肯定职工的这一需要,其本身是遵循了社会发展规律的科学选择,更有利于立法的实施,这使得打造利益共同体、事业共同体和命运共同体的目标具有可行性。在我国企业管理实践中,经营共同体理论已经成为企业主动推动建立职工参与管理制度的理论依据。

马克思主义认为:"权利永远不能超出社会的经济结构以及由经济结构所制约的社会的文化发展。"[②]我国是社会主义国家,实现人民共同富裕是社会主义发展的目标,这一目标并没有因为我国经济体制改革和经济发展的变化而有所变化。在我国计划经济时期长期坚持国家、集体、个人利益一致性的思想,实际上就是将国家、集体和个人的发展结合起来。关于劳资矛盾产生的原因,我国主流观点认为是企业和职工在根本利益一致的基础上具体利益上的差异。因而经营共同体理论是最符合我国政治经济和文化特点的,在实践中也最容易为企业所接受。这从《上海市职工代表大会制度》的立法宗旨即坚持企业和职工共同发展中就可以得到验证。

五、人力资本理论

(一)国内人力资本理论的主要观点

随着国外人力资本理论的引入,国内部分学者成为人力资本理论的支持者。有学者在比较物质资本和人力资本的基础上,认为不仅物质资本可以承担风险具有担保性,而且专用的人力资本也能承担风险,也具有担保性。经过长期的工作所形成的专用人力资本,在企业经营失败时,职工不仅

---

① 参见陈昌举、王添翼:《职工民主参与制度:目标·依据·模式》,《宁夏社会科学》2011年第6期。

② 《马克思恩格斯选集》第3卷,人民出版社1995年版,第305页。

面临失业的风险，而且一旦失业，人力资本的专用性会导致在劳动力市场上人力资本价值受损。为保障人力资本的价值，职工会与企业风雨同舟，而股东却可以通过抛售股票来逃避风险，从这一意义上而言，更应当运行职工参与公司管理的制度。

（二）人力资本理论的缺陷

笔者认为人力资本理论说明了职工是企业发展的利益相关者，特别是专用性人力资本受企业发展的影响更大，因而在决定企业破产、关闭等导致企业解散的情形下，更应当关注职工的利益。立法应从平衡股东和职工的利益方面进行设计，但从人力资本的专用性出发解释人力资本的担保性，是无法自圆其说的。当企业发生不能支付的情况时，人力资本并不能进行变现从而偿债，并且企业的发展是一个系统工程，受多方面因素的影响，单个专用人力资本很难对企业的发展产生实质性的影响。

关于人力资本理论，其之所以无法成为职工参与制的理论依据，在于虽然人力资本对于创造价值，特别是对公司经济增长的贡献日益提升，人力资本对企业和国家的重要性日益被人们所重视，但是按照目前的公司制，人力资本根本不可能成为一种投资方式。那种认为股东以物质资本或物质资本权利投资、职工以人力资本投资，从而主张劳动者享有与投资者平等的管理权和剩余分配权的理论是站不住脚的。首先，股东以物质资本投资，其丧失的是对物质资本的支配权，公司获得对物质资本的控制权和支配权，作为回报，投资者享有公司的决策权、剩余分配权和剩余控制权。按照人力资本理论，职工以人力资本投资，实际上并不会丧失对人力资本的支配权，公司只能获得有限的劳动力使用权，为此公司需要付出劳动力使用权的对价即工资。按照契约的交换原则，公司已经为劳动力的使用付出了对价，劳动者不应再享有对价之外的公司剩余请求权和剩余控制权。其次，投资者即股东需要对公司的对外债务，以出资额为限承担有限责任，而职工却不必对企业债务承担责任。要求职工与股东享有平等的管理权和剩余分配权本身也有违公平。最后，主张职工以人力资本出资，出资却无法作价，也无法变现用以承担责任，则很难说是一种投资。因而其理论的缺陷是非常明显的。

笔者认为人力资本理论混淆了投资与投入两个概念。投资可分为实物投资、资本投资和证券投资等。投资的本质是投资者获得收益和增值，而劳动者投入劳动其本质是获得劳动力的对价而非收益和增值。尽管部分劳动力在使用中会获得增值，但部分劳动力不仅在使用中无法获得增值而且会贬值。收益和增值并不是劳动力投入的本质追求。投资者对企业投资，从物质资本的所有者转换为股权的所有者，从而获得剩余的索取权。而劳动者对企业劳动力的付出则为投入，而非投资，劳动力并不会完全脱离劳动者而由企业经营者进行管理，劳动者是否投入有效的劳动力虽然受管理者的管理制度约束，但却依然取决于劳动者。劳动力是资本，但却是一种特殊的资本，是无法完全让渡的资本，因而存在投入、不存在投资一说。况且物质资本即使不使用也依然有价值，但劳动力不使用则毫无价值。

人力资本理论关注人对经济增长的价值，对于提高经济增长点、关注劳动者的生存和发展权利，特别是确定以人为本的人权价值观具有积极的作用，是社会文明进步的表现，但这并不能将人力作为与物质资本等同的概念，也无法成为职工参与企业管理的理论依据。从我国法律对企业出资方式和责任承担的制度设置来看，凡是将劳动力作为出资方式的，必然以出资者的全部财产来承担无限责任，如合伙企业。这是因为，虽然合伙人以劳动力出资，但是实际上是以合伙人的其他物质资本做担保，虽然劳动力无法变现从而清偿债务，但是合伙人的其他物质资本可以承担责任。凡是投资者以投资数额为限承担有限责任的企业类型则不允许将人力作为出资方式就是此道理。剩余索取权和控制权的享有与投资者的责任风险相关联，即无风险者不享有剩余索取权和控制权。实行股权激励计划的企业，虽然在一定范围内允许部分职工参与剩余分配权，但不能认为这部分职工享有剩余索取权和控制权，持股职工所享有的剩余分配权不过是股东让与的权利，其权利来源属于继受取得，而非原始取得。

对于拥有专用性人力资本的职工，在企业解散时会面临人力资本价值贬值的问题，笔者认为应在经济补偿金数额的设计上加以体现。专用性人力资本的形成多与职工工作的年限相关联，虽然工作时间长不代表能够形成专用人力资本，但专用人力资本的形成却离不开工作时间的积累。因此，根据一定地域内人力资本的可替代性和工作时间，合理设计经济补偿金，从而对劳动者进行保护，这样不仅有利于稳定企业劳动关系，而且有利于保护劳动者在某一专业领域进行持续投入，从而成为高技术人才。

综上所述，人力资本理论的最大贡献在于重视“人”对经济社会发展的贡献，关注职工的发展和权益保护，但是人力资本理论固有的缺陷决定了其不能成为我国企业民主管理制度的理论基础。

新时代，关于企业民主管理的理论基础，依然有多种不同的说法，在学术界也依然存在着一定的争议。但笔者认为，我国企业民主管理理论经过近一个世纪的探索和发展，已经主要演化为三个视角：一是在政治上，社会主义协商民主理论是企业民主管理制度的理论基础；二是在《公司法》等立法领域，则表现为以社会为本位的利益相关者理论和企业社会责任理论；三是在企业经营管理实践中，经营共同体理论则成为企业主动吸纳职工参与管理，集中职工集体智慧，推动企业创新发展，打造利益共同体、事业共同体和命运共同体的理论基础和动力来源。正如石美遐在《多元视角的企业民主管理理论体系研究》（北京交通大学出版社 2017 年版）一书中所论述的，企业民主管理理论不是单一的理论，而是一个多元视角的理论体系。

第四节　我国企业民主管理制度的正当性依据

职工参与管理是社会主义国家职工拥有的一项重要权利。尽管关于企业民主管理的理论基础在市场经济条件下存在着争议，特别是职工参与管理企业的身份和企业民主管理制度的适应范围存在着较大的争议，但是社会存在决定社会意识，企业民主管理实践的存在为企业民主管理制度的发展提供了正当性依据。

一、现代民主制度的产生和发展为企业民主管理制度提供了政治正当性依据

近代以来，民主的观念逐渐深入人心，不仅表现在政治领域，而且逐渐延伸到经济领域和社会事务的管理中。民主制度经过几百年的锤炼与改进，已得到充分发展，形式也日趋完备，已经是一种相对成熟的政治制度，平等、自由的理念已经是社会公众普遍接受的政治信仰。在这种背景下，民主的基本原理、价值观、行为规则等自然也会流向基层组织，尤其是企业这样

的生产性组织。[①] 在企业的经营实践中，民主的理念促使企业管理的民主化成为一种发展趋势，这为企业民主管理制度的运行提供了条件。我国是社会主义国家，坚持人民当家作主，工人阶级是国家的领导阶级，人民享有全过程民主，人民有权通过各种途径管理国家事务、管理社会事务、管理经济文化事务，这种管理经济文化事务的权利自然也就延伸到工作场所。

列宁对职工民主管理做过多次论述，指出"必须让愈来愈多的劳动者亲自参加经济管理和新生产的建设"[②]。他认为："群众应当有权为自己选择负责的领导者……但是这丝毫不等于集体的劳动过程可以不要一定的领导，不要明确规定领导者的责任……"[③]这就提出了企业行政管理和企业民主管理具有同等重要的地位。他还指出："只有当全体居民都参加管理工作时，才能彻底进行反官僚主义的斗争，才能完全战胜官僚主义。"[④]

毛泽东同志也指出："劳动者管理国家、管理军队、管理各种企业、管理文化教育的权利，实际上，这是社会主义制度下劳动者最大的权利，最根本的权利。没有这种权利，劳动者的工作权、休息权、受教育权等等权利，就没有保证。"[⑤]

美国著名政治学家达尔主张将政治民主运用到经济领域，他认为公司管理机构制定的决定和政府制定的决策在一些重要的方面极为相似。他认为，公司中管理者与被管理者之间的关系只有满足政治民主过程的标准才能被视为正当的，为了保护一些基本的权利或利益，工人有资格、有权利像国家公民一样，他们是企业公民，有资格对企业实行民主管理。[⑥]

二、人权发展是企业民主管理制度发展的法律正当性依据

罗豪才分析了人权与发展的辩证关系："一方面，偏离人权保障方向的发展很可能误入歧途，背离人权保障目标的发展注定是没有前途的，而以牺牲人权为代价的发展则肯定是不道德的；另一方面，离开发展支持的人权保

① 参见常凯主编：《劳动关系学》，中国劳动社会保障出版社2005年版，第300页。

② 《列宁全集》第28卷，人民出版社1956年版，第404页。

③ 《列宁全集》第27卷，人民出版社1956年版，第194页。

④ 《列宁全集》第29卷，人民出版社1956年版，第156页。

⑤ 《毛泽东文集》第8卷，人民出版社1999年版，第129页。

⑥ 参见郑晓华：《达尔经济民主思想述评》，《安徽大学学报》2005年第2期。

障如同无源之水……”①

政治权利是推动社会权利发展的前提条件，而社会权利是民事权利和政治权利得以实现的现实保障。民事权利与政治参与的扩大是社会权利建立的前提条件。我国是社会主义国家，参与企业管理首先是职工享有政治民主权利的重要体现，同时对于职工而言，劳动权是宪法所确认的公民的基本权利，劳动权作为人权的重要内容是公民生存权和发展权最重要的前提和基础。工业领域中的民主需要从人权保障的角度出发，防止劳动的异化，保障劳动者作为“人”的权利。民主的核心是要警惕和防止出现少数人的暴政，凡是有权威的领域就有暴政发生的可能。在工作场合，从属性劳动要求劳动者在用人单位的领导和指挥下从事劳动，以追求经济效率和效益为宗旨，企业实行民主管理就是要反对工作场所里的暴政，在尊重人权的基础上追求工作效率。

市场经济国家在调整劳动关系时，必须兼顾发展和稳定之间的关系。政府必须在经济效率、社会稳定之间寻求平衡。随着经济全球化，资本在全球获得了更加强势的地位，政府容易在劳资关系中失去公正的立场。② 政府更加需要相应的制度机制来平衡劳资双方的利益，沟通效率与公平之间的关系，建立对话机制。在一定程度上，集体劳动关系可以约束劳动者，防范个别劳动者的过激行为，将矛盾冲突限定在企业内部，从而达到维护社会稳定的作用。企业民主管理制度是架设在经济效率与社会稳定之间的桥梁。企业民主参与权使得劳权保障和劳资关系的协调直接进入企业管理系统的内部，并通过民主参与权的行使，更加保障了传统劳动三权的实施和效果。劳动者的民主参与权是以企业民主参与为基础和主要内容的。企业民主管理权主要是一种经济方面的权利，是为了实现一定的经济目标。③

三、现代企业的发展为企业民主管理制度提供了效率正当性依据

（一）现代企业管理的方式成为职工参与企业管理的必然

职工参与企业管理是现代企业制度发展的结果。一是在现代企业产权

---

① 罗豪才：《通过科学发展提升人权保障水平》，《人权》2010 年第 6 期。

② 参见常凯：《中国入世与劳权保障》，《中国党政干部论坛》2003 年第 6 期。

③ 参见冯同庆、常凯：《社会主义民主与工会参政议政》，工人出版社 1987 年版，第 3～5 页。

管理制度下，投资者和企业的管理者相分离，投资者的利益和企业管理者的利益并非完全一致，企业实际控制人可能会利用管理者的地位和身份损害企业和投资者的利益，进而损害职工的合法权益，因而投资者需要借助职工来监督企业的管理者和实际控制人。职工监事制度在现代企业管理制度中被广泛应用就是现代企业管理方式的需要。二是在企业的管理实践中，越来越多的管理者意识到，企业之间的竞争其核心是人才的竞争，若不顾公平过分追求效率，必然会导致人才流失，最终的结果必然偏离效率。企业的长远发展必须将职工作为合作者，通过合作谋求公平与效率的和谐发展，实现共赢，让更多的职工参与管理。

（二）社会分工的发展为职工参与企业管理提供了坚实的基础

随着科学技术的发展、社会分工的细密化，大量体力劳动被机器所取代，脑力劳动在劳动中所占比重日益扩大，因而传统依靠监工和延长劳动时间的方式并不能有效提高劳动生产率，必须发挥工人的智慧，提高职工的主动性和创造性，提高劳动者的自主意识、参与意识。特别是那些易受新技术影响和资本密集型的企业，如职工不服从管理将会给企业带来更多的成本，而吸纳职工参与制定管理规则，更容易使职工合作与服从，因此职工参与管理成为社会生产力发展的必然。

职工参与管理企业的生产经营活动是现代化大生产条件下的客观要求。现代化生产经营的深度和广度以及企业的发展规模远远超越任何精明的管理者或少数人的智慧所能掌握的范畴。在知识大爆炸的时代，要求管理者全面掌握企业发展所需的各种领域的知识越发不可能，吸收职工广泛参与，集中集体智慧进行科学决策越来越重要，这为职工参与决策提供了空间和可能。从世界各国企业管理的实践来看，生产管理的民主化进程已经成为一种必然趋势。

（三）参与管理作为职工发展的需要为职工参与管理提供了原动力

道格拉斯·麦格雷戈在其《企业的人性面》一书中认为，大多数人的生理需要和安全需要已经得到了一定满足，而社会需要、尊重需要和自我实现需要正占据主导，对他们来说，指挥和控制（无论是刚性管理、柔性管理还是公平的刚性管理)是无法发挥激励作用的。① 参与式管理与咨询式管理能够鼓励人们为组织目标贡献自己的创造力,并对与自己相关的问题发表意见,进而满足自身的社会需要和尊重需要。

有学者指出,效能是促使雇主支持劳工参与的主要动因,尤其是20世纪30年代的行为科学家认为员工参与决策不但可以提升员工工作满意度,还可以提高员工的生产力。雇主只有在相信劳工参与对经济效率提升有促进作用时才会主动采取这种措施,因而实用主义是雇主对待劳工参与的基本态度。②

有学者认为,西方产业民主实践的动力,不仅有民主政治理论、道德伦理的诉求,以及技术和管理层面的需要,更有经济效益的驱使。③ 20世纪70～90年代,欧洲产业民主国际研究小组对丹麦、德国、英国、以色列、南斯拉夫、法国、日本、波兰等14国的员工参与管理权与经济增长之间的关系进行了数据统计和实证研究,证实了员工参与决策对总体经济状况的改善是十分重要的。企业内部有正式的分享决策权机制,对企业的发展有明显的促进作用。④

在国内,吴建平通过实证研究指出,参与度直接决定员工的满意度,其内在逻辑在于,参与给员工提供了重要的利益表达和诉求机会,并影响到利益结果,参与本身能疏导情绪并能缓解情绪对立。⑤ 影响员工参与积极性的根本因素在于员工的参与机会和程度,该研究为广泛推行企业民主管理制度提供了普适性的依据,而不论企业的所有制性质和技术水平,也不论员工的文化程度和工作年限。

我国是社会主义国家,实现人民共同富裕是国家发展的目标,关注人的发展,以人为本是社会主义国家的本质特征。我国有着悠久的职工参与管

① 参见魏琦卉:《道格拉斯·麦格雷戈:管理员工最有效的方式是什么》,《经营与管理》2015年第9期。

② 参见朱柔若:《社会变迁中的劳工问题》,(台北)扬智文化事业股份有限公司1998年版,第279～280页。

③ 参见刘军:《试论西方产业民主》,《国外社会科学》2007年第6期。

④ 转引自[美]玛格丽特·M. 布莱尔:《所有权与控制——面向21世纪的公司治理探索》,中国社会科学出版社1999年版,第262页。

⑤ 参见吴建平、胡涛:《员工满意度:概念界定与影响因素分析——兼论当前员工满意度研究中的两个逻辑问题》,《中共福建省委党校学报》2011年第7期。

理传统。实践也证明职工参与管理对于调动职工的生产积极性、协调劳动关系、构建和谐稳定的劳动关系、实现企业和职工共同发展具有重要的作用。因此，社会应当营造一种民主的氛围，让民主成为一种企业文化。政府和企业协会应当引导企业实行企业民主管理，工会要成为企业开展民主管理的工作机构和主要推动者。

总之，企业民主管理制度是现代民主制度、现代人权保障和现代企业发展的必然，企业民主管理不仅是一种决策机制，还是企业内部重要的利益协调和解决冲突的机制。企业民主管理制度能够满足职工被尊重和自我实现的需要，为企业创新提供了不竭的动力，能够有效提升职工对企业的满意度，有利于和谐劳动关系的构建。

第四章 我国企业民主管理立法的历史和功能变迁

我国企业民主管理起源于第二次国内革命战争，经过不断发展演变，现已逐步完善。企业民主管理实践大体经历了两个时期，以 1992 年我国开始实行市场经济为分水岭，前一时期可以称为“民主管理企业时期”，后一时期可称为“企业民主管理时期”。大致可以划分为六个阶段：第一阶段，20 世纪 20 年代起开始实行的工厂管理委员会、“三人团”和“厂务会议”制度；第二阶段，新中国成立前后实行的工厂管理委员会和职工代表会议制；第三阶段，第一个五年计划期间实行的一长制；第四阶段，1956 年至改革开放前实行的党委领导下的厂长负责制和党委领导下的职工代表大会制；第五阶段，改革开放后的职工代表大会制度复兴和逐步完善；第六阶段，市场经济体制改革后的企业民主管理制度创新与完善。[①]

自新中国成立以来，企业民主管理立法和实践不断深入推进，特别是党的十一届三中全会以来，企业民主管理立法随着改革进程的不断加快，初步建立了包括《宪法》《工会法》《企业法》《职工代表大会条例》《城镇集体所有制企业条例》《劳动合同法》以及国务院及其部委颁布的行政法规和规章，各省、自治区、直辖市也不断探索进行地方立法，从而形成了涵盖法律、行政法规、地方性法规和规章共同构成的企业民主管理法律体系，建立了职工代表大会制度、厂务公开制度、职工董事和职工监事制度等企业民主管理形式。在实践中，很多企业也在探索建立民主恳谈会、民主座谈会等其他职工民主管理形式。综观我国企业民主管理立法和实践的发展，随着经济体制的变

① 参见员文贤等编著：《企业民主管理教本》，陕西人民出版社 1986 年版，第 35 页。

革，我国企业民主管理立法在功能定位上也在不断发展变化。

第一节 新中国成立以前我国企业民主管理立法和实践的探索

一、中国共产党建党初期工人参与企业民主管理的立法与实践探索

（一）《劳动立法原则》《劳动法案大纲》确立的民主管理原则

俄国十月革命后颁布的《工人统制令》规定企业在内部实行工人自己经营和管理企业的制度，给了我国工人阶级巨大的鼓舞。谋求工人当家作主、对工人的劳动权益进行保护是中国共产党成立初期在企业中推行企业民主管理的初衷，这一时期的企业民主管理被表述为“劳动管理”。1922 年 8 月，中国劳动组合书记部根据党的二大制定的最低纲领提出了《劳动立法原则》和《劳动法案大纲》两个纲领性文件，要求推行劳动立法，并强调应该让工人参加劳动管理，获得劳动管理经验，保障劳动者的利益。《劳动法案大纲》第十四条规定：“各种劳动者，有由产业工会或职业工会选举代表参加政府之经济机关、企业机关及政府所管理之私人企业或机关之权。”[①]这就从立法原则和规则上确立了职工参与企业管理的制度，但是对具体参与形式没有做具体规定。

（二）工厂管理委员会的实践探索

工人参加工厂管理的最早实践，发生在江西省萍乡市的萍乡煤矿和湖北省黄石市的华记水泥厂。1922 年底，萍乡煤矿因经济危机而濒临倒闭，在工人运动中发展壮大起来的工人俱乐部专门设立了生产整顿委员会，组织工人参加企业管理，还出面召集煤矿各界的联席会，共商整顿矿局生产的方法，使生产得以恢复。1926 年 10 月，因债务陷于瘫痪状态的华记水泥厂在中共黄石港地委的领导和支持下，由工会出面，召集全厂职工大会，民主选举产生了工厂管理委员会，由工人直接经营管理工厂。工厂管理委员会依靠工人的力量和智慧，使华记水泥厂起死回生，工人的福利也得到了改善。

① 蒋一苇主编：《企业民主管理的理论与实践》，中国劳动出版社 1991 年版，第 2 页。

萍乡煤矿和华记水泥厂工人民主管理的成功实践，首次向全社会展示了工人阶级管理企业的能力，在中国企业民主管理史上写下了最初的一页。[①]

二、革命根据地“三人团”和“厂务会议”制度的探索(1931～1948年)

革命根据地时期，随着中国共产党领导的革命根据地工厂逐渐增多，如何管理国营工厂，如何解决国营企业工人当家作主、坚持党的领导和遵循企业科学管理规律是中国共产党管理企业首先需要解决的问题。从企业民主管理制度探索之初，就涉及企业领导制度与职工当家作主管理企业的关系问题。这也就决定了在很长一段时间内我国企业民主管理制度与企业的领导制度探索是同步进行的，二者之间具有深刻的内在关联性。

(一)“三人团”制度的产生

“三人团”制度是革命根据地时期我党为解决党的领导权、企业行政领导权和职工当家作主权利的创造性探索。1929年，中国共产党在中央革命根据地建立了中华苏维埃人民政府，开始建立自己的工厂。至1933年，中央苏区已经建立了三十多家公营企业。其他苏区，也建立了一些公营工厂。在公营工厂内实行管理民主化，这是中国共产党早期对企业民主管理制度的探索。这一时期，民主管理主要通过职工的群众组织——职工会来进行。这一时期职工参与管理的方式主要为间接参与，即通过职工会间接参与管理。职工会代表工人的各种权利，有参加国家企业管理和监督私人资本的职权。1931年《中华苏维埃劳动法》明确规定，职工会参与国有及协作社企业的经营与管理。在私人企业中，职工会成立特别机关，监督生产。

公营企业的职工会代表职工参与管理的方式最初为“三人团”。“三人团”是由厂长、党支部书记和工会委员长组成，但厂长有最后决定权。这就开启了长达半个多世纪的“党、政、工”在企业领导权方面的配置。1934年4月，中央组织局颁布的《苏维埃国家工厂支部工作条例》明确规定，公营企业要建立“三人团”制度。

企业通过“三人团”会议处理生产过程中发生的问题，当意见有分歧时，厂长有最终决定权。有政委的工厂，政委参加“三人团”会议，政委有最后决定的权力。同时，工会组织召开工人大会，工会收集并反映职工的意见，讨

---

① 参见蒋一苇主编:《企业民主管理的理论与实践》，中国劳动出版社1991年版，第1～2页。

论生产计划，组织工人开展“欢迎生产计划”的运动。私营企业成立工厂委员会或店铺委员会（也是工会组织），对企业实行监督。有的企业由职工代表会议选出工人监督生产委员会，监督劳动法的执行，监督生产等。

这一时期，无论在公营企业还是私营企业，职工参与管理的方式都主要通过工会组织来实行，但在公营企业和私营企业中又有差别。公营企业中“三人团”实际解决的是企业的行政管理权、党的领导权和职工群众的权力配置问题，而在私营企业中主要侧重工会的监督权，旨在保证职工的劳动权益。从这一时期开始，公营企业和私营企业的职工民主管理制度就呈现出不同的特点，承担着不同的职能。

（二）“厂务会议”制度的产生

抗日战争时期，公营企业有了一定的发展，公营工厂的民主管理也有了进一步的发展。这一时期的职工民主管理主要表现在对领导权力的监督和审查上，同时对工人自治管理企业也进行了探索。

抗日战争后期，“三人团”制度在运行的过程中逐渐暴露出一些问题，如“三人团”的初衷是实现“党、政、工”共同行使权力，但在实践中却出现了三种力量鼎立的局面，各自出于本位主义考虑而难以协调统一。为解决这一问题，1943 年 3 月，陕甘宁边区召开厂长、支部书记和工会主席联席会议，会议决定以“厂务会议”制度代替“三人团”制度。在上级党委的领导下，以厂长为主，实行工厂领导一元化。一元化领导虽然没有放弃民主化的原则并结束了三权鼎立的状况，强化了行政管理，但是却带来了工人和工会在企业管理中的作用被削弱的问题。[1] 在党的企业民主管理实践中，第一次出现了企业管理权威与职工民主管理之间的冲突。

1944 年 5 月，延安召开职工代表会议，对解决一元化领导与民主管理关系问题进行了研究。会议发表的宣言提出，要正确实行工厂领导一元化，厂长要依靠职工会实行上下结合的领导，并要求工厂的工会在一元化领导中搞好自身独立的群众工作。由此，陕甘宁边区的工厂管理逐步得以改善。抗日战争期间，企业民主管理制度从形式到内容都有了新的发展。

这一时期，企业民主管理突出了工会的作用，无论是“三人团”制度还是“厂务会议”制度，工会都是作为职工的代表进入企业的最高领导机构，分享

① 参见蒋一苇主编：《企业民主管理的理论与实践》，中国劳动出版社 1991 年版，第 4～5 页。

企业的领导权，职工参与企业管理是通过工会间接进行的。

三、新中国成立前夕，工厂管理委员会和职工代表会议制度的探索

（一）第六次全国劳动大会确定了在国营和私营工厂中实行职工民主管理的原则

基于实践中一些企业探索实行的工厂管理委员会和职工代表会议的成功经验，1948 年 8 月 1 日至 22 日在哈尔滨举行的第六次全国劳动大会通过了《关于中国职工运动当前任务的决议》。决议提出："国营公营企业，必须切实改善经营和管理工作……贯彻企业化原则和实行管理民主化……建立统一领导的工厂或企业管理委员会……讨论并决定有关工厂或企业管理和生产中的各种问题。"①

在五百人以上的大企业，还可由各部门职工代表组成工厂代表会议，在工厂管理委员会领导之下，传达和讨论工厂决定、生产计划，进行经验总结，以便更多地吸收群众建议和意见。工厂中还组织召开生产小组会议，也发挥了民主管理的作用。"在私人企业和工厂中，实行管理的民主化，实行工厂或企业管理委员会制与工厂职工代表会议制……"②这就提出公营和私营企业都要实行企业民主管理制度，但在功能上有所差异。

（二）《哈市战时劳动法大纲》对企业民主管理制度的确认和落实

第六次全国劳动大会关于企业民主管理的精神必须通过地方立法和实践加以落实。在第六次全国劳动大会召开之前，1948 年 7 月 23 日，哈尔滨市起草了《哈市战时劳动法大纲》，但在请示中央时劳动大会决议草案已经发出，《中共中央对哈市战时暂行劳动法大纲给东北局的指示》要求，如有在原则上与劳动大会决议相抵触的地方，特别是关于职工的地位和责任，工厂管理委员会、劳动时间、工资制度等重要问题，大纲所规定的内容在原则上有欠明确或不恰当的地方，均应参照决议的基本精神和一般原则加以修改。根据第六次全国劳动大会的会议精神和地方立法，各地开始贯彻实行企业管理委员会制度。但是，企业管理委员会和厂长的关系在企业民主管理的

① 中华全国总工会政策研究室编：《中国企业领导制度历史文献》，经济管理出版社 1986 年版，第 120～121 页。

② 中华全国总工会政策研究室编：《中国企业领导制度历史文献》，经济管理出版社 1986 年版，第 120～121 页。

实践中依然存在问题。

1949年5月1日，华北职工代表大会印发《关于发展生产劳资两利政策的几点说明》，李立三总结了企业管理委员会对企业管理、劳资关系协调、调动职工生产积极性等方面的重要作用。他提出，私人企业中也可以实行企业民主管理，同时对企业管理委员会和厂长的关系进行了界定。[①] 这实际上是既要解决企业管理权力的统一问题，又要在企业管理中贯彻群众路线，即解决企业管理的权威性与民主性之间的问题，从而实现效率与民主两大价值目标。

（三）华北人民政府关于职工民主管理制度的立法

1949年5月，在华北解放区召开的职工代表会议上，刘少奇提出工厂应当建立工厂管理委员会，二三百人以上的企业可以建立职工代表会议。[②] 同年6月，华北人民政府通过了《关于在国营工业企业中建立工厂管理委员会与工厂职工代表会议的决定》。1949年8月10日，华北人民政府拟定的《关于在国营、公营工厂企业中建立工厂管理委员会与工厂职工代表会议的实施条例（草案）》规定，必须根据第六次全国劳动大会决议，建立企业或工厂管理委员会与职工代表会议，实行管理民主化。职工参与管理的方式，即工厂管理委员会和职工代表大会制度的组织和运行遵循了第六次全国劳动大会决议的要求，做出了更为详细的规定，该法规界定了工厂管理委员会、职工代表大会和厂长的职权。[③] 工厂管理委员会是企业的权力机构、决策机构，厂长（经理）为企业的执行机构，决策机构吸纳职工参与。这部法规还对职工代表大会的组织进行了规定，职工代表会议主要监督工厂管理委员会，对工厂管理委员会有批评和建议的权利。职工代表会议关于工厂及企业行政的决议须经工厂管理委员会批准，并以厂长颁布后方为有效，因而从根本上说职工代表会议发挥的主要是监督作用。这一时期的立法和实践的探索，为新中国成立后的企业民主管理立法和实践提供了丰富的经验。

---

① 参见中国工运学院编：《李立三赖若愚论工会》，档案出版社1987年版，第6页。

② 参见中华全国总工会政策研究室编：《中国企业领导制度历史文献》，经济管理出版社1986年版，第137～138页。

③ 参见中华全国总工会政策研究室编：《中国企业领导制度历史文献》，经济管理出版社1986年版，第148页。

第二节　新中国成立初期至改革开放前的企业民主管理立法探索

新中国成立初期至改革开放前基本延续了新中国成立前在国营企业中实行的企业民主管理制度，即在企业中合理配置党的集中统一领导、企业行政生产指挥权和职工管理企业的权力，实现三者的统一。但实行企业民主管理制度的范围聚焦于国营企业，而对私营企业民主管理的探索较少，特别是1956年资本主义工商业改造完成后，我国经济就只剩下社会主义公有制经济。因此，新中国成立之后，企业民主管理制度与公有制有着直接的联系。我国是社会主义国家，强调人民当家作主，职工作为国家的主人有参与企业事务管理的权利，所以参与企业管理是实现职工当家作主的手段和体现。

一、厂长领导下的工厂管理委员会的制度探索

1949年9月，中国人民政治协商会议《共同纲领》中的经济制度部分规定，在国家经营的企业中，建立厂长领导下的工厂管理委员会。而对私营企业是否建立工厂管理委员会没有做相关规定。因而企业的所有制形式与职工参与管理具有密切的联系。

在地方，根据第六次全国劳动大会和共同纲领精神，1949年10月25日，陕甘宁边区政府通过了《关于在国营公营工厂企业中建立工厂管理委员会与工厂职工代表会议的组织规程》，该规程要求建立工厂管理委员会与职工代表会议。该规程也将建立工厂管理委员会限定在国营、公营工厂企业范围内，而没有涉及私营企业。[①]

在全国，1950年2月，政务院财政经济委员会颁布了《关于国营、公营工厂建立工厂管理委员会的指示》，指出必须对国营、公营工厂企业中原官僚资本统治时期遗留下来的不合理的管理制度，进行有计划、有步骤的改革，

① 参见中华全国总工会政策研究室编:《中国企业领导制度历史文献》，经济管理出版社1986年版，第152页。

改革的中心环节是建立有工人参加的工厂管理委员会。[①] 政治上的当家作主和经济上的调动生产积极性是这一时期企业民主管理立法宗旨上的特色。

二、在工矿企业中推行厂长负责制

（一）党委领导下的厂长负责制

新中国成立初期，在国营工矿企业中实行党委领导下的厂长负责制，上级所指示的方针与任务及其在工矿企业中的具体实施方案和计划，一律经过党委讨论通过，做出决定后分工进行完成。属于生产管理方面和行政业务方面的事务，可由厂长在执行中负完全责任，发生紧急事件时，厂长可先行处理，然后报告党委会。一切重要事项，最后由党委决定。厂长对同级党委负责。

（二）“一长制”的推行

党委领导下的厂长负责制在运行中也暴露出一些问题，或是多头领导，大家争夺领导权，或是无人负责，工作秩序混乱，背离了企业管理的专业化和经济目的。为解决这一问题，自 1953 年起，全国开始学习苏联工业企业管理“一长制”，即生产行政管理厂长负责制。1954 年 5 月，中共中央华北局请示中央学习苏联的“一长制”，在工矿企业中实行厂长负责制。厂长负责制，就是厂长受国家委派对企业的生产行政工作进行专责管理的制度。[②] 同时指出，厂长负责制不是要取消民主管理，而是必须与工厂管理民主化结合起来。要求厂长必须依靠党、依靠积极分子、依靠工人群众管理工厂。企业中党的领导从全面领导转变为政治思想领导和对企业行政监督。

（三）工矿企业领导制度的争论及“一长制”下的企业民主管理

1955 年 4 月 9 日，中共中央书记处召开座谈会，研究工矿企业的领导问题。座谈会上代表们集中反映了工矿企业存在的问题：一是生产管理制度还不健全，生产秩序和工作秩序还相当混乱；二是政治工作相当薄弱；三是

---

① 参见中华全国总工会政策研究室编：《中国企业领导制度历史文献》，经济管理出版社 1986 年版，第 156 页。

② 参见中华全国总工会政策研究室编：《中国企业领导制度历史文献》，经济管理出版社 1986 年版，第 198～201 页。

在不少厂矿中存在着忽视党的领导作用的严重现象，有的甚至把党组织当成生产管理机关的附属品。关于解决方案，形成了三种不同的意见：第一种意见，主张实行党委领导下的一长制；第二种意见，主张工矿企业生产管理工作，由厂长对国家负完全责任，党组织只负监督保证责任，即实行一长制；第三种意见，既不主张实行党委领导下的一长制，也不完全赞同一长制，认为一长制和党委制是不同组织的两种制度，生产管理工作中应实行一长制，党内则应实行民主集中制。

中央书记处第三办公室在撰写《关于工矿企业的领导问题座谈会的报告》中指出，大多数同志不同意在工矿企业中实行党委领导下的一长制，但对于党组织监督的范围和党组织在生产管理工作方面的决定，以及厂长是否必须服从的问题上，与会同志还未能取得一致意见。1955 年 10 月 24 日，中共中央批转了《中央第三办公室关于厂矿领导问题座谈会的报告》，重申在工矿企业中推行一长制是政治任务。① 无论是华北局的决议还是座谈会都没有明确“一长制”下职工参与管理的方式，而是更多地关注提高生产效率的职工合理化建议和劳动竞赛、技术革新的推行。

三、劳资协商会议的探索

工厂管理委员会和厂长负责制主要在国有企业中实行，私营企业则倡导实行劳资协商会议制度。劳资协商会议为职工参与企业管理提供了机会，为凝聚职工集体智慧、促进生产提供了条件，而且是化解劳资纠纷的重要内部处理机制，是我国在私营企业实行职工民主管理制度的有益探索，对今天我国建立劳资协商机制依然具有重要的启示和借鉴意义。

（一）私营企业设立劳资协商会议的指示

1950 年 4 月 21 日，政务院第二十九次政务会议批准并发布了《劳动部关于在私营企业中设立劳资协商会议的指示》，提出根据“发展生产、繁荣经济、公私兼顾、劳资两利”的方针，探索在拥有 50 人以上雇员的私营工商企业中建立劳资协商会议制度，同时根据需要设立产业或行业劳资协商会议。这就意味着劳资协商会议可以在企业、产业（行业）多个层面建立。

---

① 参见中华全国总工会政策研究室编：《中国企业领导制度历史文献》，经济管理出版社 1986 年版，第 203～208 页。

(二)劳资协商会议的性质及组成

劳资协商会议是劳资双方平等协商的机构,不属于企业经营管理机构。劳资协商会议由劳资双方选派数量相同的代表,具体人数由双方协商确定,每方代表为 2～6 人,企业主或所委任的经理、厂长和工会主席必须进入协商会议,协商代表应相对固定,遇有特殊情况双方可自行更换。协商会议主席由双方轮流担任,会议由轮值主席负责召集。协商会议实行经常会议和临时会议制度。

(三)劳资协商会议主要协商事项

与职工利益密切相关事项:集体合同的订立及履行,有关职工的雇用与解雇、职级升降及其他人事问题,有关工资、工时、生活待遇及其他职工福利设施等事项,安全卫生及职工疾病、伤亡、残废、女工生育待遇等事项,劳动纪律、奖惩制度的制定与修改等。

生产经营相关事项:生产计划、生产任务及提高产量、质量,节约材料、工具等事项;改进生产组织;提高技术技能等提高生产效率的事项。劳资双方都可以提出协商的议案。

(四)劳资协商会议争议的处理

一般问题的协议,经劳资双方代表一致同意后即可达成。重大问题的协议,须由双方代表报告有关人员和全体职工取得同意后方可达成,重大事项的劳资协议需向劳动局备案。在会议中发生争议,按劳动争议解决程序处理。[①]

四、职工代表大会制度的广泛推广

(一)职工代表大会制度推广的背景

1956 年社会主义改造完成,消灭了私有制,人民成为国家主人翁的经济基础进一步得到巩固。总结企业管理“一长制”的实践经验,发现也存在一些问题,主要是“一长制”领导体制在执行中出现了偏差,部分企业存在厂长个人独断专行的现象,这一方面削弱了党的政治核心作用和保障监督作用,另一方面也在一定程度上搁置了企业民主管理制度。1956 年 9 月,党的八

① 参见《中央人民政府劳动部指示　在各地私营企业中设立劳资协商会议》,《人民日报》1950 年 4 月 30 日。

大会议指出，在企业中，应当建立以党委为核心的集体领导和个人负责相结合的领导制度。陈云在总结社会主义改造完成时的新问题中指出，公私合营后职工的职权反而降低。他指出，必须依靠职工群众，必须从职工群众中选拔有经验的优秀分子担任领导职务和其他的管理职务；必须建立和健全企业内部的各种民主管理制度。[①] 但除了通过选举优秀职工担任领导职务外，对于职工应该采取何种形式管理企业，实际上并没有做出回答。

(二)职工代表大会制度的试点和推广

1957 年 4 月，中共中央发布了《关于研究有关工人阶级的几个重要问题的通知》。该通知提出实行党委集体领导下的厂长负责制，扩大职工群众参加企业管理的权利，发挥职工群众对于企业行政的监督作用，体现工人阶级国家主人翁的地位和作用；提出把职工代表会议改为职工代表大会(职工大会)。这就明确了企业职工参与民主管理的方式为职工代表大会(职工大会)，并且明确了职工代表大会的职权。但是，该通知也指出关于党、政、工权力的配置依然存在一些争议，需要在实践中进一步探索研究。[②]

(三)“两参一改三结合”制度的探索

1959 年，鞍钢根据中共中央提出的大搞群众运动和集中领导相结合的方针，在继续坚持加强群众管理的前提下着重加强了专业管理，使群众管理和专业管理更好地结合起来，使“两参一改三结合”制度得到进一步的巩固和提高。“两参一改三结合”制度是指工人参加管理，干部参加劳动，改革不合理的规章制度，实行领导人员、技术人员和工人群众的三结合，这就是著名的“鞍钢宪法”。但是遗憾的是这些探索并没有得到广泛推广，也没有在更多的企业中实践。

(四)《国营工业企业工作条例(修正草案)》对职工代表大会制度的探索

1961 年，邓小平主持制定了《国营工业企业工作条例(草案)》，即“工业七十条”，对“大跃进”三年来的国营工业企业管理经验进行总结，重申职工代表大会的重要作用。

1965 年 7 月，《国营工业企业工作条例(修正草案)》规定，企业的管理工

---

① 参见中华全国总工会政策研究室编：《中国企业领导制度历史文献》，经济管理出版社 1986 年版，第 212 页。

② 参见中华全国总工会政策研究室编：《中国企业领导制度历史文献》，经济管理出版社 1986 年版，第 224～225 页。

作必须充分发扬民主，克服和防止单纯行政命令的做法。企业的职工代表大会是职工群众参加管理、监督干部、行使三大民主的权力机关。工会委员会作为职工代表大会闭会期间的常设机构。[①] 在此条例的指导下，职工代表大会制度在公营企业中有了较好的发展。这一时期，企业民主管理制度要求在职工代表大会的职权设置上关注职工参与管理对领导干部的监督作用。

总之，这一时期的企业民主管理制度有了较快的发展，创造性地确立了工厂（企业）管理委员会、职工代表会议制度和职工代表大会制度等新的职工民主管理形式，特别是职工代表大会制度得以广泛推行，职工不仅可以通过工会间接参与企业管理，而且一部分职工代表还能够直接参与企业管理。同时，工会在组织职工参与工厂（企业）管理委员会、职工代表会议上发挥的组织动员作用更加突出，通过劳动竞赛和合理化建议等措施促进企业经济效益提高，发挥了工会组织动员的独特作用。但是，这一时期的企业民主管理制度在处理企业行政领导权、党的领导核心和职工民主管理三者之间的关系上依然存在问题。

第三节　改革开放初期至市场经济体制改革前的企业民主管理立法与实践

改革开放初期，百废待兴，党和国家的工作重点转向经济建设，迅速恢复经济是党的中心任务。这一时期，在企业所有制形式上，开始允许私营经济和外商投资；在经济体制上，形成了以公有制为主体，多种经济成分相结合的基本经济制度。但是在企业民主管理制度立法上亟须肃清“文化大革命”对民主制度的消极影响，恢复企业管理的民主化，因而企业民主管理立法依然聚焦公有制企业，而对非公有制企业是否应实行企业民主管理缺乏立法的规定。这一时期的企业民主管理立法，依然属于企业领导制度立法的范畴，以解决“党、政、工”三会的权力配置，保障职工管理企业的权利，监督企业领导，保障职工合法权益，调动职工生产积极性为目标。企业民主管

① 参见中华全国总工会政策研究室编：《中国企业领导制度历史文献》，经济管理出版社 1986 年版，第 259～285 页。

理制度与其他企业制度一起作为支撑企业生产性功能的制度，并寻求相互适应的平衡点。

一、职工代表大会制度的恢复

（一）党委领导下的职工代表大会制的恢复

1978年，在第五届全国人民代表大会上，叶剑英委员长在修改宪法的报告中指出，认真实行有广大人民群众参加的民主管理。1978年4月20日，《中共中央关于加快工业发展若干问题的决定（草案）》提出企业的领导制度即党委领导下的厂长分工负责制；企业的一切重大问题都必须经党委集体讨论决定，厂长负责组织执行；实行党委领导下的职工代表大会或职工大会制。建立工人参加管理、干部参加劳动和领导干部、工人、技术人员三结合的制度；在企业中恢复职工民主管理制度。①

（二）企业民主管理制度全面恢复

1978年，中国工会第九次全国代表大会召开，邓小平代表向大会致辞，他指出，“我们的企业要实行党委领导下的厂长或经理负责制，要建立强有力的生产指挥系统。为了实现四个现代化，我们所有的企业必须毫无例外地实行民主管理，使集中领导和民主管理结合起来……企业的重大问题要经过职工代表大会或职工大会讨论……各企业的工会，将成为职工代表大会和职工大会的工作机构”②。这就意味着企业民主管理制度全面恢复。1978年12月13日，邓小平发表了《解放思想，实事求是，团结一致向前看》的讲话，统一全党思想，强调解放思想的重要条件是在政治和经济领域实行民主集中制。

（三）企业领导制度改革与职工代表大会制度

1980年8月，党和国家领导制度的改革扩大会议召开，邓小平出席会议并讲话。会议提出中央将向第五届全国人民代表大会第三次会议提出修改宪法的建议，保证人民真正享有管理国家各级组织和各项企业事业的权力，享有充分的公民权利。国家领导制度改革的核心是解决权力过于集中导致

① 参见中华全国总工会政策研究室编：《中国企业领导制度历史文献》，经济管理出版社1986年版，第295页。

② 中华全国总工会政策研究室编：《中国企业领导制度历史文献》，经济管理出版社1986年版，第321～324页。

的官僚主义、党政不分、以党代政等问题。企业领导制度也在讨论的范围内。职工代表大会或职工代表会议制度是作为企业领导制度改革的配套制度提出来的。会议提出，职工代表大会或职工代表会议有权对本单位的重大问题进行讨论，做出决定，有权向上级建议罢免本单位不称职的行政领导人员，并且逐步实行选举适当范围的领导人。①

总之，我国在改革开放初期，确立了以经济建设为中心的发展目标。效率优先、兼顾公平的价值取向，使企业在改革中将经济目标作为企业发展的首要目标，同时在发展中解决发展中出现的问题。改革开放后，为搞活国有企业，着手改革企业管理方式，职工代表大会是作为企业管理改革与厂长负责制相配套的制度。在此政策的指引下，职工代表大会制度迅速得到恢复，并且相比过去有了一定的发展，并积累了一些经验。

二、职工代表大会制度立法的快速发展

（一）《国营工业企业职工代表大会暂行条例》与职工代表大会制度

1981～1988 年，我国企业民主管理立法快速发展。

1.全国企业民主管理座谈会聚焦职工代表大会制度需要解决的问题

1981 年 5 月，根据党的十一届三中全会以来中央关于加强和改善党的领导、发扬社会主义民主等一系列指示精神，为研究在工业企业中如何加强党的领导，如何进一步搞好企业民主管理，建立和健全职工代表大会制度，如何充分发挥广大职工群众的主人翁意识，中华全国总工会、国家经济委员会、中央组织部联合召开了全国企业民主管理座谈会。会议提出，企业民主管理要解决的中心问题，就是要真正让职工群众当家作主。② 座谈会聚焦需要解决的几个问题：一是职工代表大会的性质和职权，二是职工代表大会是否需要设常设机构，三是职工代表大会与厂长、工会的关系，四是职工代表大会民主选举企业领导人的问题。这次座谈会上还起草了《职工代表大会条例》草案。

2.《国营工业企业职工代表大会暂行条例》颁布实施

1981 年 6 月 15 日，中华全国总工会、国家经济委员会、中央组织部联

---

① 参见中华全国总工会政策研究室编：《中国企业领导制度历史文献》，经济管理出版社 1986 年版，第 331～349 页。

② 参见中华全国总工会政策研究室编：《中国企业领导制度历史文献》，经济管理出版社 1986 年版，第 354～358 页。

合制定的《国营工业企业职工代表大会暂行条例》(该条例 2008 年废止)颁布实施。中共中央、国务院在转发通知中指出,改革企业的领导制度是改革党和国家领导制度的一个重要组成部分。职工代表大会正是提高职工群众主人翁责任感,发挥当家作主的积极性,办好社会主义企业的基本组织形式。《国营工业企业职工代表大会暂行条例》第二条规定:“职工代表大会(或职工大会)是企业实行民主管理的基本形式,是职工群众参加决策和管理、监督干部的权力机构。”赋予职工代表大会制度三项职能:保障人民当家作主,民主管理企业;正确处理国家、企业和职工个人三者利益关系,协调企业内部矛盾;保证完成国家计划和各项任务,办好社会主义企业。

3.配套立法明确党、政、工三者之间的关系

为了进一步明确党、政、工三者之间的关系,1982 年 1 月 2 日,中共中央、国务院发布了《国营工厂厂长工作暂行条例》,同天发布了《关于国营工业企业进行全面整顿的决定》。不久又发布了《中国共产党工业企业基层组织工作条例》,进一步明确在国有企业中遵循党委集体领导、职工民主管理、厂长行政指挥的领导原则。这就确定了党委领导下的厂长负责制与党委领导下的职工代表大会制度,明确了党、政、工三者之间的关系。

(二)1982《宪法》确认了职工民主管理的权利

为了从更高层次立法上确立职工民主管理企业制度,1982《宪法》总纲第二条第三款规定:“人民依照法律规定,通过各种途径和形式,管理国家事务,管理经济和文化事业,管理社会事务。”并规定了国营企业实行职工代表大会制度,集体经济组织实行民主管理。这就以根本大法的形式规定了在公有制企业实行职工民主管理制度。

(三)《职工代表大会条例》与职工代表大会制度

1.全国健全企业领导制度经验交流会总结职工代表大会制度在实践中存在的问题

1982 年 12 月,国家经济委员会、中央组织部、中华全国总工会在北京召开了全国健全企业领导制度经验交流会。会议总结交流了贯彻执行《国营工业企业职工代表大会暂行条例》《国营工厂厂长工作暂行条例》《中国共产党工业企业基层组织工作暂行条例》(以下简称“三条例”)的经验,研究讨论了进一步贯彻执行“三条例”、健全企业领导制度的问题。会议肯定了“三条

例”所确定的企业领导制度，但也指出依然存在党政不分、职代会流于形式等问题。

2.厂长负责制和《职工代表大会条例》颁布实施

1986年9月15日，《全民所有制工业企业厂长工作条例》和《中国共产党全民所有制工业企业基层组织工作条例》同时颁布。1986年10月1日《职工代表大会条例》开始实施。该条例是在对实践经验总结的基础上对《国营工业企业职工代表大会暂行条例》的进一步修正和完善，它是为适应国有企业领导制度，由党委领导下的厂长负责制转变为厂长负责制，从而对职工代表大会的职权做了相应的修改。该条例比较全面地规定了职工代表大会的性质、职权以及组织和运行机制，对职工代表大会制度做了两个方面的限制：一是行业限制，即工业企业，从而排除了其他企业类型，范围狭窄；二是企业的所有制形式限定为全民所有制企业，从而排除了其他所有制形式企业的适用。该条例旨在调动职工的积极性、充分发挥职工的智慧和创造力，办好全民所有制工业企业，这是党的全心全意依靠工人阶级纲领的体现。不再赋予职工代表大会企业经营重大决策的决议权，而是赋予其重大决策实施方案的决议权，这在一定程度上保障了厂长(经理)的统一生产指挥权。该条例强调了对企业管理者的监督功能。相比于《国营工业企业职工代表大会暂行条例》，职工代表大会的经营决策权有所削减。

(四)《企业法》与职工代表大会制度

1.《企业法》颁布的背景

1983年4月1日，国务院颁布了《国营工业企业暂行条例》，这是新中国历史上关于企业立法的重要探索。条例规定，企业实行党委领导下的厂长负责制和职工代表大会制。企业在生产经营活动中实行党委集体领导、职工民主管理、厂长行政指挥的根本原则。但“三条例”和《国营工业企业暂行条例》在实施的过程中暴露出一些问题，突出的问题是企业没有经营自主权。为增强企业活力，1984年《中共中央关于经济体制改革的决定》开启了新一轮的改革，企业领导制度改革是本轮改革的重点，即试点实行厂长负责制，同时处理厂长、党委和职工代表大会之间的关系。

2.企业领导制度改革与《企业法》的颁布

1984年5月，国务院国家经济委员会及相关部门起草了《国营工业企业法(草稿)》，该草稿在国有企业领导制度的规定中，决定实行厂长负责制和职工代表大会制，从而取代了党委领导下的厂长负责制和职工代表大会制。该草稿明确了厂长的重大经营决策权和重要人事决定权。职工代表大会在与职工利益密切相关的事项上具有决定权，对企业的重大经营事项具有建议的权利，对领导干部具有评议监督的建议权，这意味着职工代表大会不再是企业的最高权力机关。因为当时正处于经济体制改革时期，未来发展具有很多不确定性，所以国务院报请全国人大常委会向全国各省、自治区、直辖市广泛征求意见。但实行厂长负责制在当时已经成为共识。

1988 年，《企业法》颁布，设专章规定职工和职工代表大会。相较于《职工代表大会条例》，《企业法》法律效力层级更高。该法在“总则”部分进一步明确企业实行厂长（经理）负责制，明确国家保障职工的主人翁地位，企业通过职工代表大会和其他形式实行民主管理，明确企业工会组织职工参加民主管理和民主监督。在厂长和职工代表大会的职权划分上基本上依照草稿的原则进行配置，即重大经营决策和重要人事任免等权力由厂长负责，在与职工利益密切相关的事项上职工代表大会有决定权，对企业领导有评议监督和建议权。在职工代表大会的职权上，涉及企业经营方面的重大决策其不再享有决议权，变为提出意见和建议。为减少厂长经理决策上的失误，在企业内部设管理委员会，管理委员会由企业各方负责人和职工代表组成，协助厂长决定企业的重大问题。

至此，从 1981 年的《国营工业企业职工代表大会暂行条例》至 1988 年颁布《企业法》，我国企业民主管理制度进入一个立法高潮期，这也是我国推进国有企业改革，改革企业领导制度的理论和实践探索。其间，党委领导下的厂长负责制变为厂长负责制，对职工代表大会和厂长的职权也做了相应的调整。通过对比可以看出，从 1981 年《国营工业企业职工代表大会暂行条例》到 1988 年《企业法》，关于职工代表大会职权的规定，不变的是对与职工利益密切相关事项的决策权和对领导干部的监督权，变化的是涉及经营管理方面的决策权，职工代表大会的决策权逐渐被削弱，由决策机构演变为部分决策和咨询机构。1981 年《国营工业企业职工代表大会暂行条例》在立法宗旨上，对职工代表大会的政治、经济和社会目标等同关注。到 1986 年《条例》和 1988 年《企业法》则更多关注经济目标，企业民主管理制度作为厂长负责制的配套制度而存在，旨在防止行政领导的官僚化和保障职工民主和劳动权益，出于经济发展的需要不断扩大厂长、经理等管理人员的经营决策权，这是对企业管理规律逐渐深入认识的结果。企业经营管理决策要求由专业人员来参与，而职工往往不具有专业管理能力和水平，不能由职工代替管理者来管理，这是企业发展探索得出的结论。职工代表大会由决策机构逐渐演变为部分事项的参与决策机构和咨询机构有其必然性。

（五）《城镇集体所有制企业条例》与职工代表大会制度

1992年开始实施的《城镇集体所有制企业条例》规定，职工代表大会是企业的权力机构，重大决策和选择管理者都由职工代表大会做出决议。因此，在集体所有制企业中，职工代表大会是职工自治的权力机构。在集体企业中，职工是企业的主人得到了明显的体现，这符合企业的集体所有制特征。长期以来，集体所有制企业的领导制度较少引发争议。但是在实践中集体企业职工代表大会的职权并没有得到全面落实，主要是厂长的选举权和企业重大问题的决定权。前者很多单位的厂长由主管部门委派，而对重大问题的决定权，一些集体企业职工代表大会并没有真正行使审议决定权。为此，一些地方也探索性地制定了执行文件，以贯彻落实《城镇集体所有制企业条例》。例如，1992年中共山东省委组织部、山东省经济委员会、山东省经济体制改革委员会、山东省总工会联合发布了《山东省城镇集体所有制企业职工（代表）大会实行办法》，该办法明确提出职工是企业的主人，行使管理企业的权力；细化了职工代表大会的程序、组织形式和相关制度，特别规定了大会闭会期间的常设机构；明确了职工代表大会与厂长（经理）的关系，特别是有关事项的最终决定权，规定了车间班组的民主管理。

综上，改革开放初期至市场经济体制改革前的这一段时期，是企业民主管理制度大发展的时期，职工代表大会制度作为职工参与企业管理的基本形式在立法上得以体现，作为与厂长（经理）负责制的配套制度而存在。从制度存在的逻辑基础来看，社会主义国家人民当家作主是职工参与企业管理的政治基础，即职工作为企业的主人翁共同劳动、共同分享劳动成果，有责任也有权力共同管理企业，参与企业重大经营和管理问题的决策，有权力参与企业分配决策，有权力选择和监督企业的行政领导人。社会主义经济公有制是职工参与企业管理的经济基础，即公有制下消灭了剥削和压迫，职工才能当家作主，才能成为企业的主人翁，才有可能享有真正的民主管理权力，才能焕发生产的积极性和创造性。从劳动权利来看，职工参与企业管理的权利是我国社会主义劳动者最根本的权利之一，是职工其他权利（劳动权、获得劳动报酬权等)的基础。有学者对这一时期的企业民主管理性质进行了总结:"建立在社会公有制和职工主人翁基础上的、以权责统一为目标的基本政治制度。"[①]职工是"国家财富的占有者和国家的主人翁,也是企业集体财产的占有者和企业的主人翁"[②],可以通过工会、企业管理委员会、职工代表大会和参加班组管理等不同形式进行间接或直接的民主管理。

第四节 市场经济体制改革以来的企业民主管理立法与实践

1992 年 10 月,党的十四大确立了建立社会主义市场经济体制的目标。建立现代企业制度是国有企业市场化改革的方向。1993 年《公司法》颁布,1994 年《劳动法》颁布。至此,我国企业领导制度改革开启了由领导权中心主义向产权中心主义转变的时期。

这一时期的企业民主管理立法呈现出"花开两朵各表一枝"的特点:一方面,沿着企业立法的思路通过《公司法》确立公司制企业的民主管理制度,在企业领导权的配置上确定职工的参与权利;另一方面,从劳动立法领域关注职工民主管理的劳动者权益维护和协调劳动关系的重要作用。

一、《公司法》关于企业民主管理制度的规定

1993 年 12 月,第八届全国人民代表大会常务委员会第五次会议通过了《中华人民共和国公司法》,并于 1994 年 7 月 1 日起施行。《公司法》的颁布标志着我国现代企业制度建设步入规范化、法制化的轨道。它对我国建立规范的公司制度、维护社会经济秩序、保障和促进社会主义市场经济的健康发展起到了重要的作用。

为加强现代企业制度建设,国有企业和集体所有制企业按照国家政策指引进行公司化改制。根据《公司法》的规定,原职工代表大会的职权多数被股东会所取代。原党、政、工"老三会"被股东会、董事会和监事会"新三会"所代替。《公司法》只是概括性地规定公司职工依法组织工会,开展工会

① 高维义主编:《企业民主管理学》,山东人民出版社 1990 年版,第 51 页。

② 高维义主编:《企业民主管理学》,山东人民出版社 1990 年版,第 58 页。

活动，维护职工的合法权益，公司应当为本公司工会提供必要的活动条件。国有独资公司和两个以上的国有企业或者其他两个以上的国有投资主体投资设立的有限责任公司，通过职工代表大会和其他形式实行民主管理。但对于职工代表大会如何运行，《公司法》没有明确规定。然而，《企业法》和《职工代表大会条例》也没有进行相应的修订和补充完善。法律冲突导致职工代表大会制度在实际运行中出现问题。与此同时，法律上对企业的划分不再按照所有制标准，企业的分类主要按照投资者和责任的承担情况来进行分类，原来区分所有制企业的管理方式受到挑战。职工代表大会制度与所有制之间的关联性被打破。

从内容来看，1993 年《公司法》是一部以资本为中心的公司法，有人形容其为"只见资本不见人"。1993 年《公司法》规定了职工董事、职工监事制度，相对于职工代表大会和厂务公开制度，职工是以间接参与的方式参与企业管理，而职工董事、职工监事则是职工以直接参与的方式参与管理、决策、监督。董事会和监事会会议的表决方式是一人一票，职工董事监事和执行董事监事的表决权完全相同。职工董事直接参与管理对于维护职工合法权益具有重大作用，但是职工董事制度的适用范围仅限于国有公司。

时任全国人大常委会法工委经济法室副主任杨合庆对 1993 年《公司法》没有规定非国有的有限责任公司和股份有限公司应设职工董事，同时也没有规定职工董事和职工监事的比例的原因做出了解读：一是我国现代企业制度起步较晚。1993 年《公司法》立法时，实践经验仍很欠缺，市场经济条件下，按照现代企业制度制定公司法重点在于推进国有企业改革，因此强调国有公司中的职工参与。对于私人公司而言，重点是鼓励创业，发挥私人公司促进就业和经济增长的作用。当时私人公司大多规模较小，职工人数较少，因此职工参与的制度构建不是重点关注的问题。二是在公司制度理论上，更加强调和关注资本的控制权，突出私人公司在治理结构和经营管理方面的自主性、简便性、灵活性，尽量减少限制和干预。三是国家对股份有限公司的设立实行严格的审批制，对股票的发行实行配额制。当时，股份有限公司数量少，主要是上市公司，因上市公司已有严格的信息披露和社会监督，加之理论上突出资本的控制权，因此对股份有限公司的董事会的职工参与未做规定。实践中，在国有控股的股份有限公司中，仍然延续实行职工代表大会制度。[①]

1993年《公司法》实施后，随着国有企业改革的推进，大批经营不善的国有企业关停并转，国有企业职工下岗和分流，同时私营企业快速发展，在劳动立法不够完善、劳动关系协调机制尚不健全的情况下，大量职工的权益受到侵害，社会不和谐问题随之而来。特别是我国加入世界贸易组织（WTO）之后，迫切要求加强对劳动者权益的保护。因此，企业劳动社会责任的理念被引入立法之中。2005年修改后的《公司法》引入了社会责任理论和利益相关者理论，试图纠正1993年《公司法》忽视职工参与权利保护的问题，在职工代表大会的实施范围上不再限定为国有投资主体。《公司法》将职工代表大会定位为一种咨询机构，即听取意见和建议的组织机构，但这并没有从根本上改变职工代表大会运行的困惑。2005年修改后的《公司法》对非国有的有限责任公司的职工董事及股份有限公司的职工董事做了倡导性规定，明确了公司监事会成员中职工代表的比例不低于三分之一，具体比例由公司章程规定；明确了职工董事、职工监事由公司职工通过职工代表大会、职工大会或者其他形式民主选举产生。

2021年，全国人大常委会公布了《公司法修正案草案（征求意见稿）》，该征求意见稿更加突出公司承担社会责任和对利益相关者权益的保护。职工董事适用范围进一步扩大到职工人数在三百人以上的所有类型的公司，而职工人数不足三百人的公司可以设职工董事，这意味着职工董事制度实施范围按所有制区分的时代有望彻底结束。

根据现行《公司法》的规定，凡设立监事会的公司，职工监事比例不低于三分之一。职工监事的比例较低，其监督作用有限。《公司法修正案草案（征求意见稿）》规定了有限责任公司和股份有限公司可以在董事会中设置审计委员会，而不再设置监事会，这使得职工监事制度在有些公司中可能将不复存在。

二、国有企业改制中的企业民主管理

20世纪90年代末至21世纪初，为规范国有企业出售和改制中的职工安置问题，国务院有关部门先后制定了三个文件，明确职工安置方案应经职

---

① 参见黄来纪、李志强、杨合庆：《完善中德职工董事、职工监事法律制度研究》，中国民主法制出版社2015年版，第106～107页。

工代表大会或职工大会讨论通过。包括《关于出售国有小型企业中若干问题意见的通知》(国经贸中小企〔1999〕89号),2003年《关于规范国有企业改制工作的意见》(国办发〔2003〕96号)(以下简称“96号通知”)和2005年《关于进一步规范国有企业改制工作的实施意见》(国办发〔2005〕60号)(以下简称“60号意见”),三个文件均将职工代表大会作为协调矛盾、维护职工合法权益的重要保障措施,同时保留了改制中职工代表大会的监督功能。根据96号通知的要求,国有企业改制需要将改制方案、职工裁减安置方案等涉及职工切身利益的重大问题提交企业职工代表大会或经职工大会审议通过,未经职工代表大会审议的不得实施,未公开又未经职工代表大会通过的决定视为无效。

国有企业改制中的职工代表大会制度发挥了化解矛盾、维护职工合法权益的重要作用。至今在国有企业改制、兼并、破产和裁员以及职工安置问题上,一直延续职工代表大会讨论方案的程序规范。职工代表大会在企业改制、职工安置问题上发挥了监督国有财产处置和化解劳动纠纷的重要作用。

三、厂务公开制度立法——厂务公开成为企业民主管理的新形式

相比于职工代表大会和职工董事、职工监事制度,厂务公开的立法层级更低。厂务公开的最初推行是以中共中央办公厅、国务院办公厅通知的方式推行的,适用范围也局限在国有企业、集体所有制企业及其控股企业,尤其是指导公有制企业改制中的资产处置和职工安置事项的公开,保障职工的知情权和监督权。目前,指导厂务公开制度的立法主要是地方性法规和《企业民主管理规定》,厂务公开缺乏法律和行政法规层面的立法,适用范围也从公有制企业逐渐扩大到非公有制企业和事业单位。

厂务公开是在村务公开、政务公开大力推行过程中出现的,是受到村务公开实践活动的启发而产生的。一般认为厂务公开诞生于20世纪90年代中期,石家庄天同拖拉机集团有限公司被认为是厂务公开的提出者和发明者。

为推行厂务公开制度,中共中央办公厅、国务院办公厅《关于在国有企业、集体企业及其控股企业深入实行厂务公开制度的通知》(中办发〔2002〕13号)具体规定了厂务公开的原则、要求和组织领导形式,该通知是厂务公

开制度的主要政策依据。随着国有企业改制的推进，在国有企业改制中，在对职工合法权益的保护和对国有资产的监督中引入了厂务公开制度。

根据 60 号意见的有关要求，企业改制、兼并破产方案、职工裁员安置方案等企业重大决策问题，应及时向职工群众公开，充分听取职工群众的意见。企业在实施改制时，企业主要财务指标的财务审计、资产评估结果应向职工群众公开，接受职工群众的民主监督。对于不能即时解决的问题，解决方法和时限应向职工公开，通过职工代表大会广泛听取职工的意见，接受职工群众的监督。

厂务公开制度的实施，对于保障职工的知情权和监督权、防止企业资产流失、防止腐败、提升职工的归属感和满意度、保障职工合法权益等方面具有重要作用。

四、劳动立法关于企业民主管理制度的规定

随着我国经济体制改革的深入，劳动用工形式日益多元化，非公有制企业在国民经济中所占的比重日益上升。在私营企业中侵犯职工合法权益的事件时有发生，我国劳动争议纠纷案件快速增长趋势。加快协调劳动关系、保障劳动者权益、构建和谐稳定的劳动关系，对我国经济发展和社会安定具有重要意义。在劳动关系领域，基于劳动者权益维护和协调劳动关系的需要，立法将企业民主管理的范围扩大到所有企业。

1995 年开始实施的《劳动法》第八条规定："劳动者依照法律规定，通过职工大会、职工代表大会或者其他形式，参与民主管理或者就保护劳动者合法权益与用人单位进行平等协商。"2001 年修订后的《工会法》第六条规定："工会依照法律规定通过职工代表大会或者其他形式，组织职工参与本单位的民主决策、民主管理和民主监督。"该规定也取消了 1992 年《工会法》公有制企业的限定性条件。因而在劳动立法领域，民主管理与公有制的关联性被打破。

2006 年，中华全国总工会通过了《企业工会工作条例（试行）》。该条例明确职工代表大会的职权，通过企业工会工作保障公司制企业职工的民主管理权利。该条例首次区分国有企业（国有控股企业）、集体（股份合作制）企业、非公有制企业（私营企业、外商投资企业和港澳台商投资企业）三类企业，规定了职工代表大会的职权，对于我国企业民主管理立法具有重要的借

鉴意义，但因其不具有法律效力，在实践中的推行并不顺利。

作为一种劳动关系协调方式推动职工代表大会制度在所有类型企业内实施的当属《劳动合同法》。《劳动合同法》第四条要求用人单位在制定、修改或决定凡是涉及职工切身利益的重大事项时，都应经职工代表大会（职工大会）讨论，提出方案和意见并通过平等协商完成。该规定的目的在于规范企业的规章制度，让职工在规章制度的制定上有平等的共决权，但该规定却间接地推动了职工代表大会制度的实施。这就意味着职工代表大会（职工大会）的实施范围是不区分所有制形式的，在任何所有制企业职工都享有共决权。这实际上是将职工代表大会作为《劳动合同法》的配套制度，明确了凡是与职工利益密切相关的事项，都是职工代表大会的职权范围，从而否决了《公司法》由企业单方制定规章制度的规定。《劳动合同法》第四条的规定，对推动职工代表大会的实施并在维护职工合法权益、协调劳动关系方面发挥着重要作用。

2015 年《中共中央国务院关于构建和谐劳动关系的意见》将加强企业民主管理制度建设作为构建和谐劳动关系的重要举措之一，在列举了职工代表大会、厂务公开和职工董事监事等民主管理形式外，特别强调了充分发挥职工代表大会在企业发展重大决策和涉及职工切身利益等重大事项上的重要作用。

五、六部门《企业民主管理规定》

随着市场经济的深入发展，劳资矛盾日益多元化，客观上要求职工代表大会承担起作为沟通公平和效率的桥梁的责任，发挥在企业民主管理中协调劳动关系的重要作用。立法的缺陷，迫切要求出台新的规范。很多省、自治区、直辖市不得不借助地方立法来予以规范，解决“老三会”和“新三会”在职能划分上的问题。但是各地方的立法在对企业民主管理的认识上存在较大的差异，急需一部立法统一认识，对企业民主管理制度加以规范。2012 年，在中华全国总工会的推动下，由中央纪委、中央组织部、国务院国资委、监察部、中华全国总工会、全国工商联联合下发了《企业民主管理规定》。该规定采用区分所有制企业的方式规定了企业民主管理的规则，对非公企业的职工代表大会的组织和职权也做出了规定；在立法宗旨上强调双维护，构建和谐劳动关系，加强基层民主政治建设。该规定是继《职工代表大会条例》之后，我国全面规范企业民主管理的重要规章。有学者这样评价："该《规定》是我国转型时期，基层民主政治建设的重大举措；也是在总结多年来企业民主管理立法和实践经验教训的创新之举。同时，该《规定》的出台对于学术界和实际领域多年来对于一些重要问题的争论而言，是一部具有阶段性结论的文献。"[①]其主要创新之处有五：一是功能定位上的多元化，即将职工参与管理作为协调劳动关系、保障职工合法权益、促进企业持续健康发展、加强基层民主政治建设的立法宗旨；二是明确了企业民主管理的主要形式是职工代表大会制度、厂务公开制度和职工董事、职工监事制度；三是对在非公有制企业实行职工代表大会制度进行了有益探索，增加了一线职工的参与机会；四是全面规定了厂务公开的形式和内容；五是明确规定了职工董事、职工监事的权利和义务，特别是对职工董事、职工监事义务的规定，对规范职工董事、职工监事制度，促使职工董事、职工监事保障劳动法律实施、维护职工合法权益等方面有着重要作用。

六、企业民主管理制度地方立法的大发展

随着劳资矛盾的加剧，企业亟须通过民主管理化解劳资矛盾，构建和谐劳动关系。鉴于《企业法》《职工代表大会条例》和《公司法》等立法的不足，很多省、自治区、直辖市不得不借助地方立法来规范企业民主管理制度。笔者粗略统计，目前全国有 28 个省(区/市)制定了 35 部民主管理方面的地方性法规和规章。

笔者检索了 15 个地方性法规或规章，可以看出各地对于企业民主管理的理解并不完全一致。所有立法都将促进企业健康发展作为企业民主管理的目标，有 8 个地方将维护职工合法权益作为立法宗旨之一。值得关注的是，有 10 个地方将构建和谐劳动关系作为立法宗旨。这说明，这 10 个地方将企业民主管理作为劳动关系的协调方式。这在功能上与之前的立法存在一定的差异，特别是上海市在 2017 年修订职工代表大会条例时，不仅将职工代表大会作为协调劳动关系的机制，而且关注职工代表大会对于职工和企业共同成长的意义，而不是仅仅将企业民主管理作为调动职工积极性和监督企业领导人的手段。在职工代表大会职权的规定上，各地立法都承认不

① 石美遐：《多元视角的企业民主管理理论体系研究》，北京交通大学出版社 2017 年版，第 128～129 页。

同所有制企业存在差异，但在立法模式上，主要有三种类型：一是按照国有（国有控股企业）、集体所有制企业、其他企业分别规定职权；二是概括性规定职工代表大会职权，之后特别规定国有（国有控股企业）、集体所有制企业职代会的特别职权；三是统一规定职工代表大会职权，在职权内规定国有（国有控股企业）、集体所有制企业职工代表大会的特别职权。总之，各地立法都确认了所有制形式的不同，职工代表大会的职权和厂务公开的内容应有所差异；在企业民主管理制度的建设方面都规定了这是企业的义务，同时规定职工应依法行使权利。但是对于职工参与管理的权利的性质，各地规定有所差异。其中，吉林省和山东省将加强企业民主管理定性为加强基层民主政治建设，实际上是认为职工参与企业管理的权利是职工的民主政治权利，而多数地方立法则没有明确该项权利的性质。

综观市场经济体制改革以来的企业民主管理立法，职工民主管理逐渐超出公有制这一限制性条件。职工代表大会在这一阶段的功能因公司制改革而被弱化，甚至一些公司制企业很多年也不开职工代表大会。即使开职工代表大会也存在困惑，如讨论哪些事项、职工参与到什么程度等，所以走过场的比较多。但对于涉及企业改制、可能损害劳动者生存权、进而影响社会安定的改制方案，立法都要求通过职工代表大会化解纠纷，保障职工的知情权、表达权、建议权和监督权。从职工董事、职工监事的设置来看，监督功能依然是首要功能，而厂务公开制度设立的初衷即在于发挥职工的监督职能。但在劳动法领域，出于维护职工合法权益和协调劳动关系的需要，劳动立法将企业民主管理扩大到了所有类型的企业。

第五节　我国企业民主管理制度功能的历史变迁

自 20 世纪 20 年代起，中国共产党就开始了对企业民主管理制度的探索。综观中国企业民主管理的立法和实践，也经过了曲折的发展历程，在不断探索中逐渐发展完善，企业民主管理制度的功能也在不断演变，承载着不同时期的政治、经济和社会需要。无论是最初的工厂管理委员会还是今天并存的多种民主管理形式，都承载着那个时期特殊的历史使命，发挥着特有的功能。

以市场经济体制改革为分水岭，市场经济体制改革前，我国企业民主管理制度的重点是职工民主管理企业，实现职工当家作主的权利。而反对官僚主义、发挥职工民主管理的监督作用、调动职工的生产积极性则是职工民主管理的衍生效益。市场经济体制改革以后，我国职工民主管理逐渐分化，公有制企业职工民主管理以监督为主线，同时兼顾维护职工合法权益。而非公有制企业则逐渐走向企业民主管理，这区别于“民主管理企业”，不再从职工当家作主的政治权利出发，而是更多地关注职工对企业高层决策权的影响，进而维护职工的具体劳动权益。

一、市场经济体制改革前我国企业民主管理制度的功能

（一）企业领导制度中的企业民主管理制度

1.建党初期在企业中推行企业民主管理制度的初衷

作为工人阶级的政党，确保党对公营企业的绝对领导、谋求工人当家作主、民主管理企业、建立良好的经济基础是中国共产党建党初期在企业中推行企业民主管理制度的初衷。新中国成立之前，解决公营企业的领导权，确保职工当家作主是党领导公营工厂的基本方向，公营企业管理的企业化和民主化是从建党初期就旨在完成的任务。公营企业管理的企业化要求企业按照社会大生产的管理规律确定企业的统一生产指挥权，管理的民主化则要求保障职工享有管理企业的权利。坚持党的领导、国有企业工人当家作主管理自己的企业、遵循企业科学管理规律是中国共产党管理企业面临的核心问题。

2.企业民主管理制度是企业领导制度的重要组成部分

市场经济体制改革前，我国的企业制度基本上沿用苏联模式。就产权关系而言，企业资产属于国家，企业行为服从国家计划直接约束。不可能也不必要存在企业资产的市场交易活动，所以不存在资产进入市场运行的支配权，资产的所有权和实物形态的支配权统归国家。企业并非市场行为者，企业领导的管理权一方面具有浓厚的行政权性质；另一方面不是真正的商品经济中的经营管理权，而是脱离市场机制的具体形态上的生产使用管理权。很显然，这种产权关系决定了企业只能是政府的附属物，企业的运行方式只能在行政机制的轨道上，按照行政系统、行政层次、行政等级，依靠行政

方式，在行政压力下运转。[①] 也就是说，企业完全被行政化了。这也决定了中国企业民主管理制度从一开始就是企业领导制度的重要组成部分，从20世纪20年代一直延续到《公司法》颁布前。企业领导权就是要解决“党、政、工”三者在企业中的权力配置问题。笔者将这一时期的企业民主管理制度称为“企业领导制度中的企业民主管理制度”，即以解决企业的领导权为核心的企业民主管理制度，其实质是职工民主管理企业。

3.企业领导制度改革的动因与企业民主管理制度的演变

从新中国成立前的“三人团”、“厂务会议”制度、企业管理委员会到新中国成立后的工厂管理委员会制、党委领导下的一长制、一长制的探索，或赋予厂长以最后决定权，或赋予书记最后决定权，或三家组成共同的委员会，强调一元化领导，都是对“党、政、工”三者权力的配置。这种企业领导制度造成了管理权限分散、职责不清、多头领导、工作效率低等弊病。因此，每一次改革的动因都在于“党、政、工”三者权力之间的不协调，基于三者之间的不协调所做的领导制度调整，在新中国成立前和新中国成立后直到市场经济体制改革前并没有本质区别。

（二）企业领导制度中的企业民主管理制度的功能

笔者认为，市场经济体制改革前，半个多世纪的企业民主管理制度探索虽然表现为企业领导制度的变化，但在本质上是谋求多重目标共同实现的结果，即既要遵循经济发展规律，按照现代企业制度管理企业，实现经济目标，又要保障党对企业的绝对领导权，实现政治目标，还要保障职工当家作主，能够参与企业管理，实现社会目标。多重目标之间往往存在着不协调的情况，特别是当过分强调要实现某一目标时，就会偏离其他目标。例如，过于强调加强党的领导往往会忽视经济规律，偏离了经济效益；过于强调行政指挥权又往往会导致官僚主义而忽视职工权益。因此，谋求各目标之间的协调就成为每一次改革的动因。但最重要的是国有企业被赋予太多的职能，从而偏离了企业发展的本质规律，导致在历经多次改革之后依然存在经济效率不高的问题。

综观历次改革调整可以看出，这一时期的企业民主管理制度，在功能定位上，首先是保障人民当家作主，其实现的方式在企业内部即是民主管理企

---

① 参见刘本仁主编：《中国现代企业制度》，冶金工业出版社1996年版，第17页。

业。1959年,毛泽东指出:“劳动者管理国家、管理军队、管理各种企业、管理文化教育的权利,实际上,这是社会主义制度下劳动者最大的权利,最根本的权利。没有这种权利,劳动者的工作权、休息权、受教育权等等权利,就没有保证。”①正是在这样的思想指导下,谋求工人管理企业是实现工人阶级当家作主的体现,这也是工人阶级领导国家的最重要的体现。其次是克服官僚主义,化解矛盾,调动生产积极性。1957年9月23日,邓小平在中共八届三中全会上做整风报告时指出:“党委领导下的职工代表大会,是扩大企业民主、吸引职工群众参加企业管理、克服官僚主义的良好形式,是正确处理人民内部矛盾的有效方法之一。”②企业民主管理是克服官僚主义对职工权益造成损害、保障职工民主权利、调动职工群众积极性的重要保障。最后是保障改革的稳定,维护社会安定团结。在企业改制中涉及职工安置方案的通过,重视通过职工代表大会制度,畅通沟通表达渠道,化解矛盾,维护社会安定团结。

虽然这一时期在非公营企业中也推行企业民主管理,但始终不是党和国家关心的重点。从新中国成立前的立法到新中国成立后直至改革开放后80年代企业民主管理立法的大发展期,立法都没有把非公企业纳入其中,其中内在的逻辑是职工当家作主只在公有制企业内才能运行。这种内在逻辑影响深远,以至于今天在非公有制企业已经占绝对多数的情况下,在非公有制企业内运行企业民主管理制度依然受到各种阻力。因此,工人当家作主民主管理企业是这一时期企业民主管理立法的宗旨和鲜明特征。要保证企业的经济组织特性,就不得不对企业民主管理的形式、权限做相应的调整。

总之,这一时期立法的理论依据是社会主义国家人民当家作主,职工代表大会制度适用的企业为全民所有制工业企业和集体企业,不涉及非公有制企业和工业企业以外的其他行业。职工参与管理的身份是企业的主人,参与管理的范围为企业重大经营决策的参与权(参与深度逐渐减弱)、与职工利益密切相关的事项的决定权以及监督领导人和选拔领导人选的权力。其功能定位:一是政治功能,即是社会主义国家职工当家作主的权利体现;二是组织纪律功能,监督企业领导人,防止企业官僚化,防止企业领导人滥用权力导致企业资产流失;三是权益维护功能,即通过职工参与维护职工合

① 《毛泽东文集》第8卷,人民出版社1999年版,第129页。

② 中华全国总工会编:《邓小平论工人阶级与工会》,中国工人出版社1994年版,第121页。

法权益。

二、市场经济体制改革至今我国企业民主管理制度的功能变迁

（一）产权中心主义的企业民主管理制度的形成

我国早期企业管理实践非常重视职工民主管理，特别是将职工代表大会作为企业的权力机关，随之而来的往往是企业无人负责、管理混乱、经济效益低下。因此，改革的着力点就会聚焦在加强企业领导权上，要么过于重视党的领导偏离了企业作为经济主体的本质，要么过于强调企业的统一生产指挥，助长了官僚主义，损害了党的权威和职工权益，从而又会引发扩大职工民主管理权力的调整。从 20 世纪 20 年代到 90 年代，企业管理探索一直在这样的循环中进行，始终没有解决三种权力的统一协调问题。不仅如此，计划经济时期，企业被赋予生产单位、社区组织、政治机构等多重身份但却不是独立的经济组织。国有企业承担着经济、政治和社会多重职能，政企不分，缺乏明晰的产权边界，由此导致国有企业存在诸多弊病，经济效率低下。

市场经济体制改革就是要消除计划经济存在的弊端。按照现代企业制度对企业进行改革成为市场经济体制改革的中心任务，企业内部组织机构开始朝着产权中心主义设计，更多地关注企业经济效益的创造和投资者的利益回报。因此，这一时期的企业民主管理立法开始转向产权中心主义的企业民主管理，在现代企业治理框架下，人民当家作主的政治民主开始转向经济民主，从保护劳动者的具体权益的角度出发对企业民主管理制度进行规范。这一时期的立法有以下特点：一是立法具有分散性，《公司法》《劳动法》《劳动合同法》《工会法》等不同法律都有相关规定；二是立法的多层次性，涵盖了法律、地方性法规、规章等多个层次；三是立法之间缺乏统一性，计划经济时期制定的法律与市场经济体制条件缺乏契合性，法律规范之间存在冲突，给法律的适用带来困惑。

（二）企业民主管理制度的多重功能

1.监督功能

贯彻群众路线、反对官僚主义一直是党在企业管理中贯彻的基本路线，发挥职工群众的监督作用一直是企业民主管理制度的功能之一。发挥监督职能是我国企业民主管理制度发展的一条主线。

（1）职工董事、职工监事制度的监督功能

根据现行《公司法》，两个以上的国有企业或者两个以上的其他国有投资主体投资设立的有限责任公司，其董事会成员中应当有公司职工代表，其他有限责任公司董事会成员中可以有公司职工代表，也就意味着非国有投资主体投资的有限责任公司和股份有限公司可以没有职工董事。董事会中的职工代表由公司职工通过职工代表大会、职工大会或者其他形式民主选举产生。从《公司法》中职工董事的设立规定来看，依然没有突破所有制的标准。这是因为非国有的有限责任公司股东可以直接成为或派驻自己人成为公司的实际经营者甚至是实际控制人。股份有限公司股东的分散性使股东出于利益考虑会与职工一起监督公司的实际控制人，从而建立监督机制。而国有独资公司或两个以上的国有投资主体投资的有限责任公司（以下简称“国有公司”），对国有资产的管理和监督是通过层层委托来进行的，人的自利本性往往会导致受委托人偏离委托的目标。因此，缺乏股东会和缺乏股东对公司实际控制人的监督是国有公司治理的缺陷。而《公司法》区分投资主体、设置职工董事的立法用意正是基于国有公司治理的这一缺陷，通过职工董事参与经营决策发挥监督作用，以减少甚至防止国有资产流失。因此，从职工董事、职工监事制度的设计初衷来看，其首要的功能在于监督，而职工监事制度的设计，其本身就是要发挥职工的监督作用。

（2）厂务公开制度的监督职能

实行于20世纪90年代的厂务公开制度，从一开始目的就是防止国有企业行政领导人腐败所导致的国有资产流失，国有企业亏损甚至破产，以防止损害职工的合法权益。因此，通过厂务公开制度发挥职工的监督作用。特别是在国有企业改制、兼并、破产清算以及涉及财产处置和职工安置时，立法要求必须通过厂务公开满足职工的知情权和监督权。因此，厂务公开制度从功能设计上也是立足于国有企业内部治理的缺陷，厂务公开可以满足职工的知情权，职工在维护自己的合法权益的同时，监督企业行政领导人守法，以维护国家利益。监督功能是厂务公开的首要功能。厂务公开可以解决职工代表大会监督作用不足的问题，厂务公开可以将监督做到经常和日常。所以，我们不难理解厂务公开制度关于公开的事项在国有企业和非国有企业之间有所差异。

(3)《企业民主管理规定》和地方立法关于职工代表大会的监督职能

首先,2012年六部门联合发布的《企业民主管理规定》虽然将企业民主管理的范围扩大到了非公有制企业,但值得关注的是,联合发文的六部门中,根据《立法法》的规定,有立法权的只有国资委和监察部。国务院部委只能在其主管的权限范围内制定规章。国资委主管国有企业,对其他类型的企业没有管理权限,因而对非公有制企业的规定,从立法权限来看,属于越权立法。监察部则只能对领导干部进行监察,六部门规定虽然适用主体延伸到所有企业,但从立法权限来看,中组部和监察部的参与是将职工代表大会看作对国有企业领导人的监督机制。因而,从立法主体来看,监督依然是我国企业民主管理制度的首要功能。

其次,从内容来看,《企业民主管理规定》和各地方立法关于职工代表大会的职权规定,都采用了区分所有制进行规定的方式。虽然各地的规定有所差异,但大多区分为国有和国有控股企业、集体所有制企业和其他非公有制企业。在职权的设计上,国有和国有控股企业相较非公有制企业都增加了评议企业领导人的职权和对企业重大资产变动和处置、招待费用的审议权,实际上就是对国有企业领导人的监督职能,从而防止国有资产流失。

在所有企业类型中,集体所有制企业最为特殊。集体所有制企业的职工同时为集体企业的投资者,股东和职工身份的双重性导致出资人利益、企业利益和职工利益的重合性,因而职工代表大会是集体企业的权力机构,权力最大。从立法的设计来看,集体企业的职工民主管理实际上是职工自治。即使集体企业改制,集体股控股,同样存在监督的需要,因而在制度设计上职工代表大会的职权与国有控股公司相同。

2.协调劳动关系,维护职工合法权益的功能

(1)确立了企业民主管理的性质是参与管理

随着市场经济体制改革的推进,非公有制经济比例逐渐增多,劳动用工日益多元化,劳动关系矛盾日益复杂化。劳动争议案件逐年增加,集体劳动争议案件逐渐增多,维护劳动者合法权益成为维护社会安定团结的重要领域。在党的政策上,以职工代表大会为主要形式的企业民主管理制度的功能也在发生变化,协调劳动关系的功能日益凸显。自党的十五大开始,职工代表大会制度维护职工合法权益的功能日益受到重视。党的十七大报告一方面将厂务公开作为企业民主管理的形式,另一方面将职工管理企业的性

质定性为参与管理,这有别于民主管理企业。党的十八大报告则在参与管理的基础上扩充了参与管理的内容。

(2)企业民主管理制度成为协调劳动关系的重要机制

2015年,《中共中央国务院关于构建和谐劳动关系的意见》发布。该意见将加强企业民主管理制度建设作为构建和谐劳动关系的重要举措,将企业民主管理制度作为畅通职工参与渠道、反映职工合理诉求、维护职工合法权益、构建和谐劳动关系的重要手段。

2019年,党的十九届四中全会通过《中共中央关于坚持和完善中国特色社会主义制度 推进国家治理体系和治理能力现代化若干重大问题的决定》。决定提出,健全以职工代表大会为基本形式的企事业单位民主管理制度,探索企业职工参与管理的有效方式,保障职工群众的知情权、参与权、表达权、监督权,维护职工合法权益。

(3)企业民主管理制度适用范围扩大到所有类型的企业

在立法上,一方面,《公司法》《企业民主管理规定》赋予企业民主管理监督国有企业领导人的功能;另一方面,所有立法都朝着扩大适用范围、保障劳动权益、协调劳动关系的方向发展。首先,2005年修改后的《公司法》将企业民主管理的范围扩大到所有的公司制企业,不再强调国有公司,其用意在于维护职工合法权益。其次,《劳动法》《工会法》《劳动合同法》都无一例外地规定在所有企业中实行民主管理。特别是《劳动合同法》第四条规定,凡是与职工利益密切相关的事项必须通过职工代表大会或职工大会讨论,提出方案和意见,通过集体协商确定。这就意味着所有企业都应当建立职工代表大会制度或职工大会制度,在与职工利益密切相关的事项上进行劳资共决。同时,《劳动合同法》中关于集体合同的规定,也要求职工代表大会或职工大会对集体合同草案进行讨论,这要求职工代表大会或职工大会制度覆盖所有类型的企业。

与之相适应,2006年《企业工会工作条例》和地方立法都将所有企业纳入企业民主管理制度的适用范围,但同时都采用了通过区分所有制性质来确定企业职工代表大会职权和厂务公开事项的范围。虽然各地对企业民主管理的理解不尽相同,在具体规定上也有所差异,但非公企业职工代表大会的职权一般包括重大经营事项的知情权、重大决策事项的建议权,与职工利益密切相关事项的共决权,对劳动标准、集体合同、劳动合同执行的监督权等，其目标在于协调劳动关系，维护职工劳动权益。而国有和国有控股企业则还赋予职工代表大会对企业领导的监督权，如重大资金和业务招待费等使用情况的审议和建议权，以及评议领导人的权利等监督权。集体企业的职工代表大会职权则延续了计划经济时期的规定，依然是企业的最高权力机构。而《企业民主管理规定》和地方立法都较为关注职工董事、职工监事的义务，旨在维护职工的合法权益。

综上所述，我们可以看到，市场经济体制改革后企业民主管理制度的功能也在发生变化。这从全国厂务公开协调小组办公室印发的《2019～2023年全国企业民主管理工作五年规划》对企业民主管理制度功能的描述中就可以看出。该规划前言部分提出："企业民主管理是构建和谐劳动关系的重要内容，对建立完善科学有效的利益协调、诉求表达、矛盾调处、权益保障机制具有重要作用。"①在指导思想部分进一步提出："坚持以职工为本，立足社会主要矛盾新变化，把解决广大职工最关心、最直接、最现实的利益问题，作为企业民主管理工作的出发点和落脚点。"②"推动企业和职工构建利益共同体、事业共同体、命运共同体，助力企业高质量发展，实现共创共建共享共赢。"③企业民主管理制度在承担传统功能之外，还被赋予协调劳动关系、打造共同体、实现合作共赢的目标。

三、企业民主管理制度功能的前景展望

近百年的企业民主管理制度和实践探索表明，企业民主管理开始从承载着人民民主专政的社会主义国家人民当家作主的政治功能，转向更多地关注如何实现职工在工作场所的话语权、如何在企业内部沟通效率与公平、如何实现职工具体劳动权益的经济民主等方面。

国有企业职工当家作主和监督的功能，以及市场经济条件下劳动关系

① 《全国厂务公开协调小组办公室关于印发〈2019～2023年全国企业民主管理工作五年规划〉的通知》（国厂开组办发〔2019〕4号），本书编写组编：《厂务公开流程图示与范例》第2版，中国工人出版社2021年版，第194页。

② 《全国厂务公开协调小组办公室关于印发〈2019～2023年全国企业民主管理工作五年规划〉的通知》（国厂开组办发〔2019〕4号），本书编写组编：《厂务公开流程图示与范例》第2版，中国工人出版社2021年版，第195页。

③ 《全国厂务公开协调小组办公室关于印发〈2019～2023年全国企业民主管理工作五年规划〉的通知》（国厂开组办发〔2019〕4号），本书编写组编：《厂务公开流程图示与范例》第2版，中国工人出版社2021年版，第195～196页。

协调与劳动者权益保护的功能在现行立法中得以同时呈现代表了立法的发展趋势。但从长远来看,我国企业民主管理未来会朝着协调劳动关系、谋求劳资合作和维护职工合法权益的方向发展。

首先,集体所有制企业由于职工身份的特殊性,即职工既是企业的雇员,同时还是出资者的集体成员,职工代表大会在集体企业不能单纯看作是职工的代表机构,同时还是出资者的代表机构,因而集体所有制企业的职工代表大会在企业治理结构中应当居于决策者的地位。资产受益、重大决策和选举管理者三项重大权利都属于职工代表大会的职权。只要集体所有制企业的性质不变,集体企业的职工代表大会职权就不会改变。但那些改制后的集体企业和通过市场机制建立用人机制的集体企业,如集体控股公司,则同样因为投资者的集体性,需要与国有控股企业一样确定职工代表大会的职权。

其次,国有企业由于组织的特殊性,依然需要借助职工的民主管理来监督国有企业领导,以维护企业利益进而防止国有资产流失。但是随着新一轮国有企业改革,特别是混合所有制企业的增多,国有有限责任公司的数量相应会越来越少,国有公司内部治理进一步完善,企业民主管理监督职能的突出重要地位会有所下降。

再次,随着经济社会的发展,劳动用工方式日益多元化,劳动者的利益诉求日益多样化,在我国劳动争议案件呈增长的趋势下,企业民主管理制度在协调劳动关系、保障劳动者的合法权益方面将会发挥更重要的作用。

最后,总结历史实践经验可以看出,企业民主管理具有以下作用:一是增强职工的主人翁责任感,调动职工积极性,维护劳动纪律和各项责任制度,提高职工的归属感和忠诚度,增强劳动关系的稳定性;二是集中群众智慧,发挥集体力量,共同解决企业生产、技术和经营管理上的各种难题,有效提高企业的生产技术水平和管理水平;三是有利于上情下达,下情上达,增进职工与企业领导之间的相互理解和信任,正确处理企业内部的矛盾,特别是长远利益与短期利益、局部利益与整体利益之间的矛盾。

随着科学技术的快速进步,创新是企业持续进步的动力,充分发挥职工积极性推动全员创新,共同解决企业管理、技术、服务领域中的创新问题,是企业发展的必然之路,而这一切都离不开职工民主参与。当前,大量创新型企业在职工代表大会等形式的职工民主管理制度上取得了良好的发展,主要原因在于创新的需要，因为创新的文化内容本身蕴含着包容、民主。因此，笔者认为，未来职工民主管理将朝着协调劳动关系、发挥员工创新、打造利益共同体的方向迈进。职工参与民主管理的形式也会日益多样化。

实际上，随着市场经济的发展，职工参与企业管理的功能始终围绕着实现效率、协调、制约三个方面的价值，即如何解决在权力配置上的合理分配问题；如何通过职工参与管理调动其积极性，从而提高生产效率；如何在为了适应经济全球化、市场化而出现的利益分化条件下建立劳动关系协调机制；等等。只是不同的发展阶段，面临的课题不同，侧重点也不同。

总之，中国共产党领导的企业民主管理制度自产生以来，经过了六个时期、两个发展阶段，走过了曲折的发展道路。企业民主管理经历了从工厂管理委员会到职工代表大会、厂务公开、职工董事监事等多元化的形式，其适用的主体也从公有制企业扩展到所有类型的企业。在价值追求上，由职工民主管理企业向职工参与企业管理转变。在权力配置上，以改革开放为界，改革开放前，强调企业特别是国有企业在党的领导下人民当家作主权力的实现，即政治目的是企业民主管理权利配置的主要出发点；改革开放后，逐渐由强调政治目的向政治目的与经济目标并重转变，经济目标的实现成为国有企业权力配置的主要考量点。在功能上，以 1992 年为界，1992 年之前，从社会主义国家人民当家作主的理念出发，在企业生产经营管理和劳动管理领域强调职工的决策参与权，发挥职工当家作主的作用，以克服企业领导官僚主义的政治功能；1992 年之后，逐渐淡化职工在生产经营管理中的决策参与权，而更多地强调与职工利益密切相关的劳动管理中的决策参与和共享决策权利，从而向着协调劳动关系、实现社会主义公平正义、保障职工合法权益、构建和谐稳定的劳动关系、促进企业和职工共同发展的经济功能和社会功能转变。在微观层面，企业民主管理制度还具有人力资源开发、激励员工自我成长、满足职工自我实现的功能。

第五章　域外主要国家企业民主管理制度之借鉴

企业民主管理制度深受各国历史文化的影响，如德国的法律制度深受建构主义制度的影响，法团主义对德国工会的发展影响深远。社会伙伴关系的合作理念促成了劳资共决制度的产生。而英国、美国深受经验主义哲学的影响，追求个人主义和自由主义，反对政府干涉，因而并不以立法的方式强制在企业内部推行产业民主，而是尊重企业管理的自然演化，遵循惯例，同时依据社会经济环境和劳资力量来决定雇员在企业的参与范围和程度。

值得注意的是，产业民主实践的合法化是在特殊环境压力下启动的，能够实现双赢是产业民主持续下去的关键因素。在具体参与的方式上，各国受传统文化、工会的发展、企业发展理念等多种因素影响，表现出不同的特点。如很多国家的集体谈判是在行业和产业层面进行的，集体谈判并不发生在企业内部，职工参与可以起到弥补集体谈判不足的作用。集体谈判是由工会主导的，但职工参与制度本身却是排斥工会的，这一点我国与域外多数国家存在较大差异。

国外职工参与制度大致有三种截然不同的形成方式。一是以欧洲大陆国家为代表，以立法的方式确认职工参与管理制度，如德国、荷兰，甚至欧共体也进行了相应立法，即职工的参与权是一种法定权利；二是除集体谈判外，不以立法的方式来确认职工的参与权，而由工会推进，通过劳资协商的方式，以非立法的方式保障职工的参与权，如美国和日本，即职工的参与权利是一种应有的权利（道德的权利）；三是以南斯拉夫为代表的国家，在全社会范围内实行工人自治，工人自治权利是一项法定权利，在国家和社会的各个层面上都实行工人自治。以下就三种不同的制度形成方式分别进行介绍。

第一节　荷兰的企业民主管理制度

1917年俄国十月革命前夕，俄国工厂纷纷成立了工人苏维埃，要求工人管理工厂。十月革命胜利以后，11月1日颁布了《工人统制令》，由工人组织工厂委员会或统制委员会以统制工厂行政。工厂的事务全部由工人自己经营和管理，这给其他国家劳动者以莫大的鼓舞与刺激。受此影响，西欧很多资本主义国家纷纷开始在工厂内设置企业委员会，吸纳职工参与管理。[①] 尤其以德国企业民主管理制度最为典型。由于国内大量著作对德国企业民主管理制度进行了深入的研究，笔者试着介绍另一典型国家——荷兰的企业民主管理制度。

一、荷兰社会伙伴文化与合作型劳动关系

在欧洲，大陆法系国家的立法深受建构主义影响，以立法的方式推行企业民主管理制度。荷兰，是世界上法治发达国家中的先行者、大陆法系的重要代表国家，也是现代公司制度、现代金融制度的先驱与典范。在现代劳动法领域，荷兰更是先行的国家。国际劳工组织的一系列规范，率先在荷兰得以实践。

(一)荷兰社会伙伴文化产生的背景

荷兰实行多党制，各种政治派别代表不同的社会阶层和社会立场，需要联合执政，长期以来形成了社会伙伴关系，高度重视协商和社会共识的形成。社会经济政策经常被描述为“协商经济”(又称“共识经济”)[②]。在各方出现重大意见分歧时，总是能够尝试各种途径，极力避免出现严重的政治僵局。在这样的政治背景下，荷兰与大多数欧洲国家一样形成了“法团主义”理念。

---

① 参见马俊超、余长河:《比较劳动政策》，商务印书馆2013年版，第799页。

② [荷]安托内 · T. J. M. 雅克布:《荷兰劳动法》，蔡人俊译，商务印书馆2018年版，第14页。

（二）合作型劳动关系的形成

在基督教教义的影响下，荷兰成立了劳动者与雇主代表之间的协调机构。双方代表致力于通过紧密合作来解决分歧，实现共赢，同时着力于维护公共利益，从而促成了荷兰经济的平稳发展和劳动关系的和谐稳定。长期以来，雇主和工会组织之间并不抱有敌意，而是谋求合作、尊重和理解。在经济活动的各层级都建立了协商平台，立法为集体谈判、企业委员会等劳资合作平台提供了强大支持。雇主之间也形成了将竞争集中在提升产品品质，而非降低劳动力成本上。社会伙伴关系贯彻在劳资关系中，即使执行严苛的集体协议，也不愿意看到因行业集体谈判破裂而带来的社会动荡。

（三）社会伙伴关系理念下的企业民主管理制度形成

正是由于社会伙伴关系的理念，荷兰企业民主管理制度比较发达。荷兰的企业民主管理制度具有自身的特点，同时深受德国的影响，20 世纪 90 年代以来欧盟理事会积极推动建立欧盟委员会制度，为欧盟企业建立企业委员会订立规则。荷兰也通过专门立法保障欧洲企业职工委员会法在荷兰的实施。

在劳动关系的调整中，劳动立法较为完备，集体谈判和集体合同发挥重要调整作用。无论在行业层面还是企业内部都坚持协约自治的原则。在企业内部，工会、企业委员会和雇员监事代表组织分工合作、各司其职，形成了集体谈判、企业委员会、雇员监事等多种职工参与形式，共同参与企业民主管理，提高雇员在有关决策方面的话语权，确保了劳雇双方力量的平衡，维护了劳动关系的和谐稳定。

二、集体谈判

（一）荷兰的雇主组织和工会组织概况

在荷兰，劳雇双方均形成了强大的组织。荷兰工业与雇主联合会是荷兰最主要的雇主组织，该联合会有会员组织 150 家左右，几乎涵盖了荷兰所有的行业部门。在这些会员组织中，荷兰一般雇主协会代表大多数雇主及雇主协会与工会组织开展集体协商并签订集体合同。此外，大量中小型企业加入荷兰中小企业联合会。[1] 大约四分之一的雇员加入工会组织。大部分工会组织加入了三大工会联合会，即荷兰工会联合会、基督教工会联合会和中高层管理人雇员会联合会。

(二)集体谈判的基本情况

荷兰集体谈判常常在行业和企业两个层面进行，一些大型企业往往也在企业层面订立集体合同，但在行业范围内进行集体谈判更为常见。

通过行业集体谈判，签订行业集体合同，来确定行业劳动标准。某一行业的集体合同适用于该特定行业的所有企业。集体合同在社会事务与就业部长登记后即具有法律效力，但登记仅是程序上的要求，并不做实质性审查。一般而言，集体合同只对参与协商的劳资双方产生法律约束力，即不是雇主协会成员的雇主和非工会会员的雇员不受集体合同的约束。但是，作为例外，行业集体合同应一方当事人申请，社会事务与劳动部长有权宣告某一集体合同具有普遍约束力，从而使该集体合同适用某一商业领域的所有雇主和劳动者。这一制度的存在使得集体合同具有普遍约束力，从而使非工会会员也获得保护，提高了某一行业的劳动保护标准，也避免了同行业内部将降低劳动标准作为竞争的手段，从而有利于保护劳动者的合法权益。

但企业层面的集体合同并不具有成为具有普遍约束力的集体合同的条件。荷兰企业层面集体合同的内容和签订程序与行业集体合同相似，但是劳方首席代表不是本企业工会会员，而是由行业工会选派、外部首席代表选派，保障了谈判代表的独立性，在企业存在多元工会的情况下，雇主选择与力量较强的工会进行集体谈判。企业集体合同标准一般都高于行业集体合同。[2]

三、企业委员会

(一)企业委员会和工会的不同职能

在荷兰，企业委员会是雇员参与的重要方式。企业委员会和工会同时作为雇员组织，二者是两个完全不同的雇员组织，承担着不同的职能。即

---

① 参见[荷]费迪南德·B. J. 格拉佩豪斯、莱昂哈德·G. 费尔堡:《荷兰雇佣法与企业委员会制度》,蔡人俊译,商务印书馆 2011 年版,第 3 页。

② 参见劳动部赴荷兰集体合同立法考察团:《荷兰劳动关系与集体合同制度》,《中国劳动》1997 年第 2 期。

“有关雇佣期限、雇佣条件与雇主开展集体谈判是工会的专属权力；企业委员会负责监督实施集体协议，并享有就企业的社会政策提出建议和参与企业决策的权力。”[①]在工会与企业委员会之间又有着密切的联系。实践中，往往由工会提出企业委员会委员的候选人名单。法律明确规定，由集体合同调整的事项，企业委员会不得涉及。这使得企业委员会被工会所接纳，企业委员会不得组织雇员罢工。

（二）荷兰《企业委员会法》的立法演进

1950年，荷兰颁布了首部《企业委员会法》，确立了企业委员会制度。20世纪70年代后，随着全球民主化浪潮的推进，荷兰相继出台了四部新的雇员参与立法，大大提升了雇员参与的水平。这四部立法分别是有关公司年度账目的立法、《公司调查法》、《大型企业治理结构法》、《企业委员会法》（1970年）。1979年，对1970年《企业委员会法》做了重大调整，此后历经多次修改，但企业委员会的基本制度没有发生根本性的改变。[②]

根据1970年《企业委员会法》，雇员规模在100人以上的企业必须设立企业委员会，企业委员会享有知情权、重大经营决策的参与咨询权（建议权）以及涉及职工利益保护的共决权。该法规定了企业委员会委员的履职保障权，并对违法行为设定了法律责任。但该法有着明显的局限性：一是企业委员会将会议的召集权赋予企业首席执行官，即企业委员会召集权掌握在企业手中，这导致如果企业首席执行官不召集会议则企业委员会无法发挥实际作用；二是立法只规定了雇员100人以上的企业必须设立企业委员会，对雇员不足100人的企业，雇员怎样行使民主参与权利，立法缺乏规定。

1979年修改后的《企业委员会法》修正了上述问题，将企业委员会的召集权赋予作为企业委员会委员的雇员，由此企业委员会真正成为雇员的组织。该立法还强化了企业委员会委员的履职保障权。

1982年修改后的《企业委员会法》将适用范围扩大到中小企业，保障了中小企业雇员的参与权利。1994年后，政府公共部门的雇员参与权也被纳入《企业委员会法》。但学校被排除在《企业委员会法》的调整范围之外，这

---

① 参见[荷]安托内·T. J. M. 雅克布：《荷兰劳动法》，蔡人俊译，商务印书馆2018年版，第211页。

② 参见[荷]安托内·T. J. M. 雅克布：《荷兰劳动法》，蔡人俊译，商务印书馆2018年版，第211页。

是因为教育行业的发展要求的不仅仅是教师的参与，还要重视学生和家长对办学的参与。

（三）企业委员会法的主要内容

1.企业委员会的适用范围

出于协调劳资矛盾的需要，企业委员会最早设立在劳资矛盾突出的企业，但随着民主观念的深入发展，雇员参与权利逐渐延伸到所有的雇佣关系中，即任何单位的雇员都平等地享有民主参与权，法律另有规定的除外。因此，荷兰《企业委员会法》广泛适用于企业、国家机关、事业单位和社会团体。

2.企业委员会的设立规则

企业委员会的设立兼顾了企业经营的实际和保障雇员的参与权利。根据《企业委员会法》的规定，雇员人数超过 50 人的单位，应当设立企业委员会。雇员人数在 10 人以上不足 50 人的，经雇主和绝大多数雇员同意，设立一名雇员代表。雇员代表的知情权不因雇员人数而有所改变，但重大经营决策的咨询建议权和共决权受到一定限制。不设雇员代表的单位，雇主应当至少两年召开一次全体雇员大会，保障雇员的知情权和建议权。雇员不足 10 人的单位，雇主可以设立一名雇员代表，但雇员代表的权利受到较多限制。大型企业如有多个经营场所，可以设立多个企业委员会或分企业委员会。企业集团也可以设立一个核心企业委员会来统领不同工作场所的分企业委员会。企业委员会内部的组织机构，由企业委员会自行决定，如设立常务委员会和若干个专门委员会。

3.企业委员会的产生和构成

企业委员会由雇员代表组成，企业委员会每届任期三年，雇员代表由雇员民主选举产生。具有雇主地位的人员不得作为企业委员会委员的候选人。

（1）企业委员会委员候选人的产生

工会虽然无权任命和指派委员，但有权提名候选人。企业委员会虽然不是工会组织，但作为企业内部的雇员组织，企业委员会代表全体雇员的利益，因而也可以代表工会会员的权益。有关数据调查显示，企业委员会代表的雇员占雇员总数的65%,而工会的入会率不到25%。[①] 由此可见,企业委员会作为一种雇员参与制度在维护雇员合法权益方面发挥了重要作用。

除工会可以提名候选人外,30名以上的雇员联名或者1/3以上的雇员可以提出企业委员会委员的候选人名单。企业委员会委员的数量依据企业规模而定,一般为3~25人。关于委员的选举,工作时间超过6个月的雇员都有选举权,连续在本单位工作1年以上的雇员可以被提名为委员候选人。企业委员会选举主席一人。

(2)工作机构的设置

企业委员会可以设立常务委员会或专门委员会来处理日常事务和某一领域专门事务,如职业安全委员会,特殊情况还可以组建临时小组委员会。常务委员会必须由委员构成,小组委员会可以吸收委员之外的其他雇员参加。企业委员会可以授予常务委员会和小组委员会某些特定的权力。

4.企业委员会开展工作的保障

(1)工作条件保障

雇主和企业委员会任何一方均可以提出协商要约,另一方有配合的义务,协商时企业管理者和企业委员会主席轮流主持协商会议。

企业有义务为企业委员会的日常运行提供必要的办公条件和时间支持。企业委员会有权利用企业的有关场所和设施开展工作,了解企业的人事状况,委员有权每年参加至少5天的培训。

为开展工作,企业委员会有权获得企业经营管理的基本信息,雇主应当至少每两年向企业委员会报告一次总体经营管理情况,监事会代表同时到场监督雇主的报告,以确保企业委员会的知情权。企业委员会有权邀请外部专家提供咨询和服务。企业委员会开展工作所需经费由雇主承担。

(2)职务保障权

企业委员会委员享有职务保障权,不得因履行委员职责遭受任何不利影响。企业不得因雇员履行委员职务或被选为委员候选人而恶意解雇之。企业委员会委员享有解雇特别保护权,根据荷兰《民法典》的规定,解雇常务委员会委员、企业委员会的原委员以及委员候选人的,应当取得法院的许可。

---

① 参见[荷]安托内·T. J. M. 雅克布:《荷兰劳动法》,蔡人俊译,商务印书馆2018年版,第250页。

5.企业委员会的职权

(1)企业重大事项的知情权

根据《企业委员会法》的规定,企业委员会有权获知企业的财务状况、发展规划、重要的经营计划、人事变动情况等重大事项。雇主有义务主动向企业委员会提供上述事项的相关信息和资料。当发生集体性裁员时,企业应向企业委员会提供集体解雇理由、解雇的雇员总数、解雇的程序和期限、解雇方案涉及的相关条件、避免裁员的措施或者减少裁员带来不利影响的相关措施等。

(2)重大经营决策事项的咨询建议权

企业委员会不仅是雇员利益的代表,还发挥着咨询建议的作用,以促进企业整体经营的提升。涉及企业重大经营决策事项,如企业转让或部分转让,企业设立、分立、兼并、合作等涉及企业变更的重大事项,企业全部或部分重要经营业务终止,企业出现重大业务缩减、扩张或者其他变化,企业或者权力部门的组织机构发生重大变更,企业重组,集团内部招聘,重大投资,企业贷款,对外提供重大担保,引入技术革新,环境投资,退出法定雇员工伤保险机制,寻求外部专家参与等,应事先听取企业委员会的意见和建议。企业最终的决定应以书面形式告知企业委员会,对于没有采纳企业委员会意见的理由也应做出说明。

(3)与雇员利益密切相关事项的共决权

凡涉及企业制定养老保险、利润分红与职业年金、休息休假、工种与劳动报酬评估、职业安全、职业健康与雇员福利管理、考勤、雇员招聘解雇与升职、雇员培训、绩效考核、雇员申诉与处理、雇员个人信息保护、雇员监督等与职工利益密切相关的事项时,应当通过双方协商取得一致意见后通过。与德国企业委员会不同的是,荷兰企业委员会不介入个别雇员的案件。例如,与职工利益密切相关的制度属于雇主与工会通过集体谈判通过的事项,企业委员会不再享有共决权。但如需要对某些事项的具体实施做出进一步规定,企业委员会则依然享有共决权,即通过集体谈判所达成的协议在效力上优于企业委员会与企业达成的协商意见。

(4)一定的人事参与权

在设立保障雇员权益的制度需要相关管理人员执行时,企业委员会有权选任一半以上的管理人员。企业任命董事或解除董事职务时应当事先征求企业委员会的意见和建议，但企业委员会不具有否决权。在大型企业中企业委员会能够影响监事会的工作。从程序来看，企业委员会的设置给企业劳动管理的效率带来了不利影响，但是较好地保障了雇员的利益，有利于促进社会公平。

(5)履行企业社会责任的监督权

企业委员会有权监督企业遵守劳动法律规定，在反对歧视、促进男女职工公平就业、实现职业平等权利等方面发挥重要作用。根据《职业健康与安全法》的规定，涉及雇员健康、安全与福利的事项，企业委员会享有知情权和咨询权。在企业实施职业健康与安全规章制度时，企业委员会有权参与其中。劳动监察官到企业实施监督监察时，企业委员会有权陪同并与其私下进行会谈。

(6)企业委员会的救济权利

《企业委员会法》规定，因履行《企业委员会法》所规定的义务发生争议时，企业委员会可以提请劳动争议委员会进行调解。劳动争议委员会由社会与经济理事会根据不同行业设立，属于常设性质的委员会，由雇主和工会代表构成。各行业劳动争议委员会对本行业内企业委员会与雇主之间的争端进行调解并提出解决方案。如果调解不成，可以向地区法院申请裁决，对裁决不服可以提起上诉，直至上诉到荷兰最高法院。

首先，企业委员会不赞同雇主有关事项的决策时，雇主可以提请劳动争议委员会调解，调解不成的可以诉诸地方法院裁决。对地方法院的裁决不服可以上诉，直至上诉到荷兰最高法院。如果企业委员会在雇主通知其做出相关决定之日起一个月内以书面形式主张该决定无效，那么除非雇主就该决定得到企业委员会的同意或法院的批准，否则雇主做出的决定无效。

其次，当雇主对重大事项做出决定，出现双方意见不一致时，应推迟决定的实施，以便于双方进一步沟通。对于双方意见分歧较大且不能协商解决的，企业委员会有权向阿姆斯特丹法院公司法庭提起诉讼。如果法院认为雇主决定不当，可以裁决雇主取消或者部分取消该决定，进而消除该决定带来的影响或取消相应的措施。必要的时候，法院会采取临时性措施，如限制雇主执行决定或执行部分决定。对裁决不服的双方均可以向最高法院提起上诉。实践中，法院的审查重点是程序性审查，即企业是否与企业委员会做了充分的沟通，而较少做实质性审查，以避免对雇主的经营决策造成过度干预从而损害市场规律。司法审查的目的在于敦促雇主在决策过程中提高透明度，强调企业管理者和企业委员会之间的合作，以便确保雇员参与权的实现。雇员参与的法律规定同样适用于跨国公司在荷兰的分支机构。

再次，企业委员会和雇主双方就日常开支和费用发生争议时，可以通过第三方调解，调解不成可以诉诸地方法院裁决。根据法律规定，企业委员会有权申请法律援助，从而增加裁决胜算的可能性。

最后，为保障企业委员会的正常运行，当遇有企业委员会委员妨碍委员会正常运行的情况时，企业委员会和雇主都有权向法院申请剥夺该委员参与决策的权利。

四、小微企业劳资协商会议

小微企业劳资协商会议是适用于规模比较小的企业的职工参与方式。雇员 50 人以下的企业，由雇员代表与资方进行协商。职工 10 人以上 50 人以下的企业可以自愿决定是否选举雇员代表。多数雇员要求选举雇员代表时必须经雇主同意。雇员代表由雇员直接选举产生，一般为 3 人以上，有权代表雇员批准工时及工作进度制度，如劳动条件、病假制度和有关企业重组事项。企业在裁员、调岗及工作条件改变涉及 25％以上的雇员时，必须听取雇员代表的意见。如果没有雇员代表，企业每年必须与雇员进行不少于两次的协商，其中一次协商必须讨论经营性事务。裁员超过 25％的，必须听取雇员意见。雇员人数在 10 人以下的，可以设雇员代表。若集体合同约定必须设立雇员代表的，则必须设雇员代表。

五、工会代表职工行使参与权

荷兰雇员的参与权还包括劳工组织——工会的参与权。

（一）工会对公司的日常管理行使监督权

1971 年修改后的荷兰《公司法》赋予工会申请司法机关对公司决策与日常管理行为进行调查的权力，如企业没有企业委员会，工会需提前征求企业委员会的意见。针对企业不当的管理行为，司法机关可以纠正，主要措施是暂停或撤销企业管理层所做的决定，特殊情况下会解除董事会、监事会成员职务，甚至临时更改企业章程，特殊情况下甚至可以撤销企业法人资格。因申请调查会带来严重的后果，一旦没有合法合理的申请理由，申请人可能会面临高额赔偿金。因此,工会在使用此项权利时非常谨慎。此项规定赋予工会申请司法审查企业行政管理行为的权利,从而有效保护雇员权益。[①]

(二)工会监督企业集体解雇

在集体解雇案件中,根据《集体解雇报告程序法》的规定,拥有50名以上雇员的企业,工会享有事先获得通知和提出意见的权利。因企业并购对雇员职位的变动影响较大,因而1970年出台的《企业并购准则》及之后的修正案规定,雇主在启动兼并谈判和即将达成兼并协议前,应将有关情况告知工会并听取其意见。

六、职工监事制度

根据荷兰《公司法》的规定,大型企业实行垂直的双层委员会结构,即董事会负责公司日常经营管理,监事会负责监督董事会并提出建议。20世纪60年代,企业民主管理的浪潮对荷兰公司治理理念产生巨大影响,雇员参与企业管理被引入公司治理。根据1971年《公司法人治理结构法》,凡出资额不得低于1300万欧元、荷兰境内雇员不少于100人且企业设有企业委员会的大型企业,允许雇员对顶层管理机构的组成施加一定的影响。监事往往通过任命的方式填补成员职位空缺,但是必须征求股东会和企业委员会的意见。股东会和企业委员会对监事会提出的人选有权提出异议,无法达成一致意见时,可以诉请法院裁决。在不少公司发展的实践中逐渐形成一种惯例,即监事会成员中须具备一名拥有社会事务专门知识的人选,该人选往往由企业委员会提出,这实际上就保障了监事会中的雇员代表。根据荷兰《公司法》的规定,监事会拥有任命董事会、批准公司年度财务预算和重大决定的权力,这使得监事会拥有高于董事会的绝对权力。之后,议会通过了一项议案,即监事会的成员由股东会任命,但企业委员会可以提出五分之一至三分之一的人选,股东会对企业委员会提出的人选享有有限否决权。相比于德国,荷兰雇员监事比例较低,其监督力度不大。

---

① 参见[荷]安托内·T. J. M. 雅克布:《荷兰劳动法》,蔡人俊译,商务印书馆2018年版,第232～233页。

第二节　美国的企业民主管理制度

一、美国劳动关系及美国企业民主管理制度的特征

(一)美国劳动关系的特征

美国劳动力市场和劳动关系在美国自由、多元的文化背景下,呈现出自由、多元的特征。以自由主义为主要特征的美国市场经济,市场力量在经济发展中发挥主要协调作用,而美国政府在经济发展和劳动关系协调中,奉行消极政府的立场,对劳动力市场和劳动关系干预较少。

20 世纪 80 年代,美国恶意收购盛行,收购的结果是资本重组,引发了经营方针变化,大量工人面临解雇,重组前的供销关系、债务关系等遭到一定程度的破坏,引发利益相关者的反抗,从而推动立法变革。1983 年,很多州相继修改《公司法》,引入利益相关者条款。自此,在立法上确立了利益相关者在公司治理中的地位。但美国对雇员权益的保护采取的措施是尽可能在传统公司治理框架内解决问题,即通过雇员持股计划,转变雇员的身份,以保障职工的权益,从而将经营管理权与职工的利益相挂钩,以实现职工对公司管理的参与。

(二)美国企业民主管理制度的特征

1.不以立法强制性规定企业民主管理制度

在美国,立法一向对“消极的权利和自由”较为关注,即立法旨在防止政府对个人自由和权利的侵犯,而对“积极的权利和自由”则不倾向于规制。雇佣自由和解雇自由是美国劳动法的特点,在雇佣领域中,企业是否实行民主管理,实行怎样的企业民主管理是企业的自由,立法不会加以干涉。但这并不等于企业民主管理在美国没有发展。相反,美国的工业民主观念可以追溯到 1797 年,当时的美国财政部长加勒廷(Albert Gallatin)曾说:“这个国家赖以奠基的民主原则不应限于政治程序中,也要应用到工业活动中。”[①]

---

① Dermer, M., *The American Idea of Industrial Democracy, 1865-1965*, Chicago: University of Illinois Press, 1970, p.6.

2.立法为劳资关系确定民主原则

20世纪,《瓦格纳法》《塔夫托—哈特莱法》和《兰吉姆—哥瑞芬法案》不仅为劳资关系确定了民主原则,也为工会内部的民主提供了法律基础。它们共同构成了美国产业民主的法律平台。20世纪70年代以来,被称作“后福特时代”的劳资关系使得美国集体劳动关系法陷入了衰落的境地。

3.从雇员身份解决工人参与的问题

“雇员参与计划”的设计者认为,赋予工人在工作中一定的管理权利,能增强其责任感,参与越多,工作做得越好。雇员参与计划是缓和劳资矛盾的一种制度性安排,劳资共同商议有关工作的问题,刻意模糊管理者和劳动者的关系,这也是美国产业民主的内容之一。最典型的当数美国的雇员持股计划,即让雇员参与分享企业利润。20世纪90年代,美国有1.1万多家公司实行了雇员持股计划。

4.美国工人参与管理的特点

在经济全球化背景下,资本处于更加优势的地位,工会组织率下降,对产业民主的关注转向如何保持企业的持久竞争力上,而非解决工作场所的不平等问题。因而与德国等欧洲国家不同的是,美国工人参与管理呈现出以下几个方面的特点:

第一,工人参与管理的非政治和法制性。工人参与管理不被认为是政治权利的组成部分,也没有专门制定相关法律加以规制,工人参与管理完全按照自愿的原则组织。

第二,管理科学和实用主义哲学催生了工人参与管理。随着行为科学和管理学的发展,特别是美国人力资源管理理论的发达,职工参与有利于提高生产率和缓和劳动关系,①从而促使企业由被动转为主动吸纳职工参与管理,政府也在有关政策上给予相应的支持。

第三,工会与管理当局合作开展的“参与”活动能有效地推动工人参与管理,并得以全面推广实施。② 在工会企业中,工会积极推动雇员参与,“工人—管理者委员会”“工会代表进入董事会”“职工持股计划”等方式都有工

---

① 参见蒋一苇主编:《企业民主管理的理论与实践》,中国劳动出版社1991年版,第248～249页。

② 参见[美]特德·米尔斯:《美国工人参与企业管理的特点》,朱建国摘译,《外国经济与管理》1984年第3期。

会的积极推动。企业管理部门为企业生存和盈利而有意识设计、推动参与活动的开展。

二、美国传统企业民主管理形式

美国的工人参与制度历史悠久，一般认为，19 世纪中叶的木材工业劳资委员会是美国最早的工人参与公司管理活动的组织形式。[①] 劳资委员会和劳资集体谈判制度成为美国职工参与公司治理的传统组织形式。

（一）劳资委员会

传统的劳资委员会由劳资双方代表组成，一般由 10 名委员组成，每月定期讨论重要问题。“劳资委员会的目标在于帮助改善工人的工作条件，提高工人的生产积极性，促进企业经营效果、生产效率和产品质量的提高。”[②]

有关调查数据显示，第二次世界大战结束时，全美国共有 5000 多个企业建立了劳资委员会，其中有工人代表参加的劳资委员会只占 1/3，真正在解决与生产有关问题方面发挥积极作用的劳资委员会仅占 1/10。而且，长期以来，随着经济形势时起时落。[③]

从法律地位和实际作用来看，美国的劳资委员会实为咨询机构，一般不插手有关集体谈判的问题和个别工人通过正常程序反映的问题。[④] 从实际情况看，有些企业的劳资委员会经过努力的确达到了预期目的，但也有不少企业的劳资委员会发挥的作用很小。

（二）集体谈判

劳资集体谈判是与劳资委员会并行的职工参与公司管理的形式。1935 年《瓦格纳法》规定美国工会有权就工资、工时以及其他雇佣条件与企业主谈判，谈判的内容包括企业的财务管理、人事管理、生产经营和其他雇佣条件。经过长期的发展演变，美国的劳资集体谈判体制日益灵活多样，谈判的内容不断扩大，甚至涉及因技术改进所引起的工厂迁移等重要问题。美国的劳资集体谈判一般 2～3 年举行一次，间隔时间较长，不利于工会对日常出

---

① 参见蒋一苇主编：《企业民主管理的理论与实践》，中国劳动出版社 1991 年版，第 237 页。

② 完颜绍华、许庆瑞：《美国企业职工参与管理组织形式的演变》，《电子科技大学学报》（社会科学版）2001 年第 2 期。

③ 参见蒋一苇主编：《企业民主管理的理论与实践》，中国劳动出版社 1991 年版，第 238 页。

④ 参见蒋一苇主编：《企业民主管理的理论与实践》，中国劳动出版社 1991 年版，第 238 页。

现的劳资矛盾和纠纷做出及时反应。[①] 在工会组织率不高的情况下，集体谈判覆盖的企业数量不多。

三、美国企业民主管理的多种形式

（一）工作场所的变化催生劳资合作

在经济全球化浪潮的推动下，在国际竞争日趋激烈的形势下，美国的企业民主管理模式也在发生改变。有学者指出："当前，企业正在被三种力量驱使并逐渐远离传统的工作场所。经济推动，要求企业对顾客做出快速的反应并控制成本；技术推动，要求企业组织更加灵活；价值追求的变化需要更多的雇员参与。"[②]

对雇员而言，除了物质的需求——收入、安全、健康和雇佣保障之外，劳动者的价值观也在发生变化：一是对于工作能够给个人带来的自我尊重、个人成长和自我实现的期望，二是权利、正义和公平对待等方面的意识不断增长。新生代雇员更期待在工作场所内在更广泛的领域享有发言权，他们期待工作场所的制度为他们提供更多的自由空间，可以自主安排工作内外的全部生活。为适应这一变化，劳资双方对抗减少，开始更多地走向合作。面对经济全球化和国内外日益激烈的竞争威胁，工会和资方出于生存和发展的需要，也在努力寻求合作。

总之，美国的劳资合作与欧洲国家劳资合作形成的因素有着较大差异，法团主义在欧洲大陆很多国家有着深厚的文化基础，这是劳资合作的根本原因。而美国的劳资合作则主要来自经济全球化，企业之间竞争的压力加大，企业作为投资者和劳动者共同利益的"航船"，要求劳资双方风雨同舟，共同抵御来自外部的竞争压力。因此，对欧洲大陆多数国家而言，劳资合作是主动选择，而美国的劳资合作则是迫于外部压力的无奈之举。

（二）工人—管理者委员会

在集体谈判之外，为寻求更多的劳资互动模式以便讨论双方利益的问题，在竞争较为激烈的产业中，工人-管理者委员会得以建立。尽管这些委员

---

① 参见蒋一苇主编：《企业民主管理的理论与实践》，中国劳动出版社1991年版，第239页。

② [美]丹尼尔·奎因·米尔斯：《劳工关系》，李丽林、李俊霞译，机械工业出版社2000年版，第78页。

会很少能够让工会或者工人深入地参与战略性商业决策，但是从实践来看，这些委员会在以下四个方面发挥了作用。一是收集有关调整和保持工资及福利的数据进行信息分享，从而加强了集体的谈判能力；二是遵守集体谈判的原则，发挥在全国范围内公开交流和信息分享数据的优势，从而帮助产业发展；三是委员会成为一个全国性的论坛机构，讨论一直困扰地方谈判的产业问题；四是加强劳资之间在各层面的交流，增进劳资双方的相互理解。委员会运行最大的局限是它没有将广泛讨论的问题转化为与集体谈判或者基层生产有关的实际行动，但是委员会开启了工会高层领导和公司高级管理者之间进行交流的模式，使他们能够通过非正式交流就某些问题达成一致。①

(三)工作生活质量计划(QWL)

20世纪60年代，美国人本主义管理哲学兴起。道格拉斯·麦格雷戈以及其他人本主义管理学家提出，在旧的工作场所中，各种不信任和对抗可以归因于工人对他们所从事的工作缺乏控制。人本主义者认为，工人需要在工作场所进行更多的控制和参与，才能提升他们的满意度并最终提高生产率。为了提供参与的机会和手段，人本主义者提供了很多建议，如工作轮换制度、工作扩大化、灵活的工作表等。后来，这些概念被并入广义的工作生活质量计划的框架中。工作生活质量计划的倡导者认为，可以通过合作的方式来缓解劳资冲突。虽然工作生活质量计划在20世纪60年代才开始推行，但是，它在美国历史上早就生根了。根据一位权威人士所讲，"通过劳资合作来改进产品质量、工作生活以及公司效率的做法，可以追溯到19世纪早期"②。

(四)雇员参与计划

"雇员参与计划"这一术语首次出现是在1979年福特公司和汽车工人联合会之间签订的一份协议中。雇员参与计划代表着管理思想发展到了一个新的时期，这种思想主张雇员在工作中参与得越多，他们的工作就完成得越好。雇员参与计划的支持者认为，如果劳资双方不再对立，工人的工作会更

---

① 参见[美]托马斯·寇肯、哈瑞·卡兹、罗伯特·麦克西：《美国产业关系的转型》，朱飞、王侃译，中国劳动社会保障出版社2008年版，第139～141页。

② [美]丹尼尔·奎因·米尔斯：《劳工关系》，李丽林、李俊霞译，机械工业出版社2000年版，第78～79页。

有效。管理者们尝试了许多不同的雇员参与方式，其中有委员会结构、质量圈、雇员持股计划以及共同管理计划。[①]

1.委员会结构式的雇员参与

1987年，几家钢铁公司和钢铁工人工会建立了参与式团队即劳资联合委员会。劳资联合委员会及其对工作场所的管理，有利于增加工会和资方的满意度。劳资联合委员会通常处理一些特殊问题，如资方经常通过劳资联合委员会来处理安全和工作评估问题。劳资联合委员会还在工作生活质量、对监督者和管理者的劳工关系教育、利润分享以及组织新的活动等领域发挥作用。汽车产业一直有效地通过劳资联合委员会来培训和教育雇员。[②]

2.质量圈(QCS)

质量圈是雇员的团体或者委员会，他们在工作日之前或之后进行开会，讨论生产中存在的问题并找出解决办法。质量圈是工人参与质量改进和提高生产率的一个非常重要的手段，是由资方主动采取的参与行动。但美国的工会对质量圈往往持反对意见，一是因为质量圈占用了工人的休息时间，二是因为质量圈力图改进质量和生产率，而工会担心这样会减少就业机会。所以工会坚持要求资方给雇员支付报酬，否则就取消质量圈。而非工会化的公司却大量利用质量圈来作为雇员参与的手段，同时他们还通过雇员委员会来提出健康护理费用控制、为雇员提供托儿所服务一类的问题。但是，质量圈和雇员委员会的合法性问题曾引起争论，因为美国的法律禁止雇主领导和支持劳工组织。劳工组织包括任何一家为了工资、工时和工作条件而与雇主交涉的雇员团体。实际上一个质量圈就是一个雇员团体，它就一些影响工作条件的事情来与资方交涉。同时，关心孩子护理或健康福利的雇员委员会也关心工作条件的问题。当雇主建立并控制一个质量圈或雇员委员会并为它的集会提供空间和财力支持时，那么这个雇主就违反了法律。[③]

3.工会官员或工会代表进入董事会进行“共同管理”

作为增强合作的一种机制，工会官员有时也参加公司的董事会。在德

---

① 参见[美]丹尼尔·奎因·米尔斯：《劳工关系》，李丽林、李俊霞译，机械工业出版社2000年版，第79页。

② 参见[美]丹尼尔·奎因·米尔斯：《劳工关系》，李丽林、李俊霞译，机械工业出版社2000年版，第79～80页。

③ 参见[美]丹尼尔·奎因·米尔斯：《劳工关系》，李丽林、李俊霞译，机械工业出版社2000年版，第80页。

国，共同管理是法律所要求的。这在美国法律中却很少见，但也有少数企业做了相关尝试。大多数美国工会领导人和管理者认为，让一个工会领导人在公司的董事会中任职，会引起太多的利益冲突。例如，汽车工人联合会的工会主席在克莱斯勒有限公司的董事会任期届满后，便离开了董事会。有的企业，工会会派出一名或者更多代表参加公司董事会。如在克莱斯勒等7家公司和数个卡车公司的案例中，在工资和工作场所谈判的有关规定中，工会被赋予了正式参与董事会的权利。但是，不同公司在财务安排和正式参与董事会的程度方面有所差异，这与工会和工人参与的其他形式紧密相关。例如，瑞斯和西部航空公司董事会中有工人代表，主要是因为公司经济效益下滑面临破产危机，为挽救公司、保住工人的就业岗位，所以由工会发起了合作，包括雇员持股、工人进入董事会等。但是瑞斯公司的实践证明，工会参与董事会只能成为裁员谈判的一个方法，没有从根本上改变劳资关系或者提高公司的经济效率。西部航空公司的案例表明，工人对于董事会工会代表机制普遍缺乏兴趣，雇员更喜欢利润分享，而不是董事会代表、股权方案或者雇员参与。①

总之，"改善劳资关系并不是工作生活质量计划所憧憬的全部。实际上，关于工作生活质量计划的定义，已经超越了雇员态度与劳资关系的改变，到达了这种境界：改变工作性质，让雇员参与到原本属于资方责任的决策当中"②。因而工作生活质量计划主要是由资方主导的决策权分享，其主要目的并非改善劳工条件，而是提高经济效率，所以远称不上是雇员的权利，甚至在道德层面上也很难成立。工会推进职工参与管理的努力既缺乏法律的支持，来自企业外部的竞争压力也难以支撑工会的行动目标。

（五）战略性参与

传统上，工会主要通过集体谈判来影响企业的决策，随着美国产业关系的转型、民主理念的深入，工人要求在影响他们的事项上参与决策，一些工会领导开始意识到代表会员参与企业战略管理的重要性，不仅抓住劳工进

---

① 参见[美]托马斯·寇肯、哈瑞·卡兹、罗伯特·麦克西：《美国产业关系的转型》，朱飞、王侃译，中国劳动社会保障出版社2008年版，第144～145页。

② [美]丹尼尔·奎因·米尔斯：《劳工关系》，李丽林、李俊霞译，机械工业出版社2000年版，第82页。

入董事会的机会，而且在公司的工厂层面、班组层面或其他层面参与决策。[①]主要包括以下几种形式。

1.授权的团队

授权的团队是指企业将监督管理的责任授予雇员团队，这种授权的团队与质量圈和雇员委员会不同。质量圈和雇员委员会只是向资方提出建议，然后由资方来决定是否实施这些建议。但授权的团队有权自己决定是否采取行动，并对自己的行动负责。许多公司试验“授权的团队”，他们允许厂商减少监督人员，降低监督水平，以节省成本。授权的团队这一方法有助于提高质量并对顾客负责。[②]

2.工会参与新技术发展

为提高企业整体的竞争力，工会参与到提高生产率的领域中来。例如，全美制衣和纺织业工人工会为了协助企业抵御进口商品的冲击，参与了很多早期和基础性的研究与开发工作，提高了制衣生产率。如果管理层愿意讨论，不少工会都会参与到初期决策之中。20 世纪初期，工会推动了很多小型作坊的现代化改造，推动了工厂向现代企业转型，工人工资得到了提高，工作环境得以改善，工会甚至直接投资进行新技术改造。[③]

3.自下而上的战略性参与

例如，通用汽车下属的庞蒂克公司，建立了一系列的工厂委员会来监督工厂的运营。全美汽车工人联合会在这些工厂委员会中都有代表。工厂委员会的最高层是“行政团队”，这些团队由工厂经理、工厂高级雇员和当地工会谈判委员会主席组成。团队主要解决工厂发展的长远问题，讨论雇佣问题，并考虑调整工厂人事政策，以便适应这些变化。团队还会针对企业经营的困境，讨论未来裁员的可能性和计划。同样，行政团队讨论在技术、工厂产出和人事方面需要做出的相应调整。另外，团队也参与企业长期规划的制定。通过行政团队参与和对财务及其他数据的收集，工会集体谈判委员会主席至少可以参与到企业战略性商业决策的讨论之中。这样的代表机制

---

① 参见[美]托马斯・寇肯、哈瑞・卡兹、罗伯特・麦克西：《美国产业关系的转型》，朱飞、王侃译，中国劳动社会保障出版社 2008 年版，第 138 页。

② 参见[美]丹尼尔・奎因・米尔斯：《劳工关系》，李丽林、李俊霞译，机械工业出版社 2000 年版，第 81 页。

③ 参见[美]托马斯・寇肯、哈瑞・卡兹、罗伯特・麦克西：《美国产业关系的转型》，朱飞、王侃译，中国劳动社会保障出版社 2008 年版，第 149～150 页。

也使工会能够与公司管理层进行定期的非正式交流。通过参与委员会工作，本地工会干部和工人可以参加集体谈判所无法涉及的商业事务。面对日益激烈的竞争，很多工人都投入工厂生产、技术改进和质量控制之中。[①]

(六)雇员持股计划(ESOP)和利润分享计划

如果上述五种参与方式属于对经营权的分享，那么，雇员持股计划和利润分享计划则属于对剩余财产权的分享。

1.雇员持股计划

美国是最早实行雇员持股计划的国家，20世纪初期，"雇员所有制之父"阿尔伯特·盖莱丁(Albert Gallatin)主张，民主不应仅局限于政治领域，而应当扩展到经济生活中来，随后在美国掀起了雇员所有制运动。1967年，美国律师路易斯·凯尔索(Louis Kelso)提出，个体不仅可以通过自己的劳动获取收入，而且还有权通过资本获得收益。基于此，凯尔索设计并实施了雇员持股计划。[②]

1974年《美国雇员退休收入保障法案》颁布后，雇员持股计划开始进入快速发展时期。雇员持股计划被看成是雇员福利计划，雇员获得的股票是福利的一部分，雇员一般不实际出资，而由企业用利润购买，雇员持股计划实际上主要是利润分享的一种形式。美国法律通过减免税收鼓励企业实施雇员持股计划。例如，美国1981年的《经济恢复优惠税法》和1984年的《直接税法》都从税收上鼓励企业实施职工持股计划。[③]

雇员持股计划实施者的出发点包括以下几点：第一，雇员通过持股成为股东，从而转换身份成为公司的主人，这样将有助于雇员成为公司最有效率的成员，为公司工作也是为自己工作；第二，雇员在工资以外还能得到以雇员持股计划形式的额外收入，且在雇员持股计划账号转成股票之前，不用交税；第三，立法在税种上的优惠措施鼓励雇主建立雇员持股计划从而增加企

---

① 参见[美]托马斯·寇肯、哈瑞·卡兹、罗伯特·麦克西：《美国产业关系的转型》，朱飞、王侃译，中国劳动社会保障出版社2008年版，第142页。

② 参见[美]丹尼尔·奎因·米尔斯：《劳工关系》，李丽林、李俊霞译，机械工业出版社2000年版，第81页。

③ 参见石旭雯：《两种理念的公司职工参与制——德国和美国的比较研究》，《兰州学刊》2007年第2期。

业资本。[①]

雇员持股计划不仅仅局限于工会成员。在有雇员持股计划的公司中，约30%的公司有工会组织。参加了雇员持股计划的劳动者，仅10%～15%参加了工会。工会十分重视雇员持股计划。一般认为雇员持股有利于调动雇员工作的积极性，增强雇员的归属感和凝聚力，但是雇员持股计划是否真的能促进雇员的参与，并不总是可以获得肯定的回答。美国也有不少人对此持有怀疑、观望态度，并提出了批评意见，主要有两点：一是认为工人参与管理的广度和深度并没有发生根本变化；二是认为部分工人成为企业的小股东，这并不能从根本上改变他们受剥削的阶级地位。[②] 一项研究表明，在一家雇员持股的公司中，地方工会的领导人与管理者之间的合作与斗争交替了四年。罢工甚至发生在工人持股的工厂，这是因为即便是工人拥有公司，管理者仍然会与雇员和工会发生意见分歧。[③]

2.雇员利润分享计划

在一些雇员福利计划下，雇员可直接分享公司的利润。当公司运行良好时，雇员可得到分红；当公司资金短缺时，雇员只能得到他们正常的固定收入。利润分享计划已存在多年，如那些汽车产业大公司，为工会雇员制订了利润分享计划。制订该计划的动机是，一方面给雇员一种“分享行动”，另一方面让雇员分担公司成功或失败的风险。

有学者认为雇员持股和利润分享计划的目的在于雇员分享企业剩余索取权。[④] 实际上雇主和雇员在雇员持股和利润分享的目的上并不一致。作为雇员是为了获得企业剩余索取权，但有时候则是出于保住自己工作的初衷，当通过购买企业股票来挽救企业时就已经偏离了剩余索取权的目的。而雇主采用雇员持股计划可以实现筹资、挽救企业、缓和劳资关系、增进雇员对工作的投入等多种目的。

---

① 参见[美]丹尼尔·奎因·米尔斯：《劳工关系》，李丽林、李俊霞译，机械工业出版社2000年版，第81页。

② 参见蒋一苇主编：《企业民主管理的理论与实践》，中国劳动出版社1991年版，第242页。

③ 参见[美]丹尼尔·奎因·米尔斯：《劳工关系》，李丽林、李俊霞译，机械工业出版社2000年版，第81页。

④ 参见石旭雯：《两种理念的公司职工参与制——德国和美国的比较研究》，《兰州学刊》2007年第2期。

第三节　日本的企业民主管理制度

第二次世界大战以后，日本的经济快速复苏，一跃成为全球第二大经济体。终身雇佣制、年功序列制和企业工会制成为日本经济成功的三大法宝。这三大制度保证了日本企业劳动关系的和谐稳定，特别是职工参与企业管理极大地调动了职工的积极性，是战后日本出现“经济奇迹”的重要原因之一。

一、日本传统文化与日本劳动关系的特点

终身雇佣制、年功序列制和企业工会制之所以能在日本产生、发展，形成独特的劳动关系，社会文化因素在影响与制约劳资关系系统的运行中起着至关重要的作用。

（一）日本“家”文化与劳动关系

日本劳动关系源于具有封建主义人身依附性的雇佣关系。“和”观念和“家”文化在日本社会有着广泛而深厚的影响，在企业中形成了利益一致型企业劳资关系。[①] 在“家”的观念下，企业资本家把自己作为“父母”的化身，而工人作为公司的“社员”，被作为“子女”来看待，形成了极具特色的家族经营主义理念。“经营家族主义理念主张企业是由资本家及管理者与工人共同组成的大家族，并仿照家族内部的关系、结构、秩序和规则来进行企业管理……崇尚群体决策，重视一致与合作……组织与个人同舟共济。”[②]

“在文化传统的影响下，在日本社会形成了企业是社会‘公器’、与赚取投资利润为目的的股东相比更应该归员工所有的企业观。因此企业经营的首要目的不是股东利益最大化，而是规模的扩大化和经营的长期化，并且在这一过程中实现对员工、顾客、供应商、当地环境等的社会责任……本着‘义

---

① 参见刘容：《日本企业劳资关系的核心理念——经营家族主义》，《辽宁师范大学学报》（社会科学版）2016 年第 3 期。

② 李博：《日本企业雇佣体系的适应性演进——基于组织行为学的分析》，《日本问题研究》2019 年第 6 期。

利合一'的原则用道德伦理来指导和约束经济生产活动。"[①]企业与雇员之间，被假定应当像在家庭中一样缔结一种长期的信赖关系，让雇员积极参与到企业管理与决策中。因此，在日本企业中形成了"以人为中心"和"从长远利益出发"的经营理念。

(二)"和"文化与劳动关系

在日本，如果说"家"文化对企业劳动关系的稳定性有着深远的影响，那"和"观念等文化传统则对劳动关系的和谐有着重要的影响。

1.日本企业经营理念与经营者统合的劳动关系

按照黄越钦教授的分类，日本的劳动关系属于经营者统合的劳动关系模式。其主要特点包括以下几点：一是劳动关系主要发生在企业层面，二是工会在跨越工厂的团结权方面并不具有强力，三是集体意识和阶级认同只存在同一产业阶层，四是劳动者对本身产业的效忠程度高于其他劳动阶层。[②] 日本企业中劳资双方的代表均来自本企业，企业方的代表也是由普通职工晋升的，因而没有明确的阶级立场，劳资关系也被称为"劳使关系"，足见其背后的文化意识。劳资双方重视双方之间的合作，强调双方利益的一致性。"以长远的观点看经营，企业作为构成社会的基本一员，负有为社会做贡献的使命，因此确保长期雇用，为事业的发展而经营是社会的要求，也是应尽的义务，这是日本企业发展和竞争力的源泉。"[③]

2.职工参与是日本传统文化与经济发展的复合产物

在日本，企业长期稳定发展与成长是投资者和雇员一致的目标。劳资之间的冲突往往被看作是管理不当的结果，因而"和""和谐"在日本企业中有着深厚的文化基础。而化解管理不当、协调劳动关系的方法就是鼓励职工参与企业管理，加强劳资之间的沟通与协商。即使随着日本经济环境的变化，利益一致型劳动关系不得不调整为利益协调型的劳动关系，但鼓励雇员参与管理、加强双方之间的沟通协商始终是日本的企业文化，成为日本劳动关系的重要特点。尽管泡沫经济崩溃以后，日本企业的内外环境发生了很大变化，终身雇佣、年功序列制度受到冲击，但日本传统文化观念的深远

① 刘容：《制度变迁理论视域下日本企业劳资关系的演化规律及启示》，《西部论坛》2018年第6期。

② 参见黄越钦：《劳动法新论》，中国政法大学出版社2003年版，第77页。

③ [日]立石信雄：《日本企业的经营特点》，《中外管理导报》1996年3月11日。

影响依然存在。“家”“和”的观念已经深入日本雇员的骨髓，忠诚的文化被视为日本的立国之本，至今依然有超过1/3的雇员终身只服务于一家企业。在日本，不存在劳资对立的观念，日本的职工参与是日本传统文化和经济发展的复合产物，是经济社会发展自然演化而成的，是社会群体意识的组成部分，而非法律的强制性规定。

二、日本工会的产生、发展与劳资合作的形成

(一)日本工会的产生

第一次世界大战以后，日本资本主义经济快速发展。铃木文治等人在工厂、企业内成立了“友爱会”，这是日本企业工会的雏形。20世纪20年代，受民主主义思想及俄国十月革命的影响，企业工会开始陆续建立。日本侵华战争开始后，近卫内阁取缔了原有工会组织，在企业内部成立“产业报国会”，完全背离了工会成立的宗旨，工人运动完全陷于瘫痪状态。第二次世界大战结束后，日本经济政治动荡不安，阶级矛盾日趋尖锐，工会组织得到快速发展。1945年日本颁布的首部《工会法》和1946年的宪法均确认了组织工会、集体谈判和罢工等劳动三权。

(二)日本工会的发展

第二次世界大战后，日本劳动力短缺，为了恢复生产、调动职工生产的积极性，稳定劳动关系，日本在企业层面组织工会，开展反对解雇、保障就业和维护职工最低生活水平以及对企业实行民主管理的工人运动。这就奠定了日本企业工会的组建模式。全国性的工会组织，包括日本工会总评议会(简称“总评”)、日本劳动总同盟(简称“同盟”)、中立工会联络会议(简称“中立劳联”)、全国产业工会联合会(简称“新产别”)，从而形成了四个全国性工会并存和分裂的局面。早期总评主张“劳资对抗”，同盟主张“劳资合作”。70年代中期面临石油危机和受经济下行压力的影响，“劳资对话”“劳资合作”开始替代“劳资对抗”，但全国性的工会组织的影响力始终非常有限。这表现为以下三点：一是上级工会对企业工会不得发号施令，不具有约束力；二是对上级工会的决议，企业工会可以不服从不执行；三是对上级工会组织的统一活动和斗争，企业工会可以不参加。因此，上级产业工会和全国工会的影响力很弱。“到1975年企业工会占日本工会组织的91%，按产业组织的工会只有海员雇员会。到1997年，日本的企业工会占全部工会总数的

95.6%,占工会会员总数的91.2%。”①

(三)劳资合作的形成

20世纪六七十年代后,日本企业受经济环境影响,斗争至上论逐渐被劳资合作论所代替。因为只有维持企业竞争力,才能保障工人的雇用和生活,所以保护企业是工会的职责,这一路线也始终贯穿于工会的“春斗”。工会以“提高经济效率进而改善劳工条件”为基本理念,开始配合企业推行“合理化建议”,以促进企业改进。一些企业开始建立诸如“劳资恳谈会”“劳资协议商会”等劳资合作机构。工会开展协助行政开展“合理化建议活动”“全面质量管理”等有助于提高企业管理的合作行动。工会以参加和监督企业的经营为己任,要使企业成为不仅是追求利润的组织,还要成为开发职工职业能力、实现职工自我价值的平台,这就将劳资合作、建立利益共同体作为工会和企业发展的基本方向,因而公司被称为“劳工经营的公司”或“准劳工经营的公司”。②

三、日本企业民主管理形式

(一)工厂委员会(劳动委员会)

明治维新之后,资本主义有了一定的发展,但受封建制度的影响,日本的企业大多为家族企业,企业内部等级森严,专制文化盛行,劳资关系紧张,资方为了抵制工会而专门成立了工厂委员会(劳动委员会)。工厂委员会在企业或工厂内部设置,由劳资双方代表组成,对企业日常事务中涉及劳资双方利益的事项进行协商,这是日本劳资协商的开始。工厂委员会不仅是一个沟通思想、传递劳资双方信息的机构,还起到咨询建议的作用,最为重要的是该机构在涉及劳资双方重大利益的问题上具有审议(协商)、决定的作用。工厂委员会的存在促进了劳动关系双方的相互沟通,增进了彼此之间的了解和信任,对促进劳动关系的和谐稳定和生产效率的提高具有明显促进作用。但基于日本侵华战争的需求,日本政府对工厂委员会制度进行了

① 转引自[日]荒木尚志:《日本劳动法》,李坤刚、牛志奎译,北京大学出版社2009年版,第126页。

② 参见石美遐:《多元视角的企业民主管理理论体系研究》,北京交通大学出版社2017年版,第73页。

一系列打压，直至解散。[1] 第二次世界大战结束后，企业内部的劳资协商传统被保留了下来，但是不再由工厂委员会这一机构承担。

（二）劳工经营的公司与职工董事

第二次世界大战后，在日本企业的工作环境中，基于日本传统文化和现实的需要，劳雇双方达成了"命运共同体"理念。经理人员、白领及蓝领劳动者之间的薪资差距不大，这也强化了劳动者对企业的认同。[2]

日本大企业注重发挥集体智慧，形成了近似于劳工经营的公司的模式，企业的决策权乃至最高的决策权都由劳动者所掌握，不论工作技能等级高低，也不论对于资本的贡献程度如何，员工都有参与企业决策的权利。日本企业董事会成员构成较为特别，包括独立董事和由员工提拔的董事。

董事虽然由股东会选举产生，但大多数董事是从有着 25～30 年资历的资深经理中提拔的，他们曾经就是普通雇员，有的还曾担任过工会领袖。这类董事通常是由董事长从雇员中提拔并作为推荐人选经由股东会正式选举产生。因此，大多数的企业决策是先经本公司内部职工酝酿，再交由董事会执行。许多晋升为监督或管理干部的人，以前便是工会会员，资深主管人员一旦被提拔为公司董事之后，便会成为公司最高管理阶层。由员工提升的董事，长时间的职业经历使他们一直将企业利益摆在经营者及公司大家庭之上，在成为董事之后，依然会把公司利益置于比股东利益更高的位置上。内部晋升是职员升迁的惯常途径，所以大部分职员对公司具有强烈的向心力。[3]

（三）集体谈判

和大多数工业化国家相同，在日本，集体谈判是雇员参与企业民主管理的重要方式，但与其他企业民主管理方式不同的是，集体谈判为法律所明确规制。1946 年，日本颁布了《劳动组合法》，该法第一条明确规定了立法宗旨，即支持工人与雇主在对等的条件下进行交涉，以提高工人地位，使之与

---

① 参见石美遐：《劳动关系国际比较》，中国劳动社会保障出版社 2010 年版，第 91 页。

② 参见［美］Greg J. Bamber 等编著：《国际与比较雇佣关系》，赵曙明、李诚等编译，南京大学出版社 2008 年版，第 201 页。

③ 参见［美］Greg J. Bamber 等编著：《国际与比较雇佣关系》，赵曙明、李诚等编译，南京大学出版社 2008 年版，第 201～203 页。

雇主进行团体交涉，缔结集体合同。[1] 但因工会组织形式上的差异，日本集体谈判的层面和集体谈判的启动与大多数工业国家有很大差异。

首先，为维护企业内的劳资力量平衡，雇主有集体谈判的义务，集体谈判在企业层面进行。根据1949年《工会法》和《劳动组合法》中引入的不当劳动行为概念，雇主无正当理由拒绝和工会谈判的，会被视为不当劳动行为，雇员或工会可以请求劳动委员会发出救济命令，要求雇主和工会诚恳谈判，违反劳动委员会命令的雇主，将会受到行政甚至刑事处罚。凡涉及工作条件和劳动者待遇的事项都属于强制谈判的内容。除此之外，有关劳动关系管理的部分内容也被纳入强制谈判的范围，包括新机器的引进、生产工序的改变、工厂迁址、合同转包等。总之，只要涉及影响雇员工作条件或会员其他待遇的内容，一般都被认为属于强制谈判的内容。[2]

其次，集体谈判所形成的集体合同具有法律约束力。企业集体协议具有强大的法律约束力，集体合同有效期为3年。集体合同具有优于单个劳动合同的效力。单个劳动合同如违反集体协议中有关劳动条件和劳动者待遇的事项视为无效，无效部分适用集体协议的规定。

最后，集体合同约定的劳动条件为实际工作条件。与西方国家集体合同所约定的劳动条件一般为最低标准不同，日本集体合同约定的劳动条件不是最低标准，而是实际的工作条件，因此无法创设适用于特定产业或职业的普遍性标准。

集体谈判曾在劳动关系的协调中发挥重要作用，但是因工会会员的入会率下降，集体谈判的覆盖面逐渐缩小，原属于集体谈判的事项部分被劳使协商所替代。基于此，工会也调整了谈判策略，特别是大企业倾向于通过劳使协商来处理工资和劳动条件等问题，从而出现劳使协商作用大于集体谈判作用的发展趋势。

(四)劳使协商

1.劳使协商的产生和发展

1945～1946年发生了一系列生产管理争议，工人运动蓬勃发展。迫于压力，日本一些企业成立了劳使协商会，从而使工会对企业“经营权”得以深

---

① 参见吴佩军：《日本企业雇佣制度的历史考察》，中国社会科学出版社2010年版，第240页。

② 参见[日]荒木尚志：《日本劳动法》，李坤刚、牛志奎译，北京大学出版社2009年版，第131页。

入介入和制约。劳使协商会是由劳资同等人数的代表组成的决策机构，而且其议项除劳动条件、福利保健、生产技术以外，还包括事业计划、会计、高级管理人员人事安排等。工会对经营权的介入制约既有广度又有深度，工人有机会参与企业的经营事项决策，而且使协商机构化。①

以日本生产性本部为中心，推进了劳使协商制的引进及普及。据有关资料统计，在日本有50%以上的企业设有劳使协商机构。② 据劳动政策研究研修机构2004年调查结果显示，企业规模越大，劳使协商机构设置比例越高，没有建立工会的企业对此加以设置的只占25.3%。③ 由此可见工会对推动劳使合作发挥着重要作用，劳使协商的成果是订立劳使协议。

2.劳使协商与集体谈判之间的关系

劳使协商与集体合同不同，并没有在劳动法律中加以规定，而是劳资自治的产物。一般而言，不同于德国集体谈判和劳资协商的内容互不交叉，日本劳使协商被视为集体谈判的初步阶段，二者具有一定的对接关系，相互之间具有补充作用，但涉及与职工利益密切相关的事项也带有谈判的意味。与职工利益密切相关事项的劳使协商往往在集体谈判前进行，协商达成协议的就不再进行谈判，这就导致非正式的协商代替了正式的集体谈判。但劳使协商涉及的范围更广泛，还涉及企业的经营方针，协商在一定程度上起到咨询建议的作用，但决定权在资方。当协商出现意见分歧时，一般采取三种处理方式：一是暂缓实行，二是在听取工会和职工意见的基础上进行修改，三是按资方决定执行。在绝大多数情况下，资方不会不顾反对意见执意执行某种决定。

3.劳使协商的作用和发展趋势

日常的劳使协商包括工作场所各种争议的处理，这缓和了劳资矛盾，使得企业在一种合作的氛围下运转，有效地降低了由劳资摩擦所造成的成本。劳使协商具有信息分享、增进劳资双方相互理解的作用，就改善劳动条件进行协商，还具有避免或及时化解劳动争议等功能。但劳使协商的目的是合作，雇员不能采取罢工的形式迫使劳资双方回到谈判桌，这也是资方倾向于

---

① 参见［日］高桥洸、小松隆二、二神恭一编著：《日本劳务管理史·劳使关系》，唐燕霞译，经济科学出版社2005年版，第82页。

② 参见黄越钦：《劳动法新论》，中国政法大学出版社2003年版，第329页。

③ 参见田思路、贾秀芬：《日本劳动法研究》，中国社会科学出版社2013年版，第248页。

采用劳使协商替代集体谈判的主要原因。伴随着劳资冲突的减少以及劳动力市场的发展，集体协商制度与劳使协商制度两者之间的差异也就变得愈来愈模糊。

(五)合理化建议制度

合理化建议制度类似提案制度，是集中雇员智慧、改进企业管理、提升技术水平的重要手段，对提高企业生产质量、改善企业经营策略等方面起到了非常重要的促进作用。在“家”“和”集体文化的潜移默化下，职工将企业视为命运共同体，对企业保持忠诚，在企业内实现自我价值，这成为日本企业用工的独特传统。在利益一致和“准劳工经营的公司”理念下，职工注重在企业的大政方针决策中集思广益、集体决策，从而发挥群体的力量，形成良好的经营效果，提升竞争能力。

日本企业的合理化建议活动一般由企业工会组织开展，成效显著。为贯彻好这一制度，日本企业普遍形成了一套比较完整的提案收集、评审、实施和奖励办法。职工提出的建议有创新、被采纳、效益大时，会及时受到表扬并获得奖金，即使提了建议但未被采纳者也会得到表扬和纪念品，很多企业还把合理化建议作为职工晋职提薪的条件。正因为如此，日本的合理化建议制度能够得到普遍和持久的推行，给企业带来了巨大的经济效益，极大地满足了职工参与管理的愿望。

(六)小群自主管理制度

针对机器大工业条件下的高度分工和过度程式化的工作状态，职工的创造热情和参与需求极易受到压制，小群自主管理制度，正是日本企业激发工人自主性、创造性和积极性的产物。“小群”即小群体、小组，小群自主管理也被称为“小集团管理”，就是同一车间或是同一工种的人们组成小组，选出领导，以领导为中心，通过充分的交流和对话，自主地确定目标，为实现该目标而共同努力的活动。这一管理制度是借助雇员希望能够发挥自己能力、结识更多伙伴的心理，通过让其加入质量管理小组，参与集体讨论，让每一个工人意识到自己在团体中的作用，促使小组成员一起发现问题、解决问题。[1]

---

① 参见[日]高桥洸、小松隆二、二神恭一编著:《日本劳务管理史・劳使关系》，唐燕霞译，经济科学出版社2005年版，第94页。

日本小群自主管理制度具有灵活多样、自愿参加的特点，企业工会在这些管理小组中发挥着积极倡导和组织的作用。小群自主管理组织形式多种多样，如全面质量管理小组、无缺陷作业小组、安全卫生小组、诸葛亮会议等。小群自主管理扩充了职工参与管理的渠道，满足了职工参与管理的需要，增强了职工之间的协作配合意识，提高了生产效率和经营效果，提升了企业的竞争力。[①]

第四节　南斯拉夫的工人自治

南斯拉夫是世界上第一个对社会主义传统经济体制进行根本性改革的社会主义国家，也是世界上曾经被公认为实行工人参与管理最彻底的国家，其开启的工人自治曾为南斯拉夫带来经济繁荣与社会稳定，但这一制度并没有为南斯拉夫带来长治久安。[②] 今天，依然有一些工人希望获得自治管理的权利，我国的集体所有制企业职工民主管理制度的立法安排从某种程度上来说也属于工人自治的范畴。今天，研究南斯拉夫的工人自治依然具有重要的启示意义。

一、南斯拉夫工人自治制度的形成

南斯拉夫民主自治的做法，早在1941年开始实行。当时，南斯拉夫共产党在解放区实行工人管理工厂的做法，得到了群众的广泛拥护。全国解放初期，南斯拉夫在经济管理体制上效仿苏联模式，实行中央集权，地方和企业的管理权限很小。1948年，南斯拉夫与苏联交恶，迫于政治上和经济上的巨大压力，开始放弃苏联模式，转而实行工人自治，以便调动广大工人的积极性。

1949年，南共中央做出《关于在国营经济企业中成立工人委员会及其工作的指示》，随即启动试点。20世纪50年代初，南斯拉夫强调劳动者与生产

① 参见蒋一苇主编：《企业民主管理的理论与实践》，中国劳动出版社1991年版，第246～249页。

② 参见刘元文编著：《职工民主管理理论与实践》，中国劳动社会保障出版社2007年版，第281页。

资料直接结合，广泛推行工人参与企业管理活动的做法。1950 年 6 月 27 日，南斯拉夫人民共和国人民议会通过了《关于劳动集体管理国营经济企业和高级联合组织法》，以法律形式明确规定工人参加企业经营管理。[①] 在“把工厂交给工人自己管理”的号召下，南斯拉夫逐步建立了以工人自治为中心的企业管理制度，工人享有广泛的民主权利，并由他们自己选出代表对企业进行管理，独立行使权力，国家不直接干预，实行彻底分权。综观南斯拉夫的工人自治制度发展过程，大致可分为以下三个阶段。

第一阶段是 1950～1963 年的“工人自治”时期。其间，企业自主权逐步扩大，但工人委员会的权限较小，一般只起咨询作用，真正起决定作用的依然是厂长、经理。

第二阶段是 1963～1970 年的“社会自治”时期。其间，企业基本上成为独立的经济实体，工人委员会取得了对企业管理的决定权，而经理则对工人委员会负责，自治制度不但在企业实行，而且也扩展到事业单位和国家机关。[②] 总之，各种社会组织都不同程度地实行工人自治。

第三阶段是 1970 年以后的“联合劳动”时期。这是自治制度新的发展阶段。1974 年通过的《南斯拉夫联邦宪法》，将联合劳动确定为一种新的社会经济体制。之后，工人委员会在企业里的地位和作用进一步加强，工人自主管理企业的权力得到进一步落实。

二、南斯拉夫工人自治的组织形式

（一）南斯拉夫工人自治的三级联合方式

从 20 世纪 70 年代中期开始，南斯拉夫继续推进和完善工人自治制度。1974 年通过了《联合劳动法》，该法律对工人民主自治的联合方式做了具体规定，确定了三级联合劳动组织。

第一，联合劳动基层组织。这是工人自治的基本联合形式，规模较小，工人在基层组织中可以自行支配生产资料和自行组织生产，自行决定收入分配，有权独立做出产、供、销方面的经济决策。

第二，联合劳动组织。这是中间一级的组织形式，它由若干个联合劳动基层组织自愿组成，通过共同签订自治协议组成，其规模相当于一个法人

① 参见蒋一苇主编：《企业民主管理的理论与实践》，中国劳动出版社 1991 年版，第 224 页。
② 参见蒋一苇主编：《企业民主管理的理论与实践》，中国劳动出版社 1991 年版，第 226 页。

组织。

第三，联合劳动复合组织。这是最高级的组织形式，一般由若干个劳动组织在自愿基础上，通过签订联合劳动自治协议组成，其规模相当于联合企业或行业性组织。

（二）南斯拉夫工人自治的基本管理机构

南斯拉夫的企业组织中，作为工人自治的管理机构包括工人大会（职工大会）、工人委员会、管理委员会和工人监督委员会。

1.工人大会（职工大会）

全体职工组成工人大会，作为联合组织的最高权力机构，直接参与企业决策和管理。工人大会是基层单位的咨询机构，任何职工都有权参加工人大会，并在会上提出意见和建议，同时又是决策机构，有关生产、分配、财务、人事等重大问题的决策，都由工人大会表决通过，方可执行。①

工人大会以无记名投票方式选出工人委员会作为本企业的管理机构。工人大会制定本劳动组织的章程，决定基层组织合营的自治协议以及在劳动组织、联合劳动组织、复合组织中联合的自治协议；通过劳动组织的工作计划，决定劳动报酬和用于集体消费资金的分配原则和标准；审议决定经营项目调整，选举管理者，决定其他法律规定的问题等。②

2.工人委员会

工人大会产生工人委员会，代表工人大会执行工人大会决议，对工人大会负责并报告相关工作。根据《联合劳动法》和职工人数确定是否设立工人委员会。人数较少的基层组织不成立工人委员会，由工人大会直接行使职能；职工人数较多的基层单位必须设立工人委员会。③ 工人委员会由工人代表组成，工人委员会的工人代表数量根据工人数量确定。工会事先协商拟定候选人名单，由基层组织工人大会无记名投票选举产生。

为保障工人委员会的代表性，法律规定，基层组织劳动工序的各部门至少有一名工人代表。工人委员会委员任期两年，可以连任一次，改选时连任

① 参见蒋一苇主编：《企业民主管理的理论与实践》，中国劳动出版社1991年版，第225页。

② 参见刘元文编著：《职工民主管理理论与实践》，中国劳动社会保障出版社2007年版，第286～287页。

③ 参见刘元文编著：《职工民主管理理论与实践》，中国劳动社会保障出版社2007年版，第287页。

委员不得超过委员总数的 1/3。为保证工人委员会工人的属性，直接从事生产劳动的一线工人占有一定的比例，法律规定企业经理、副经理和其他重要业务机构的领导成员不得被选为委员。[①]

根据法律规定，工人委员会负责执行管理职能，包括制定联合劳动组织和联合劳动复合组织的各种规章制度，确定经营方针，制订和实施经营发展规划，选举、任命、罢免执行机关和办事机关或它们的成员等。工人委员会在决定重大问题时，采取协商一致的原则，当意见分歧较大时，成立协调委员会，多方征求意见，最后求得解决。但是，凡属重大问题的决定，须经工人大会批准。[②]

3.管理委员会

管理委员会是工人委员会的日常执行机构，由工人委员会以无记名投票的方式从全体职工中选举产生。主要职责是向工人委员会提出或转达属于其职权范围内的一切问题的建议和草案，研究和贯彻执行工人委员会的各项决定和任务，决定行政人员的任命，提出有关职工的收入分配方案等。

4.工人监督委员会

工人监督委员会是联合劳动组织工人自治制度的一个组成部分，行使企业监督权，对工人委员会和管理委员会进行监督，是实现工人自治的重要保证。工人监督委员会委员由工会提名并组织全体工人大会直接投票选举产生，依法独立开展工作。[③]

三、工人自主权的表现形式

在南斯拉夫的企业民主管理中，工人自主权主要体现在以下几个方面。

(一)生产计划决定权

广大职工成为制定计划的主体，计划内容主要有以下几项：(1)联合劳动基层组织内的劳动力和社会再生产资金；(2)生产规划和生产的组织工作；(3)获取收入和分配收入；(4)培训干部；(5)劳资方面与其他劳动组织的联合；(6)解决住房、保健、休假等劳动生活方面的问题；(7)提供研究开发条

① 参见刘元文编著：《职工民主管理理论与实践》，中国劳动社会保障出版社 2007 年版，第 287 页。

② 参见蒋一苇主编：《企业民主管理的理论与实践》，中国劳动出版社 1991 年版，第 226 页。

③ 参见蒋一苇主编：《企业民主管理的理论与实践》，中国劳动出版社 1991 年版，第 226 页。

件，承担社会义务；(8)保证物资和财政储备等。[①]

(二)收入分配决定权

1976年，南斯拉夫通过了《联合劳动法》，该法明确规定，劳动者有权直接管理生产资料并有权决定收入分配，这是南斯拉夫工人自治制度的基础。南斯拉夫在推行工人自主决定收入分配时，实行以按劳分配为主，同时兼顾保障最低收入即兼顾机会公平与结果公平的制度。

(三)生产和产品销售的决定权

南斯拉夫并没有和其他社会主义国家一样以计划经济为主，而是仍然坚持商品经济，实行以市场调节为主的经济体制。各个联合劳动组织都是独立的商品生产者，企业的供销由各联合劳动组织根据市场需求自己决定，即在全体职工讨论的基础上，根据市场需要和本企业的生产能力，以市场需求决定生产数量，以生产能力决定产品销量，根据市场自主定价。

(四)投资和人事管理决定权

南斯拉夫在实行联合劳动后，基于投资的需要，开始兴办联合银行，由各联合劳动组织出资，共同管理银行业务和分享银行收入。银行的贷款基金就成为联合劳动组织的贷款基金，工人委员会就成为投资管理的主体，企业的重大投资项目都由本企业职工讨论决定。同时，各企业招收和解雇职工，都由工人委员会根据工人大会的意见来决定，生产组织形式和劳动力的具体配备也由企业自行决定。[②]

四、南斯拉夫工人自治的特点

南斯拉夫工人自治走了一条独特的发展道路，主要特点如下。

(一)系统的工人自治理论指导

南斯拉夫工人自治理论形成于20世纪50年代初，70年代逐渐走向成熟和体系化。基于马克思《国际工人协会临时章程》中提出的“工人阶级的解放应该由工人阶级自己去争取”的论断，南斯拉夫共产党将工人自治作为马克思和社会主义的基本内容，并付诸实践。而联合劳动的组织形式的理

---

① 参见蒋一苇主编：《企业民主管理的理论与实践》，中国劳动出版社1991年版，第227页。

② 参见蒋一苇主编：《企业民主管理的理论与实践》，中国劳动出版社1991年版，第227页。

论来源则是马克思“自由人联合体”的论断。1974 年,南斯拉夫将建立“自由人联合体”作为社会主义发展的基本目标写入新制定的宪法中加以贯彻。[①]基于马克思关于共产主义社会国家必然消亡的理论,南斯拉夫的理论家认为,社会主义国家建立后应为国家的最终消亡做准备,所以首先应消除国家的经济管理职能,代之以各种社会自治,在企业层面就是工人自治。南斯拉夫实行社会所有制,即生产资料既不属于个人也不属于国家,而是属于全社会。社会所有制是公有制的高级形式。按照南斯拉夫共产党人的本意,这是彻底摆脱雇佣劳动关系,避免工人阶级在自己的政权下异化的经济基础。在经济运行层面,南斯拉夫共产党坚持社会主义商品经济是社会主义经济的特征。总之,工人自治在南斯拉夫的产生和发展,都是在一整套理论指导和支持下进行的。企业层面的工人自治是“自由人联合体”的组成部分。

(二)保障工人当家作主,彻底摆脱雇佣劳动关系是工人自治的目标

工人阶级的组织——工会在企业民主管理中具有重要地位,在宪法和法律的保障下,工会在企业民主管理中发挥着重要作用,且随着工人自主权的全面发展而日益增强。作为劳动人民管理国家和社会事务的基础内容,企业的工人自治、联合劳动得到长期发展,稳步提高,工人直接管理企业,发挥着突出作用。

(三)形成了一套以保障工人当家作主的工人自治形式

以工人大会、工人委员会为主的民主管理组织形式多种多样、相互配合,构成了比较完整的企业民主管理组织体系,发挥着企业的权力机构、执行机构、监督机构等职能。企业民主管理的目标,是建成全体职工充分发挥作用和联合劳动的自治利益共同体。但是,由于工人委员会制度缺乏联结宏观经济与微观经济的必要环节,因而在实践中常常出现企业集体利益损害社会整体利益的现象。[②]

南斯拉夫工人自治在 20 世纪 80 年代达到顶峰,工人不仅在企业层面而且在社会各项事务中被赋予广泛的权利,这极大地调动了工人生产劳动的积极性,推动了南斯拉夫各项事业的发展。南斯拉夫对工人自治的探索体

① 参见刘元文编著:《职工民主管理理论与实践》,中国劳动社会保障出版社 2007 年版,第 284 页。

② 参见蒋一苇主编:《企业民主管理的理论与实践》,中国劳动出版社 1991 年版,第 228 页。

现了南斯拉夫人的勇气和可贵的民族精神。[①] 但是不顾社会发展阶段，仅仅根据经典作家的某个论断，就盲目相信社会建构的力量，忽略了教条主义作为国家经济社会发展指导思想的危害性，这为南斯拉夫从统一走向分裂埋下了祸根。[②]

南斯拉夫工人自治的经验说明，企业民主管理形式必须与社会发展阶段相适应，应符合本国发展的实际。职工在多大程度上参与管理也需要考虑职工的受教育水平和管理能力，特别是在今天科技进步对管理的效率和专业化提出更高要求的背景下，职工直接参与管理是不切实际的，本着实事求是的态度，不断提升职工参与管理的能力，才是我们应该努力的方向。

第五节　域外典型国家企业民主管理立法与实践的启示

从域外典型国家企业民主管理立法和实践中可以看出，企业民主管理制度是人类的共同财富，各国企业民主管理制度虽然由于政治、经济和社会文化呈现出不同的特点，但是也有很多共同的规律可以把握，总结这些规律可以为我国立法和实践提供可资借鉴的经验。

一、政治民主化是企业管理制度存在的基础

从域外典型国家企业民主管理的立法和实践来看，资产阶级革命以来，政治民主的观念逐渐深入人心，政治民主化的浪潮促使民主的理念延伸到社会生活乃至工作场所。社会主义革命的胜利，极大地鼓舞了全球无产阶级斗争的勇气，工会领导下的罢工斗争迫使资产阶级不得不采取相应的缓和阶级矛盾的管理手段，因而从政治上来看，企业民主管理制度作为工作场所的民主是无产阶级斗争的结果，工作场所的民主是政治民主的延伸。

---

① 参见刘元文编著：《职工民主管理理论与实践》，中国劳动社会保障出版社 2007 年版，第 291 页。

② 参见刘元文编著：《职工民主管理理论与实践》，中国劳动社会保障出版社 2007 年版，第 289～291 页。

二、劳动关系由对抗走向合作是企业民主管理制度发展的外部环境

企业外部竞争的加剧，特别是经济全球化，使得企业之间的竞争不仅在一国内进行，而且在全球形成竞争。资本的流动性使得资本具有更加强势的地位，工会组织率下降，在企业要效率、工会要保住就业岗位的目标下，促使劳资双方调整策略由对抗走向合作，共同分担责任，这些是企业民主管理制度得以发展的外部压力。例如，在美国，工作生活质量计划最初的目的是解决生产效率和质量以及劳动成本的问题，即企业施行的目标是提高成本上的竞争力，而工会则希望获得工作岗位上的保障，进而减少工人工作中的异化感。日本的劳使协商制度特别是劳使协商对集体谈判制度的部分替代，也是为了应对外部竞争压力，使劳资双方由对抗走向合作。

三、管理科学的发展为企业民主管理提供了理论基础和实践经验

随着新技术革命和资本主义生产方式的发展，企业规模不断扩大，企业的经济活动日益复杂，企业管理的重要性日益增强，这一背景催生了管理科学的产生和发展，并不断走向成熟。综观管理科学的发展，大体经历了古典管理理论、行为科学理论、现代管理学三个发展阶段。科学管理理论的诞生，标志着资本主义企业由传统经验管理发展到科学管理阶段。

科学管理主义的指导思想即是以劳资合作代替劳资对抗，模糊劳资利益的差异性，强调劳资双方利益的一致性。行为科学的诞生，打破了人是“经济人”的假设，人际关系学说将企业管理侧重于以工作为中心转变为关注“人”对经济效率的影响。行为科学理论着重研究工作组织中的人际关系，通过研究来改善企业中人与人的关系和激励人的积极性，以提高经济效率。第二次世界大战以后，管理科学进入现代管理学阶段，现代管理理论学派纷呈，指导思想上更加关注工作与人的结合。从管理科学的发展来看，关注点虽然有所不同，但不变的主题是由劳资对抗走向劳资合作，逐渐重视人以及人的创造性对企业的贡献，企业家更加注重通过人力资源开发与管理来消解工会的对抗，满足职工自我管理和自我价值实现的需求，新型的职工参与管理方式开始在企业内孕育产生并得以发展。

四、文化传统影响着各国企业民主管理的模式

从各国企业民主管理制度发展的历史来看，文化传统对各国企业民主

管理立法和实践的影响深远，并呈现出不同的模式和特点。例如，欧洲大陆以德国为代表的典型国家，深受法团主义文化的影响，企业民主管理制度特别是劳资共决制度，不仅在实践层面推行而且为法律所规制，立法的社会建构主义理论也推进了企业民主管理立法在实践中的实施。正如韩国学者金秀坤认为的那样，德国的共决制度有自己的历史发展背景，“把德国这样发达的制度直接移植到其他国家是不能够成功的”[①]。再如，日本的“家”“和”文化对日本企业管理影响深远，即使在经济全球化背景下，日本企业面对竞争压力不得不做相应的调整，但是传统文化依然在劳资合作中发挥着不可忽视的作用。而美国崇尚自由的文化传统，反映在立法上是依然保持雇佣自由和解雇自由，也正是这样的以市场调整为主的劳动关系协调模式，孕育出了发达的管理科学，企业主动选择让职工参与管理，但美国的企业民主管理没有通过立法加以规范，职工持股计划说到底也不是真正的职工参与。总之，企业民主管理模式并没有绝对的好坏之分，各国应该根据本国的具体情况选择适合自己的企业民主管理方式。

五、企业民主管理是现代企业发展的必然结果

从世界各国的企业民主管理实践来看，无论是资本主义国家还是社会主义国家，都实行了企业民主管理制度。尽管各国企业民主管理模式差异较大，有采用立法自上而下推进的，也有给予企业自由探索的空间，立法不加以规制的，但无论是哪种模式，都可以看出职工参与企业管理已经成为市场经济国家现代企业制度发展的必然产物。这对于建立和谐稳定的劳动关系、促进效率提升、保障职工合法权益具有积极意义。

国际劳工组织也通过建议书倡导各国在企业层面进行劳资合作。1952年，国际劳工组织通过的《1952年企业合作建议书》(第94号建议书)规定，应采取适当措施，促进企业范围内雇主和工人之间，就不属于集体谈判程序范围或确定就业条件范围的共同关心的问题进行协商与合作。1960年，国际劳工大会又通过了《1960年工业部门和国家一级协商建议书》(第113号建议书)，将民主参与的范围扩大到产业和国家的层面。宏观民主参与立法及实践在各国也有很大的发展，许多国家成立了由雇主、工会、政府

---

① ［韩］金秀坤：《韩国劳资关系》，方振邦译，经济科学出版社2005年版，第418页。

三方参加的协商性或政策咨询性机构。[①]

由此可以看出，通过企业民主管理制度，建立劳资双方合作对话的机制，减少冲突，构建和谐、稳定的劳动关系，是现代企业发展的必然要求和发展趋势。

① 参见常凯主编：《劳动法》，高等教育出版社2011年版，第157页。

第六章　现行企业民主管理立法的现状及存在的问题

经过近百年的理论和实践探索，我国已经建立起相对完整的企业民主管理立法体系，但现行立法还存在一些问题。

第一节　现行立法的基本情况

以下按照法律形式对企业民主管理立法的基本情况进行梳理。

一、宪法

我国宪法在“总纲”部分第二条第二款规定：“人民依照法律规定，通过各种途径和形式，管理国家事务，管理经济和文化事业，管理社会事务。”一般认为这是职工享有参加企事业单位管理权利的宪法依据。

宪法“总纲”部分第十六条第二款和第十七条第二款从国家根本大法的高度规定了国有企业职工实行民主管理的形式是职工代表大会制度，同时对于国有企业的民主管理形式留有探索的空间。而关于集体经济组织的职工民主管理则没有规定形式，但明确其重大决策和选择管理者的核心权力通过职工民主管理来实现，这就明确了集体企业的职工民主管理机构是企业的权力机构。而对国有企业和集体企业以外的其他企业和事业单位的职工民主管理则没有明确规定。但从宪法“总纲”第二条的规定来看，并没有否认其他企事业单位的职工享有民主管理的权利。

二、法律

（一）《企业法》

1988年，全国人大常委会通过了《企业法》。该法制定于计划经济时期，在市场经济条件下已经无法适应经济社会的发展。该法第九条规定，国家保障职工的主人翁地位，职工的合法权益受法律保护，这实际上是表明国家保护职工在企业内的主人翁地位。在保障企业行政领导权的权威地位和保障职工当家作主的制度安排上，一方面设立企业管理委员会，由企业各方面的负责人和职工代表组成，协助厂长决定企业的重大问题，以发挥集体智慧，进行集体决策，同时对厂长（经理）进行监督，另一方面通过职工代表大会制度保障职工当家作主的主人翁地位。根据《企业法》的规定，职工代表大会是企业实行民主管理的基本形式，是职工行使民主管理权力的机构，规定了职工代表大会在重大决策和重大经营事项的审议建议权、与职工利益密切相关事项的审议通过权和对企业行政领导的评议监督权。

该部法律制定于计划经济时期，以国有企业改革为背景，以法律的形式对职工参与企业管理做出规范。它延续了革命根据地时期的企业领导权配置理念，将职工代表大会制度作为企业领导权制度的配置制度。

（二）《公司法》

1.1993年《公司法》关于企业民主管理制度的规定

1993年《公司法》颁布，标志着我国现代企业制度建设步入规范化、法制化的轨道。该部法律保留了传统职工民主管理的形式，即职工代表大会制度，同时规定了职工直接参与管理的新形式，即职工董事和职工监事制度。但职工代表大会制度被限定在国有投资主体投资设立的公司制企业，而其他公司制企业是否实行职工代表大会制度则没有规定，特别是《公司法》施行后，原属于职工代表大会的职权大部分归属股东会。公司制企业的职工代表大会如何运行，其职权是什么，《公司法》并没有规定。职工监事制度广泛适用于所有公司，而职工董事制度的适用范围没有强制性的要求覆盖所有公司，立法规定，国有投资主体设立的公司，职工董事为必设职位，而其他公司是否设立职工董事则由公司章程规定。因而，1993年《公司法》企业民主管理制度的理念依然秉承的是所有制主义，即职工民主管理的基础是国有企业。

2. 2013 年《公司法》关于企业民主管理制度的新规定

《公司法》经过多次修改，企业民主管理制度不断完善，其中 1999 年和 2005 年修改后的《公司法》，涉及企业民主管理制度的部分并没有变化。

2013 年修改后的《公司法》更加注重对工会和职工权益的维护，对职工代表大会制度适用范围没有做限制，这也就意味着《公司法》关于企业民主管理的理念已经跳脱出所有制主义，而是将企业民主管理作为现代企业管理的组成部分。

3. 2018 年《公司法》关于企业民主管理制度的新规定

2018 年修改后的《公司法》第一百四十二条，规定了公司可以收购本公司股份，将股份用于员工持股计划或者股权激励。这是首次以法律的形式规定员工持股计划，尽管历次《公司法》都规定了公司可以回购股份用于职工奖励，但是以法律的形式明确提出员工持股计划则是首次。这为公司实行员工持股计划提供了基础条件。

（三）《劳动法》和《劳动合同法》

《劳动法》和《劳动合同法》作为劳动基本法和劳动协调法，将职工代表大会制度的适用范围扩张为所有的用人单位，从而突破了用人单位所有制形式的限制。

1994 年《劳动法》颁布，明确规定劳动者依照法律规定，通过职工大会、职工代表大会或者其他形式参与民主管理。这就将职工代表大会（职工大会）和集体协商作为职工民主管理的形式。不同于之前的其他立法，《劳动法》并没有对实行职工代表大会制度的企业所有制性质做出限制性规定。

2007 年《劳动合同法》颁布，该法虽没有直接规定职工民主管理，但在规章制度的制定程序中涉及职工代表大会制度，即凡是用人单位制定、修改或者决定直接涉及劳动者切身利益的规章制度或者重大事项时，应当经职工代表大会或者全体职工讨论，提出方案和意见，与工会或者职工代表平等协商确定。这也就意味着所有用人单位都应当建立职工代表大会制度或职工大会制度。《劳动法》和《劳动合同法》还对集体协商、集体合同做出了明确的规定。

(四)《工会法》

1. 1992 年《工会法》关于企业民主管理制度的规定

现行的《工会法》制定于 1992 年,并经过多次修改。1992 年《工会法》重申了职工参与管理国家事务、经济和文化事业的权利,同样规定全民所有制和集体所有制企业事业单位实行民主管理。这就将企业民主管理限定为公有制企业和事业单位,而民主管理的内容为民主管理、民主监督。在法律责任的规定中,规定了职工代表大会制度,同时为其他民主管理形式的实践探索提供了空间。

2. 2001 年《工会法》关于企业民主管理的规定

2001 年修改后的《工会法》突出工会的维权职能,第六条规定将工会组织职工通过职工代表大会或者其他形式参与本单位的民主决策、民主管理和民主监督作为工会维权的重要抓手,在适用范围上突破了公有制企事业单位的限制。但是该条规定工会"依法"组织职工参与民主管理,就修法当时来看,民主管理的范围依然限定为公有制企业事业单位,因而该条规定具有明显的前瞻性。立法在"基层工会组织"这一章中,明确规定了国有企业实行职工代表大会制度,而对集体企业的民主管理形式则没有规定,只是规定职工有参加民主管理和民主监督、维护职工选举和罢免管理人员、决定经营管理的重大问题的权利。同时为国有企业和集体企业以外的企事业单位探索实行与本单位相适应的民主管理形式,预留了空间。与 1992 年《工会法》相比,2001 年《工会法》开始将"民主决策"作为企业民主管理的内容。

3. 2021 年《工会法(修正案)》

2021 年《工会法(修正案)》关于职工民主管理的内容增加了民主选举和民主协商两项。2021 年《工会法(修正案)》虽然引入了用人单位的概念,将社会组织纳入立法进行规范,但是在规定工会推进职工民主管理的适应范围时并没有涵盖社会组织和国家机关,这也就意味着职工民主管理只适用于企业、事业单位。

从历次《工会法》的修改来看,工会组织是我国企业民主管理制度的主要推动者和管理机构,工会在企业民主管理制度的实施中发挥着不可替代的作用。在企业民主管理的适用范围上逐渐突破了所有制的限制,民主管理的内容也逐渐丰富和发展。

此外,《企业破产法》《中外合作经营企业法》《中外合资经营企业法》《安全生产法》等立法也有相关规定。

三、行政法规和部委规章

(一)《职工代表大会条例》

1986年,国务院颁布了《职工代表大会条例》,这是国务院为配合国有企业改革,对职工代表大会制度所进行的立法。该行政法规是在1981年《国营工业企业职工代表大会暂行条例》的基础上修改而成的,该条例详细规定了全民所有制工业企业职工代表大会的职权、组织方式,明确了职工代表大会在全民所有制工业企业中的权力机构地位。

(二)《乡村集体所有制企业条例》和《城镇集体所有制企业条例》

1990年,国务院颁布了《乡村集体所有制企业条例》,企业职工代表大会(职工大会)被赋予意见建议权和评议监督权,但并不是企业的权力机构。其原因在于企业财产属于举办该企业的乡或者村范围内的全体农民集体所有。农民大会(农民代表会议)或者代表全体农民的集体经济组织才是企业权力机构,拥有出资者才享有的资产受益、重大决策和选择管理者的权利。

1992年,国务院颁布了《城镇集体所有制企业条例》,在职工代表大会(职工大会)的职权上做出了与《乡村集体所有制企业条例》不同的规定,规定了集体所有制企业职工代表大会的权力机构地位、组织方式和职权,明确了职工代表大会的重大决策和选择管理者的权利。同为集体所有制企业,乡村集体所有制企业和城镇集体所有制企业职工代表大会的职权差异很大,其原因在于所有权的主体不同。

(三)关于国有企业职工民主管理的行政法规和其他规范性文件

20世纪90年代末至21世纪初,为规范国有企业出售和改制中的职工安置问题,国务院有关部门发布了三个文件,明确职工安置方案应经职工代表大会或职工大会讨论通过,这三个文件分别是1999年国家经济贸易委员会、财政部、中国人民银行联合发布的《关于出售国有小型企业中若干问题意见的通知》,2003年国有资产监督管理委员会发布的《关于规范国有企业改制工作的意见》,2005年国有资产监督管理委员会发布的《关于进一步规范国有企业改制工作的实施意见》。

2000年,国务院发布了《国有企业监事会暂行条例》;2006年,国有资产监督管理委员会制定了《国有独资公司董事会试点企业职工董事管理办法(试行)》;2007 年,国资委党委、国资委发布了《关于建立和完善中央企业职工代表大会制度的指导意见》,指导中央企业职工代表大会制度的建设和运行;2009 年,国资委下发了《董事会试点中央企业职工董事履行职责管理办法》。上述一系列行政法规和规范性文件对国有企业特别是改制后的国有企业的职工民主管理制度具有重要指导作用。

(四)六部门《企业民主管理规定》

2012 年,中央纪委、中央组织部、国务院国资委、监察部、中华全国总工会、全国工商联六部门联合下发了《企业民主管理规定》,该规定将各种所有制性质的企业都纳入其中。这是我国近期公布的全面规范企业民主管理制度的重要规章,全面规定了企业民主管理的形式、组织、职权。这是对多年来企业民主管理理论和实践经验成果的重大总结。虽然从立法层次来看,该规定只是部委规章,但是对指导我国市场经济条件下企业民主管理实践具有非常重要的意义。该规章最大的创新在于明确了市场经济条件下不同类型企业的企业民主管理形式与内容。

四、地方性法规和规章

21 世纪初至今,全国有二十多个省、自治区、直辖市及省、自治区政府所在地的市和国务院批准的较大市,也通过地方性立法规制企业民主管理。一是进行企业民主管理制度统一立法,如《江苏省企业民主管理条例》等;二是采用职工代表大会和厂务公开分别进行立法的模式,如《山东省企业职工代表大会条例》《山东省厂务公开条例》等。

五、中华全国总工会和地方总工会制定的其他规范性文件

其他规范性文件主要是中华全国总工会和各省、自治区、直辖市总工会制定的关于企业民主管理的规范性文件。

由于立法授权企业工会作为企业民主管理的工作机构,中华全国总工会为推进企业民主管理制度,颁布了一系列指导性意见,这些文件在工会组织内部具有规范效力。例如,为配合现代企业制度改革,探索公司制企业的工会工作和职工民主管理工作的开展,1995 年,中华全国总工会发布了《关于加强现代企业制度试点企业工会工作和职工民主管理的若干意见》。

2006年,中华全国总工会发布了《关于进一步推行职工董事、职工监事制度的意见》。2011年,中华全国总工会办公厅发布了《关于规范召开企业职工代表大会的意见》,同年中华全国总工会发布了《关于进一步做好职工代表大会民主评议国有企业领导人员工作的意见》。2012年,中华全国总工会发布了《关于加强公司制企业民主管理工作的意见》。2016年,中华全国总工会制定了《关于加强公司制企业职工董事制度、职工监事制度建设的意见》《关于深入推进非公有制企业民主管理工作的意见》等。

在地方,部分省、自治区、直辖市的地方总工会也制定了相应的规范性文件,例如,2002年北京市总工会制定了《北京市企业民主管理及职工代表大会(暂行)办法》等。

第二节　我国企业民主管理立法的特点

一、立法体系相对完整

我国已经形成了涵盖宪法、法律、行政法规、地方性法规、规章和其他规范性文件在内的较为完整的企业民主管理立法体系,该立法体系呈现出明显的层次性:从立法的模式来看,属于分散立法;从立法层级来看,既有国家根本大法作为法律依据,又有法律《企业法》《公司法》《工会法》的具体规定;既有行政法规,也有地方性法规和规章,还有行业性(工会)规范。我国形成了从抽象原则到具体操作方法、从企业高层民主管理到企业班组[①]的自主管理,上下统属、层次分明的企业民主管理立法体系。

二、确立了以职工代表大会(职工大会)为基本形式的企业民主管理制度

经过近百年的立法和实践探索,从立法到国家政策文件都一再强调职工代表大会制度是职工民主管理的基本形式,形成了以职工代表大会(职工大会)为基本形式的企业民主管理制度,从国有企业、集体企业逐渐延伸到

---

① 《职工代表大会条例》第二十六条规定:"班组的民主管理,由职工直接参加,在本班组的工会组长和职工代表的主持下开展活动,也可以根据需要推选若干民主管理员,负责班组的日常民主管理。"

非公有制企业、事业单位和民办非企业单位。职工代表大会制度已经深入人心，为人们所广泛接受，职工民主管理的意识也逐步提高。对于众多不具备建立职工代表大会条件的中小企业，经过实践探索，立法确立了区域性、行业性职工代表大会的民主管理形式，作为职工代表大会制度的特殊组成部分。

厂务公开、职工董事、职工监事制度作为职工民主管理的形式也逐渐为人们所接受，已经成为我国职工民主管理的重要形式。

三、立法目标和适用范围向着多元化的方向发展

企业民主管理制度在我国经历了从职工"民主管理企业"到职工"参与企业管理"的发展历程，从立法理念到适用范围都已经发生了很大变化。职工参与企业管理，从计划经济时期的只适用于公有制企业到随着市场经济发展的推进逐渐扩展到适用所有类型的企业和事业单位。职工代表大会制度也从作为企业治理结构的重要组成部分，转变为劳动关系的协调机制和为企业发展建言献策的有限的议事制度。立法目标从实现职工当家作主、保障职工的基层政治民主权利，演变为保障职工的政治民主权利、经济民主权利、协调劳动关系、促进企业和谐发展等多重目标。

四、具有较强的软法属性

"软法(soft law)是指由国家制定或者认可的，行为模式未必十分明确，或者虽然行为模式明确，但是没有规定法律后果，或者虽然规定了法律后果，但主要为积极的法律后果的规则体系，这些规则只具有软拘束力，其实施不依赖国家强制力保障，而是主要依靠成员自觉、共同体的制度约束、社会舆论、利益驱动等机制。"①

无论是《企业法》《公司法》《劳动法》《劳动合同法》等法律，还是《职工代表大会条例》《城镇集体所有制企业条例》《企业民主管理规定》等条例与文件都没有明确规定违反职工民主管理法律规则所应承担的相应法律责任。只有《工会法》规定了妨碍工会组织职工通过职工代表大会和其他形式依法行使民主权利的法律责任，但承担责任的方式为"由县级以上人民政府责令改正，依法处理"，对拒不改正的行为怎样处理立法没有做出规定。所谓的

---

① 罗豪才:《公共治理的崛起呼唤软法之治》,《政府法制》2009 年第 5 期。

"依法处理",所依何法也并没有规定,其他法律也没有相应的规定。

地方立法,关于职工民主管理的地方性法规,多数省份设置了相应的罚则,但也多为责令改正、责令限期改正、通报批评或取消企业和法定代表人评优资格等柔性处罚措施。而如《新疆维吾尔自治区职工代表大会条例》《江苏省企业民主管理条例》等,这些条例中存在对企业和企业负责人进行罚款的规定则较少见。

司法实践中尚没有发现通过司法途径进行权利救济的案例。

第三节 现行立法存在的主要问题

尽管职工民主管理法制建设已经取得了很大成绩,法律规范较为完备,但仍然存在诸多问题。

一、立法的理论基础尚不够清晰

20 世纪 80 年代,企业民主管理立法坚持的是"主人翁"理论,之后历次《公司法》的制定和修改都秉承利益相关者理论和企业社会责任理论来设置公司制企业的治理结构,将职工董事监事作为公司制企业独特的企业民主管理形式。而随着市场经济体制的推进,"主人翁"理论已经无法适应企业民主管理理论与实践的需要,显示出各种不适应。2012 年,六部门通过的《企业民主管理规定》,以及各省、自治区、直辖市及省、自治区政府所在地的市和国务院批准的较大市的地方性立法在理论基础上也存在较多的分歧,在理论基础上并没有得到澄清,特别是企业民主管理权利的性质并不清晰。

有学者指出,我国职工民主管理与国外的职工参与并没有本质上的区别。① 如果说有区别也只是民主参与的载体不同,而机制和规则却还是相同的。② 长久以来,我国将职工参与称为"民主管理"。有学者认为,"民主管理"这一称谓更多的是强调管理权即决定权,是一种更高级社会形态下的管理形式,是作为生产资料主人的劳动者与生产资料直接结合的形式,带有直

① 参见刘元文编著:《相容与相悖——当代中国的职工民主参与研究》,中国劳动社会保障出版社 2004 年版(相关章节)。

② 参见蒋一伟:《我的经济改革观》,经济管理出版社 1993 年版,第 621 页。

接管理的性质。[①] 但结合我国目前生产力发展的现状以及劳动者的素质来说，在管理中发挥决定作用的只能是少数人，不可能是占大多数的普通劳动者，因而职工的民主管理也只能停留在"参与"的层次上。

这涉及职工参与企业管理的身份问题，是以"主人翁"的身份参与，还是作为用人单位的"劳动者"参与。这不仅关乎职工参与企业管理的权利配置，还涉及企业民主管理制度的适用范围。现行立法对这些理论问题并没有完全予以澄清。

二、部分立法已不适应市场经济发展的要求

《企业法》《职工代表大会条例》《城镇集体所有制企业条例》等立法制定于计划经济时期。一是这些立法适用范围仅限于全民所有制工业企业和城镇集体企业，当时我国的企业类型主要以全民所有制和集体所有制企业为主，私营企业和外商投资企业所占比例较低，而如今我国非公有制企业的数量已经远远超过了公有制企业，并且随着国有企业改革的深入，按照现代企业制度进行企业管理的模式已经成为主流。《企业法》《职工代表大会条例》《城镇集体所有制企业条例》所规制的企业数量也越来越少，大部分国有企业已经改制成为公司制企业，从今天的实际需要出发，该三部法规关于职工代表大会职权和运行方式的规定已经严重滞后于企业民主管理实践，已经无法适应我国当前企业民主管理发展的需要。二是上述法律法规是基于职工是企业的主人的理念进行的制度设计，是将企业民主管理作为企业领导制度的组成部分来加以规范的，将职工代表大会作为职工当家作主的体现。而如今，无论是理论还是实践已经不再纠结于职工是不是企业的主人、职工是否当家作主等问题，转而关注职工在企业管理中的话语权、在企业决策中的参与权，因而上述法律法规的立法理念、适用范围已经不能适应市场经济发展的需要。

除此之外，现行《工会法》《公司法》虽然制定于市场经济条件下，即使经过历次修改和不断完善，但是关于企业民主管理的规定却还是滞后于企业民主管理实践，不能满足市场经济对企业民主管理实践发展的需要。

---

① 参见常凯主编：《劳动关系学》，中国劳动社会保障出版社 2005 年版，第 320 页。

三、法律法规内部之间存在较多矛盾和冲突

由于企业民主管理立法时间跨度大，从计划经济时期跨越到市场经济时期，企业民主管理理论和实践在三十多年的时间内发生了很大变化，导致新旧立法和上位法与下位法之间存在着较多冲突。主要表现如下。

一是《公司法》出台以后，原《企业法》关于职工代表大会的职权多数归属股东会和董事会，而关于职工代表大会的职权却没有做出相应的规定，这导致“新三会”和“老三会”的职权衔接出现问题。例如，有关规章制度的制定程序，《企业法》和《城镇集体所有制企业条例》规定，单位规章制度的生效必须取得职工代表大会的同意；根据《劳动合同法》规定，则需经职工代表大会或者全体职工讨论，提出方案和意见，通过平等协商确定；而根据《公司法》则只需要听取工会和职工的意见与建议。对照《劳动合同法》和《公司法》的规定可以看到《公司法》并没有集体协商的要求。法律之间虽然会就相同事项做出规定，但却出现不一样的规定，这会导致部分公司制企业抛弃集体协商的程序，从而使得《劳动合同法》关于规章制度规定的共决规则被《公司法》破坏。2021 年新修订的《工会法》规定企业制定涉及职工切身利益的问题时，应当听取工会的意见，这一规定在表述的方式上试图与《劳动合同法》衔接，但是依然存在用听取意见代替集体协商的问题。毕竟听取意见发挥的是咨询建议的作用，而集体协商则意味着劳资共决。在地方，《广东省用人单位劳动规章制度审查备案办法》规定的用人单位制定劳动规章制度应遵循的程序①，则又回到《企业法》的规定上来。

再如，《城镇集体所有制企业条例》《乡村集体所有制企业条例》同为国务院制定的行政法规，规范的都是集体企业，但职工代表大会的地位和职权规定却有着巨大的差异。二者之间的差异在于企业所有权的归属问题。二者同为集体企业虽然并不冲突，立法理念也无差异，但在其他立法形式中，对集体所有制企业的民主管理并没有做区分。

二是 2012 年《企业民主管理规定》和地方立法虽然对职工代表大会的职权做出了规定，但是在《企业法》《职工代表大会条例》没有废止的情况下，就出现了下位法与上位法相抵触的问题。由于上位法已经不适应市场经济发展的需要，企业民主管理在实践中不得不抛弃上位法而遵守下位法，从而损

① 参见胡永霞：《劳动合同法律问题研究》，武汉大学出版社 2016 年版，第 84 页。

害了法律的权威性。

三是法律法规内部也存在着相应的矛盾和冲突。例如,《企业民主管理规定》规定了职工代表的资格,即与企业存在劳动关系是职工代表选任的条件,但同时又规定职工代表中应当有适当比例的劳务派遣职工代表。劳务派遣劳动者与用工单位之间既不存在劳动关系也不存在事实的劳动关系,但却作为用工单位的职工代表参与职工代表大会,因此前后规定存在明显的矛盾和冲突。

四、地方立法的立法理念和适用范围差异较大

1.关于地方性法规或规章的名称不同

对于采用统一立法的多数省、自治区称为"企业民主管理"条例,而河南省将立法名称确定为"企业职工民主权利保障条例",内蒙古自治区称为"职工民主管理条例"。虽然在我国"企业民主管理"和"职工民主管理"几乎在同一意义上使用,但是不能就此认为二者没有差异。笔者认为这不仅涉及在立法理念和立法目标上是将企业民主管理作为企业管理的一种策略,还是职工的一项权利,即职工参与企业的管理不仅是目标还是手段,而且还容易模糊民主管理企业和企业民主管理之间的差异。

2.立法宗旨不同

各省、自治区、直辖市的地方性法规关于立法宗旨的表述,保障职工民主权利和促进企业健康发展是各地立法宗旨的共同之处,但是在职工参与企业管理的功能上有着较大差异,这反映了各地对企业民主管理制度功能定位上的差异。主要有以下三种情形:一是强调职工参与企业管理是加强基层民主政治建设的重要内容。例如,《山东省企业职工代表大会条例》和《山东省厂务公开条例》在立法宗旨上都明确是为了加强企业民主政治建设或基层民主政治建设,保障职工的民主权利而立法。这就明确了职工参与企业民主管理是一项政治权利,而多数省份的立法则并没有明确职工参与企业民主管理是政治民主权利还是经济民主权利。二是强调职工参与企业管理是保护和调动广大职工的积极性、创造性的重要手段。三是强调职工参与企业管理是构建和谐劳动关系的重要方式。

3.适用范围差异较大

关于适用范围,笔者梳理了部分省份的企业民主管理统一立法(见表

6-1)，发现各地都规定适用于辖区内的所有企业，而对于事业单位和民办非企业单位，大多数地方虽没有明确规定，但在附则中规定参照适用或可以参照适用。但是在事业单位的范围，山西省限定为实行企业化管理的事业单位，没有规定民办非企业单位；安徽省限定为非参公事业单位和承担公共事务管理职能的事业单位；河北省则限定为从事公益服务、生产经营类事业单位，并将其他经济组织也纳入参照适用的范围。

表 6-1　部分企业民主管理地方立法适用范围

地方立法	适用范围	事业单位和民办非企业单位的适用
江苏省、宁夏回族自治区、陕西省、浙江省、青海省、贵州省、广西壮族自治区等省、自治区的企业民主管理条例(规定)	企业	事业单位和民办非企业单位实行民主管理，参照本条例执行。
《山西省企业民主管理条例》	企业	实行企业化管理的事业单位的民主管理活动，参照本条例的规定执行。
《安徽省企业民主管理条例》	企业	事业单位和民办非企业单位实行民主管理，参照本条例执行，但参照《中华人民共和国公务员法》管理的事业单位以及法律法规授权的具有公共事务管理职能的事业单位除外。
《河北省企业民主管理条例》	企业	本省行政区域内的教育、卫生、科研以及其他从事公益服务、生产经营类的事业单位、民办非企业单位和其他经济组织参照本条例规定实行民主管理，建立职工代表大会等制度。
《湖北省企业民主管理条例》	企业	本省行政区域内事业单位和建立职工大会制度的企业的民主管理，参照本条例执行。

4.内容上的差异

例如，关于企业民主管理的形式，有的地方将议事会、协商会、恳谈会、联席会也纳入进来。再如，关于集体所有制企业职工代表大会的职权，各地采用了两种不同的立法方式，一种是对集体所有制企业和集体所有制控股企业与国有企业、国有控股企业职工代表大会职权做相同规定，另一种是延续《城镇集体所有制企业条例》关于职工代表大会职权的规定。这不仅仅是立法方式的问题,而是涉及职工代表大会在集体企业中的法律地位问题。因各地立法机构理解上的差异,导致相同类型的集体企业在不同地方的职工代表大会的职权呈现出较大的差异。又如,大多数省份没有把集体协商作为企业民主管理的内容,但《宁夏回族自治区企业民主管理条例》将工资集体协商而非集体协商作为企业民主管理的内容;《江苏省企业民主管理条例》第三十二条规定,企业民主管理中有关平等协商和集体合同适用《江苏省集体合同条例》,即承认集体协商和集体合同属于企业民主管理的范畴。与江苏省做法相同的还有陕西省、浙江省、广西壮族自治区。

五、部分立法过于原则,缺乏可操作性

宪法、法律对企业民主管理的规定过于原则,导致缺乏可操作性。例如,现行《宪法》概括性地规定了国有企业通过职工代表大会和其他形式,实行民主管理。集体经济组织实行民主管理,选举和罢免管理人员,决定经营管理的重大问题。作为国家根本大法的宪法的一些规定过于原则,还可以通过法律和行政法规加以弥补。但是,即使是法律、行政法规和地方性法规也存在着很多过于原则、缺乏可操作性的条款。《公司法》规定,公司依照宪法和有关法律的规定,通过职工代表大会或者其他形式实行民主管理。这里的其他形式是什么不清楚,有关法律是什么也不清楚,这导致公司制企业的职工代表大会在公司制企业中的地位、职权如何运作没有法律依据。又如,董事会、监事会中的职工代表由公司职工通过职工代表大会、职工大会或者其他形式民主选举产生。关于职工候选人的条件、候选人的产生办法、选举的程序等都缺乏规定。特别是职工的范畴缺乏界定,实践中常常将属于雇主身份的管理者选为职工董事和职工监事,从而无法真正代表职工利益,维护职工合法权益。再如,《企业民主管理规定》和一些省份的地方性法规只是概括性地规定了区域、行业职工代表大会制度,但对其组织、运行以及职权范围则未做规定。规定过于原则导致实践中产生较多困惑,从而影响了立法的执行。

六、内容上以监督为重心,轻决策和管理

企业民主管理在内容上包括职工参与用人单位的民主决策、民主管理

和民主监督，我国立法一般也按照这一顺序来表述。但在立法上，以监督为重心，存在重监督、轻决策的倾向，特别是在国有企业职工民主管理形式的规定上更加重视监督权，例如根据《公司法》的规定，国有独资公司和两个以上的国有投资主体投资设立的公司，必设职工董事，而其他公司职工董事则可以设也可以不设。虽然职工董事作为董事会成员享有的是决策权，但实为对国资委委任或聘用的董事进行监督。再如《企业民主管理规定》的制定主体包括了中组部、监察部、中纪委，这些部门都是国有企业领导人的监督者，从立法主体就可以看出企业民主管理制度对职工监督权和监督作用的重视。监督权对保障职工合法权益、防止国有资产流失是必要的，但职工参与企业的管理更应当关注的是保障职工有机会分享企业的决策权和日常经营管理权。

七、权利义务主体不够明确

职工参与企业管理是企业的权利还是企业的义务，即立法对企业民主管理的规定是授权还是设定义务，在《企业民主管理规定》和地方立法出台之前，法律规定并不明确。例如，《宪法》《公司法》的规定是授权还是设定义务不明确，这也就导致了法律责任不清。虽然《劳动法》第八条的规定是对劳动者参与企业管理的授权，但是否必须建立、民主管理的行为主体是企业还是职工并不明确。虽然《工会法》规定企业、事业单位违反职工代表大会制度和其他民主管理制度，工会有权要求纠正，保障职工依法行使民主管理的权利。这里的“违反”指的是应当建立而未建立还是建立了但违反相应的程序，对此的规定并不清晰，权利义务和法律责任的不明确直接影响法的实效。再者，立法规定职工代表大会的工作机构是工会，那是否意味着没有建立工会的企业就免除了建立职工代表大会的义务，立法也没有给予明确的规定。

八、大部分立法没有法律责任规定，缺乏权利救济

法律的生命在于执行，缺乏执行力的法律必然缺乏权威性而流于形式。一项权利从应然的权利转换为实然的权利，首先需要立法的确认；其次需要权利主体具备实现权利的权利能力和行为能力，从法律上讲职工具有权利能力，从应然的意义上说也具有行为能力，如职工代表大会制度是否召开、

什么时间召开、讨论的议题是什么、自己是否能够成为代表等；最后需要相应的法律保障措施，也就是说，当权利受损时直接或通过人民法院、有关执法部门请求对方履行义务的权利，即救济权利。就目前的立法来看，我国企业民主管理立法普遍缺乏救济权利。从立法技术的角度来看是非常不成熟的，企业民主管理立法技术的不成熟表现为法律规范的逻辑结构不完整。与其说企业民主管理法是法，不如说企业民主管理法是政策宣言。尽管立法有硬法和软法的区分，但是作为有着独立调整对象的某一领域的所有立法都是软法，就失去了法的本质特征，在社会生活中的规范作用也必然会大打折扣。

（一）部分法律缺乏法律责任的规定

在现行企业民主管理立法中，《职工代表大会条例》和《企业民主管理规定》从立法结构上来看，缺乏法律责任的规定，对于违反职工代表大会设置要求和职权的行为，缺乏相应的法律责任。

《企业法》《城镇集体所有制企业条例》虽然规定了法律责任，但却没有规定违反职工代表大会制度的处罚措施，同样没有规定违法的救济措施。对于应当建立而未建立，或者虽然建立没有依法运行的，立法没有任何处罚措施。《公司法》对于应当设置职工董事和职工监事而没有设置的公司，也没有规定应当承担什么样的法律责任。这有违立法的逻辑结构要求，从立法技术上来说是不完整的。立法一方面规定这是职工的权利，另一方面又不规定义务主体和义务主体违反义务的法律责任，这样的立法只有宣示效果，不具有强制执行力。

（二）地方立法法律责任模糊，缺乏可操作性

从地方立法的规定来看，地方性立法都努力通过法律责任的规定，促使立法得到实施。但是在法律责任的规定上，非常模糊导致无法执行，如《山东省企业职工代表大会条例》规定，企业及其工作人员违反本条例规定的八种情形时，工会或者有关当事人有权要求县级以上人民政府以及有关部门依法处理。法律责任为“依法处理”，依据什么法律做出什么处理、怎么处理、由哪个部门来处理却并没有规定，也没有其他相应的立法做出规定，这使得该法律责任的规定没有起到实际作用。

再如，《江西省厂务公开条例》规定了企业、事业单位和民办非企业单位九种违法行为的行政责任，即给予通报批评并责令限期改正，对拒不改正的

对厂务公开责任人依法进行处理。但怎么处理、所依何法则没有规定。与此相同的还有《宁夏回族自治区厂务公开条例》，规定对违反条例规定的六种情形给予通报批评，责令限期改正；拒不改正的，按照有关规定予以处理。至于“有关规定”是什么规定没有说明，怎么处理也不清晰。《山东省厂务公开条例》也有类似规定，单位及其工作人员违反本条例规定的七种情形，根据情节轻重，给予通报批评，并责令限期改正；拒不改正的，取消单位、法定代表人或者责任人年度评先评优资格和荣誉称号；违反有关法律、法规的，依法追究法律责任。所依何法、追究什么责任同样没有说明。

（三）柔性规定多，缺乏刚性约束

一方面，法律责任的规定照抄《工会法》的较多；另一方面，地方性立法关于法律责任的承担主要为责令改正、限期改正、取消评优资格、记入诚信档案等柔性规定。例如，《上海市职工代表大会条例》在具体的救济措施上规定，对违反本条例规定引发群体性劳动纠纷的企事业单位，以及工会开具劳动法律监督处理建议书的企事业单位，依法进行调查处理，督促在三十日内予以改正。也就是说，救济措施为督促改正。逾期仍不改正的，纳入市公共信用信息服务平台。有其他违反本条例规定的，责令改正，对企事业单位法定代表人和有关责任人给予批评教育；拒不改正的，依法处理。《山东省企业职工代表大会条例》同样做出了“依法处理”的法律责任，但同样缺乏可依之法；不同的是《上海市职工代表大会条例》规定了督促改正，对拒不改正的予以信用曝光。

法律责任的模糊和柔软导致目前我国企业民主管理的权利和义务停留在“道德权利义务”这一范畴，而通过立法规定“道德的权利义务”这是不符合立法规则的。法律的生命力在于执行，缺乏可诉性的权利义务就不具有执行力。《湖北省企业民主管理条例》甚至规定，对压制、妨碍、阻挠职工依法行使民主管理权利，对职工、职工代表和工会工作人员打击报复的，责令限期改正；逾期不改正的，予以通报批评，并取消当年评选荣誉称号的资格。这样软弱无力的法律规定根本无法起到保障职工民主管理权利的作用。广西壮族自治区也做出了相似的规定。

采取罚款等措施对违反企业民主管理法律法规进行处罚的地方性立法极为少见。较有代表性的如《新疆维吾尔自治区职工代表大会条例》，规定了相应的行政责任，即责令改正、通报批评、罚款，对企业实行双罚制，即对企事业单位和企事业单位的法定代表人进行同时罚款。《江苏省企业民主管理条例》对于企业拒绝召开职工代表大会等情况的规定比较严厉，除了规定责令其限期改正之外，对逾期不改正的，还规定对企业和企业法定代表人或者主要负责人以及其他责任人员处以罚款。虽然罚款的数额对于企业来说不大，尤其对责任人员的处罚数额更小，难以真正形成威慑，但是法律责任对法律执行的重要性在于责任的必不可免，而非法律责任的严厉性，这种处罚不仅对企业来说增加了违法的经济成本，而且也会形成舆论上的压力，从而更有利于法规的执行。

（四）缺乏司法救济途径

在司法实践中，由于上述立法原因，鲜有职工以职工民主权利受损要求处理的案例，单纯要求确认职工代表大会决议无效的诉讼也鲜有出现。但是在企业以严重违反单位规章制度为由辞退职工引发的案件中，劳动仲裁委员会和人民法院往往需要审查规章制度的合法性。在程序合法性审查中，一般会审查是否经职工代表大会或职工大会讨论，是否经过集体协商和公示，但职工代表大会的开会程序是否合法却并没有列入审查范围，这就使得职工参与企业管理的救济措施无论是在立法层面还是在司法实践层面都无法得到实施。

《工会法》第 19 条规定了工会有权纠正企事业单位违反职工民主管理制度的行为，但没有规定相对应的企业、事业单位的义务。工会有权对违规行为提出异议，要求纠正，但是企业、事业单位却没有法律上的义务听从并纠正，而且法律也没有对企事业单位拒不纠正的行为采取任何制裁措施。一般而言，企业、事业单位为了自己利益的最大化，在没有强制力保证实施的情况下是不会主动接受工会的要求纠正违规行为的，从而最终导致当职工民主管理权利受到侵犯时，救济无门，于法无据。同样，工会认为企业、事业单位对职工的处分不适当的，有权提出意见。但是，法律却没有明文规定企业、事业单位是否有接受其意见的义务。《工会法》第二十条第四款规定，企业违反集体合同，侵犯职工劳动权益的，工会可以依法要求企业承担责任。但是，缺乏企业不承担责任时有关法律制裁的规定。①

① 参见李英、王棣、瞿彬彬：《中外工会法比较研究》，知识产权出版社 2011 年版，第 58 页。

第七章　我国企业民主管理制度及存在的问题

我国当前已经形成了以职工代表大会为基本形式的企业民主管理制度，内容涵盖对决策权、日常经营管理权的参与和对企业经营管理权的监督。本章将按照企业民主管理的不同形式进行阐述。

第一节　职工代表大会制度

职工代表大会制度经过几十年的发展，呈现出广泛的代表性，拥有法律的权威性和完整的组织体系，并从公有制企业逐渐扩展到适用所有类型的企业，立法相对完备，形成了包括宪法、法律、行政法规、地方性法规和规章在内的立法体系，但是由于立法时间跨度大，在有关问题上的认识上还存在分歧，立法之间的矛盾和冲突依然存在，有关内容还有待完善。

一、现行立法关于职工代表大会制度的规定

《宪法》对国有企业实行职工代表大会做了规定。《企业法》对全民所有制工业企业职工代表大会制度做了较为详细的规定。《工会法》对国有企业实行职工代表大会制度做了明确规定，对其他企业是否实行职工代表大会制度则没有做明确的规定。《公司法》历经多次修改，对公司制企业实行职工代表大会制度的范围从国有投资主体投资的有限责任公司逐渐扩展到不对公司出资者的所有制形式加以限制。《劳动法》《劳动合同法》则突破了职

工代表大会制度适用范围对所有制的限制。《职工代表大会条例》《城镇集体所有制企业条例》《企业民主管理规定》和地方性法规则对职工代表大会制度做了更为详细的规定。此外,中华全国总工会和国务院国资委还对职工代表大会制度做了相应的规定。教育部对学校职工代表大会制度也做了规范。

二、职工代表大会制度立法存在的主要问题

(一)适用范围存在争议,立法之间矛盾和冲突多

由于职工代表大会制度立法时间跨度大,适用的企业由公有制逐渐扩展到适用所有性质的企业,但对于是否适用企业以外的其他用人单位,分歧较大。

1.现行立法对适用的用人单位范围缺乏统一性

《劳动合同法》第四条关于规章制度的规定中,间接对职工代表大会的适用范围没有做限制,也即所有用人单位都要实施职工代表大会制度或职工大会制度。2021 年新修改的《工会法》对职工代表大会的适用范围依然只规定了国有企业,对其他企业是否适用没有做出明确规定。《工会法》第三十九条在用人单位规章制度制定的程序上,一方面采用了与《劳动合同法》相衔接的规定,如涉及的事项和用人单位的范围与《劳动合同法》一致;另一方面却做出和《劳动合同法》不同的规定,没有规定需要职工代表大会或职工大会讨论,也没有规定需要通过平等协商确定,这就给企业在实践中带来执行的困惑。

根据《企业民主管理规定》职工代表大会制度的适用范围为企业,对事业单位、民办非企业单位和其他社会组织是否适用没有规定。地方立法关于职工代表大会的适用范围有以下几种情况:一是规定适用企事业单位,或适用企事业单位但排除参公管理的事业单位;二是适用企业,事业单位参照执行;三是适用企业以及民办非企业单位或适用上述范围的同时排除参公管理的事业单位;四是适用企业、事业单位、民办非企业单位及其他经济组织(见表 7-1)。

表 7-1　部分地方立法关于职工代表大会制度适用范围的规定

立法名称	适用范围	备注
《甘肃省职工代表大会条例》	企业、事业单位	参照公务员法管理的事业单位不适用
《黑龙江省企业事业单位职工代表大会条例》	企业、事业单位	
《四川省职工代表大会条例》	企业、事业单位	民办非企业单位和其他经济组织参照执行
《湖南省职工代表大会条例》	企业、事业单位以及民办非企业单位	参照公务员法管理的事业单位不适用
《江西省职工代表大会条例》	企业、事业单位以及其他组织	参照《中华人民共和国公务员法》管理的事业单位不适用
《辽宁省职工代表大会条例》	企业、事业单位	参照公务员法管理的事业单位不适用
《山东省职工代表大会条例》	企业	事业单位参照执行
《上海市职工代表大会条例》	企业、事业单位以及民办非企业单位	
《西藏自治区职工代表大会条例》	企业、事业单位、民办非企业单位及其他经济组织	
《新疆维吾尔自治区职工代表大会条例》	企业、事业单位、民办非企业单位及其他经济组织	

2.地方立法关于适用职工代表大会还是职工大会制度的条件差异大

《企业法》《职工代表大会条例》《企业民主管理规定》对适用职工代表大会制度和职工大会制度的条件没有做明确的规定。大多数地方立法根据职工人数规定了适用职工代表大会或者职工大会的条件，但不同地方的规定差异较大(见表 7-2)。

表 7-2 部分立法关于员工规模与职工代表大会(职工大会)适用的规定

立法名称	职工大会	职工代表大会或职工大会	职工代表大会
《企业民主管理规定》	企业可以根据职工人数确定召开职工代表大会或者职工大会		
《新疆维吾尔自治区职工代表大会条例》	50 人以下	50 人以上不足 100 人	100 人以上
《西藏自治区职工代表大会条例》	没有规定	50 人以下	50 以上
《黑龙江省企业事业单位职工代表大会条例》	不足 100 人		100 人以上
《湖南省职工代表大会条例》	不足 50 人	50 人以上不足 100 人	100 人以上
《江西省职工代表大会条例》	没有规定	100 人以下	100 人以上
《辽宁省职工代表大会条例》	100 人以下	100～300 人	300 人以上
山东省、上海市、四川省、甘肃省的职工代表大会条例	不足 100 人		100 人以上
《山西企业民主管理规定》	不足 100 人	100～200 人	200 人以上
《海南省企业民主管理条例》	根据职工人数确定召开职工代表大会或者职工大会		
《内蒙古自治区职工民主管理条例》	没有规定实行职工代表大会或者职工大会的员工规模		

(二)职工代表大会(职工大会)职权各地规定差异较大

鉴于 20 世纪 80 年代的立法已经难以适应市场经济社会发展的需要，所以这里不再探讨。而以《企业民主管理规定》和地方立法为主，探讨职工代表大会的职权。概括起来，职工代表大会(职工大会)的职权主要包括知情权、审议建议权、审议决定权(通过权)、评议监督权、民主选举权。不同所有制单位的职工代表大会(职工大会)职权有着较大差异。《企业民主管理规定》与地方立法大多采用国有及国有控股企业、集体企业、其他企业以及事业单位分别规定的方式，但在审议建议权和审议通过(决定)的事项上有着较大的差别。

1.审议建议权和审议通过权所涉事项范围不同

审议建议权和审议通过权的差异在于职工对企业管理参与程度是不同的。审议建议权是一种浅层次的参与，但也是一种基础层次的参与，其他层次的参与往往以这一层次的参与为起点，审议建议权的核心是知情和建议。审议通过权，又可以称为“审议决定权”，也可以否决，最终体现的是劳资共决。审议建议的事项和审议通过的事项应有所不同。但我们现行立法在审议建议和审议通过的事项上存在不同意见，如社会保险费的缴纳和调整方案，根据《企业民主管理规定》职工代表大会有审议建议权，甘肃省则规定有审议通过权；再如与职工利益密切相关的规章制度，《企业民主管理规定》《甘肃省职工代表大会条例》赋予职工代表大会审议建议权，而江西省、云南省则规定职工代表大会有审议通过权。

2.集体所有制企业职工代表大会的职权，不同立法之间差异较大

关于集体所有制企业职工代表大会的职权规定，有三种不同的立法模式：第一种是单独就集体所有制企业职工代表大会的职权做出与《宪法》和《城镇集体所有制企业条例》相一致的规定，如江西、辽宁、云南、山东、四川等省；第二种是单独规定集体和集体控股企业职工代表大会职权，如新疆维吾尔自治区、西藏自治区等；第三种是将集体所有制企业、集体所有制控股企业与国有企业、国有控股企业一起规定，如甘肃省、上海市等。各地立法模式的不同并不意味着仅仅是语言文字上的不同处理，这反映了不同地方立法机构对集体所有制企业职工代表大会在集体所有制企业内部决策中地位和作用的不同理解。

《城镇集体所有制企业条例》规定，职工代表大会是城镇集体所有制企业的最高权力机构。资产收益、重大决策和选择管理者这三项权力均被赋予职工代表大会。这样的规定，在城镇集体所有制企业初创时期是合适的，因为集体所有制企业的职工同时也是出资的集体成员，职工代表大会承担着职工自治的功能。但是，在今天，无论是改制后的集体所有制企业，还是没有改制的集体所有制企业，职工来源的多元化导致企业的职工未必全都是集体成员，甚至很少职工是集体成员，因此，不是集体成员的职工构成的职工代表大会，拥有投资者才应当拥有的决策权，是不符合法理要求的。

（三）不同立法关于“职工代表的构成”规定差异大

关于职工代表的构成，不同法律文件的表述存在差异，特别是一些表述

的内涵外延不清晰，给实践中的企业带来执行的困惑(见表7-3)。如表7-3中“其他方面的职工”指的是哪些职工没有明确说明；再如有关管理人员的表述，有表述为“行政领导干部”的，有表述为“正副职负责人”的，还有称为“中层以上管理人员和领导人员”的，其内涵和外延均不够清晰，这给了用人单位任意解释的机会。

表7-3　部分法律文件关于职工代表构成的规定

法律文件	职工代表构成	行政领导干部比例	特殊人员
《企业职工代表大会条例》	工人、技术人员、管理人员、领导干部和其他方面的职工	企业和车间、科室行政领导干部一般为职工代表总数的1/5	
《关于建立和完善中央企业职工代表大会制度的指导意见》	一线工人、技术人员和管理人员	正副职负责人担任的职工代表，一般不超过代表总数的25%；子企业数量多、分布广的，一般不超过代表总数的35%	劳模先进人物、青年职工和女职工应占适当比例
《企业民主管理规定》	工人、技术人员、管理人员、企业领导人员和其他方面的职工	企业中层以上管理人员和领导人员一般不得超过职工代表总人数的20%。	应当有适当比例的女职工和劳务派遣职工代表

地方立法关于职工代表构成的规定更是多种多样(见表7-4)。

表7-4　部分地方职工代表构成比例

省市	一线职工比例	中层以上管理人员比例	备注
湖南省	不低于50%	不超过20%	
黑龙江省		不超过25%	
上海市		不超过20%	
辽宁省	不低于70%	不超过20%	
西藏自治区	不低于60%	不超过30%	
江西省	不低于50%	20%	一般管理人员不超过30%
山东省	不低于70%	没有规定	
四川省	不低于50%	不超过25%	

虽然地方立法可以结合本地实际进行一定程度的变通，但是在职工代表构成的比例规定上并不是根据本地实际所做的规定，从而导致地方立法不够严谨。

（四）对职工代表大会和职工大会的职权没有加以区分

有的立法规定企业根据职工人数确定实施职工代表大会制度或职工大会制度，但在立法中只规定了职工代表大会的职权，对职工大会的职权却只字未提。有的地方立法则规定职工大会的职权与职工代表大会的职权相同。笔者认为，职工代表大会的职权与职工大会的职权完全相同并不利于企业科学管理和决策。职工代表大会采用的是职工代表代表全体职工参与管理的方式，职工代表是从具有一定的议政和管理能力的职工中选举出来的；而职工大会由全体职工构成，不同职工的议政和管理能力差异较大，部分职工存在受教育程度低、议政和管理能力差的问题。职工代表大会的职权与职工大会的职权完全相同未必有利于企业的发展，在具体职权的规定上应有所区别。

（五）职工代表的选任条件立法规定不够具体

《企业民主管理规定》对职工代表的资格，只设定了一个条件，即与企业存在劳动关系。上海市规定，企事业单位的职工可以当选为职工代表。山东省、江西省规定了两个条件，即依法享有政治权利和与企业建立劳动关系。辽宁省规定，依法享有政治权利并与本单位建立劳动或者人事关系的职工有资格当选为本单位的职工代表。四川省规定，按照法律规定与企业、事业单位建立劳动关系或者聘用关系的职工可当选为职工代表。

总之，由于各地立法适用范围不同，表述也有所差异，但概括起来主要有两种立法模式：一是只要存在劳动关系或工作关系的职工均有资格当选为职工代表；二是除了存在劳动关系或工作关系之外，还需要具有政治权利才能当选为职工代表。

从现行立法来看，对职工代表的选任资格规定得过于简单。职工代表的选任资格至少应包括积极资格和消极资格。积极资格即具备哪些条件可以担任职工代表，消极资格即具备哪些条件应排除其作为职工代表。如外国人能否担任职工代表、受过一定处分的职工能否担任职工代表、刚刚入职的职工能否担任职工代表等，现行立法对这些情况没有做出规定，从而难以保障职工代表的履职能力和道德操守。

对职工代表的罢免条件也缺乏规定,《企业民主管理规定》没有规定职工代表的罢免条件。很多省份对职工代表的罢免条件缺乏规范,只是规定了罢免程序,如辽宁省规定,选区半数以上职工联名书面向工会提出罢免职工代表建议的,经工会核实后,宣布罢免成立。这仅是程序条件,对实质条件则没有加以规定。罢免的程序要件,各地方立法也缺乏详细的规定。有的规定由职工代表大会确定,有的规定由所在单位工会规定。

(六)职工代表大会的工作机制不够健全

职工代表大会的工作方式是开会,分为定期会议和临时会议,会议的召集和举行需要占用工作时间,涉及的面也较为广泛。立法规定,定期会议至少每年举行一次,根据需要可以召开临时会议。临时会议虽然可以解决定期会议不足的问题,但是由于会议举行的时间安排和成本问题,临时会议不可能很多。在日常管理中,职工民主参与需要一个常设机构,以便在职工代表大会闭会后继续开展工作。现行立法对职工代表大会闭会期间有关事务的处理做出了不同的规定。《企业民主管理规定》规定,由企业工会委员会负责组织专门委员会(小组)和职工代表就企业职工代表大会决议的执行情况、职工代表大会提案的办理情况、厂务公开的实行情况等,开展巡视、检查、质询等监督活动。也就是说,职工代表大会闭会期间,继续进行职工民主管理限于民主监督。山东省规定,职工代表大会闭会期间需要临时解决的问题由企业工会组织召集职工代表团(组)长和专门委员会或者专门小组负责人联席会议协商处理,并提请下一次职工代表大会确认。上海市规定,职工代表大会闭会期间,对需要及时处理的重要事项,召开由职工代表团(组)长、专门小组(委员会)负责人、主席团成员、工会委员会委员组成的联席会议进行协商处理。山东省和上海市规定了职工代表大会闭会期间的民主协商,采用的组织形式是联席会议。但职工代表团(组)长、民主管理专门小组(委员会)负责人的产生办法立法缺乏规定,这使得联席会议组成人选的代表性受到质疑。

(七)公司制企业职工代表大会与股东会、董事会决策事项缺乏衔接

在公司制企业中,职工代表大会和股东会、董事会的部分职权范围有交叉。例如,根据《公司法》规定,董事会负责制订公司的年度财务预算方案、决算方案。根据《企业民主管理规定》中的规定,职工代表大会听取和审议财务预算决算方案,并提出意见和建议,股东会审议批准公司的财务预算方

案、决算方案。这就要求职工代表大会、董事会和股东会相互之间有效衔接,这样才能发挥职工代表大会的作用。正是由于立法对这三者之间的衔接缺乏规定,导致实践中一些公司制企业职工代表大会流于形式,甚至不召开职工代表大会,剥夺了职工参与公司制企业管理的权利。

此外,现行立法关于行业性区域性职工代表大会制度的规定较为概括,如对众多企业中职工代表是如何产生的缺乏规定,缺乏可操作性。

第二节　厂务公开制度

厂务公开是20世纪90年代中期首先在国有企业出现的民主参与新形式。随着国有企业改制的推进,针对国有企业改制中对职工合法权益的保护和对国有资产的监督,引入了厂务公开制度。

一、现行立法关于厂务公开制度的规定

1999年,中共中央纪律检查委员会、国家经济贸易委员会、中华全国总工会联合下发了《关于推行厂务公开制度的通知》。2002年,中共中央办公厅、国务院办公厅《关于在国有企业、集体企业及其控股企业深入实行厂务公开制度的通知》(中办发〔2002〕13号)具体规定了厂务公开的原则、要求和组织领导,该通知是厂务公开制度的主要政策依据。厂务公开开始逐渐成为国有、集体企业以及控股企业职工民主管理的形式,厂务公开也逐渐成为事业单位的一项制度。公开的事务范围主要包括四个方面的内容:企事业单位重大决策问题、企事业单位生产经营管理方面的重要问题、涉及职工切身利益方面的问题以及与企业领导班子建设和党风廉政建设密切相关的问题。其核心是满足职工的知情权和监督权。在组织建设方面,各级政府组建了由党委、政府、有关部门以及工会组织共同组成的厂务公开领导办公室(小组),负责领导并推动各基层组织开展厂务公开工作。企业厂务公开工作一般由企业党委领导,企业行政为实行厂务公开的主体,并在企业里建立由党委、行政、纪委、工会负责人组成的厂务公开领导小组,企业工会作为具体执行机构,负责日常事务的处理。

《企业民主管理规定》明确规定了厂务公开的形式、责任人、原则、公开

的事项等内容。在地方，各省、自治区和直辖市制定了厂务公开条例，或者制定企业民主管理规定，对地方的厂务公开制度进行规范。在公开的事项上，各地多数采用区分公有制和非公有制企业确定公开的事项。

二、厂务公开制度存在的问题

（一）厂务公开的适用范围存在争议

《企业民主管理规定》和各地方的立法关于厂务公开的适用范围存在一定分歧，主要有三种情况：一是适用企业，二是适用企事业单位，三是适用企事业单位和民办非企业单位。值得一提的是，2002 年的《广东省厂务公开条例》将实行厂务公开制度的企业限定为国有、集体企业及其控股企业，从而将非公有制企业排除在外，导致不同性质的企业民主管理形式不同。

（二）厂务公开调整空间和调整效力都相对较弱

厂务公开在内容上沿袭了职工代表大会制度的基本要领，其目的也是让职工能够参与企业运行决策，但其发挥作用的领域仅仅局限于职工的知情权，因而与职工代表大会制度相比，其调整空间和调整效力都相对较弱。

（三）厂务公开在实践中存在着一定的形式主义

在厂务公开的时候，正面宣传的信息公开多于负面信息公开，经营管理正常时信息公开好于企业改制时的信息公开，信息公开的宣传功能大于监督功能，公开企业决策和运行结果多于公开决策及运行过程。厂务公开也能在基层产生更好的效果，因为基层如车间、班组等信息公开可以使工作协调、团队沟通更加顺畅，且信息透明、真实，所以职工的参与度也高。

第三节　职工董事、职工监事制度

一、现行立法关于职工董事、职工监事的规定

职工董事、职工监事制度是职工直接深度参与管理的方式。关于职工董事制度，现行《公司法》规定，国有独资公司和两个以上国有投资主体投资设立的有限责任公司，其董事会成员中应当有公司职工代表；其他有限责任

和股份有限公司董事会成员中可以有公司职工代表。职工董事通过职工代表大会、职工大会或者其他形式民主选举产生。公司设监事会，职工监事的比例不得低于监事会总人数的三分之一，具体比例由公司章程规定。职工监事与职工董事产生途径一样。

二、职工董事、职工监事制度存在的问题

（一）职工董事、职工监事的具体选举办法缺乏详细的规定

《公司法》对职工董事、职工监事的任职条件、选举罢免程序、权利义务缺乏规定。这导致实践中，职工董事、职工监事的产生往往被管理层所控制，大多由公司的管理层指定，职工董事、职工监事很难真正代表职工的权益。

2000 年 2 月 1 日，国务院通过《国有企业监事会暂行条例》，对职工监事的设立做出规定，以弥补《公司法》规定的不足。2006 年 3 月 3 日，国务院国有资产监督管理委员会制定了《国有独资公司董事会试点企业职工董事管理办法（试行）》，5 月 31 日，中华全国总工会先后发布了《关于进一步推行职工董事、职工监事制度的意见》（总工发〔2006〕32 号），之后陆续发布了《关于加强公司制企业民主管理工作的意见》（总工发〔2012〕78 号）《关于加强公司制企业职工董事制度、职工监事制度建设的意见》（总工发〔2016〕33 号）等规范性文件以弥补《公司法》规定的不足，对职工董事、职工监事的产生、选举和罢免程序以及权利义务做出规定，但是毕竟不是立法，其规范作用有限。此后，各地陆续进行立法，但是各不相同，如关于职工董事、职工监事的人数各地对此规定的差异较大，具体人数的设置缺乏理由且设置的过于随意。

《企业民主管理规定》设专章对职工董事、职工监事制度做出了规定。但从现行立法的规定来看，在有关规定上存在较大差异，如职工董事、职工监事的人选上，有的规定必须由一线职工担任，还有的规定必须为工会主席和副主席。例如，《企业民主管理规定》一方面规定，职工董事、职工监事候选人由公司工会根据自荐、推荐，在充分听取职工意见的基础上提名，经职工代表大会全体代表的过半数通过当选；但另一方面又规定工会主席、副主席应当作为职工董事、职工监事候选人人选。这与中华全国总工会的规定基本一致。明确工会主席副主席的候选人资格，实际上就推翻了自荐和推荐的程序，会出现工会主席、副主席主导选任自己作为职工董事、职工监事

候选人的情况，很难保证候选人产生的民主性，并且工会主席的选任标准和职工董事、职工监事的选任标准并不一致。这种规定完全忽视职工董事、职工监事的企业管理能力要求。

再如，根据《企业民主管理规定》，职工董事、职工监事不履行职责或者有严重过错的，经三分之一以上的职工代表联名提议，职工代表大会全体代表过半数通过可以罢免。对于不履行哪些职责，严重过错是哪些，《企业民主管理规定》没有做出明确的规定。应当建立职工董事、职工监事制度的企业，没有按照规定设置职工董事、职工监事，是否应当承担法律责任和承担什么样的法律责任，立法也没有规定。

（二）职工董事、职工监事的代表性和任职能力难以保障

根据中华全国总工会文件和《企业民主管理规定》，公司工会主席、副主席应作为职工董事、职工监事候选人人选。同时规定，公司高级管理人员不得作为职工董事、职工监事，但在实践中，很多公司的工会主席和副主席由高级管理人员兼任，从而使得职工董事、职工监事的职工代表性不强。而在工会主席不是由高级管理人员兼任的情况下，工会主席并不一定有专业管理能力，特别是不具有对公司整体管理的能力，此种情况下工会主席担任职工董事、职工监事，会出现缺乏决策能力的人参与决策的情况，从而影响决策的效果。这也是非国有公司抵制设置职工董事的重要原因之一。

再者关于董事、监事的报酬，《公司法》规定由股东会（大会）决定。但对于职工董事、职工监事的报酬问题没有做出特别规定。有学者担心职工董事、职工监事的报酬由股东会（大会）决定，会影响职工董事、职工监事对职工代表大会的忠诚度。职工董事、职工监事根据股东会（大会）的决定领取报酬可能会滋生腐败。[①]

（三）不同所有制企业职工董事设置要求不同

按照现行《公司法》的规定，国有独资公司和两个以上国有投资主体设立的有限责任公司必须建立职工董事制度，这主要是因为国有公司内部治理的特殊性，所有权主体是以委托代理人的身份组成董事会，委托代理人的职业操守会直接影响国有资产的收益或流失，职工董事的加入可以起到一

① 参见杨冬梅：《平衡与和谐：转型期工会与劳动关系问题研究》，光明日报出版社 2013 年版，第 114 页。

定的监督作用，职工董事所代表的职工的利益与公司的利益是一致的，维护了公司的利益也就维护了职工的利益和国家的利益，因而这样的设置有其合理性。但是，实践中其他公司很少设立职工董事制度。这使得职工无法通过职工董事制度防止大股东滥用权力，损害公司利益进而损害职工利益，从而造成国有公司和非国有公司职工参与公司机关管理的权利不平等。这反映了立法的价值取向，职工董事制度的设置更为重视对国有资产的保护，而对职工权益维护的功能则不够重视。

由于我国监事制度的设置是并行的双层委员会制，监事制度的监督作用本来就存在问题，而且职工监事只占监事的三分之一，其监督作用被弱化。职工董事、职工监事制度只能在一定范围内起到维护职工合法权益的作用。

（四）职工董事、职工监事的权利义务规定不够明确

职工董事、职工监事与普通董事、监事在董事会和监事会中行使的表决权相同。普通董事监事对股东会（大会）负责，而职工董事、职工监事对职工代表大会（职工大会）负责，在权利义务上应有所区别。但对于职工董事、职工监事的权利义务，《公司法》并没有做特别规定。

中华全国总工会《关于进一步推行职工董事、职工监事制度的意见》（总工发〔2006〕32 号）和《关于加强公司制企业职工董事制度、职工监事制度建设的意见》（总工发〔2016〕33 号）对职工董事、职工监事的权利和义务做出了规定。2012 年的《企业民主管理规定》在中华全国总工会两个意见的基础上规定了职工董事、职工监事的义务，并对职工董事、职工监事的任职保障条件做了规定。如规定，除法定情形外，公司不得解除职工董事、职工监事的劳动合同，但是对劳动合同期限短于职工董事、职工监事任期的，是否延迟劳动合同期限没有做出规定。

第四节　工会参与制度

一、现行立法关于工会参与制度的规定

工会的参与有广义和狭义之分，广义的工会参与包括三个层次上的参

与，即参与国家和社会事务的管理、参与劳动关系三方协商机制、参与企业的管理。狭义的工会参与仅指参与企业管理。本书采用广义的概念。

(一)参与国家和社会事务的管理

《工会法》第五条规定，授权工会组织和教育职工参与管理国家事务、管理经济和文化事业、管理社会事务的权利。这一规定是对工会参与国家和社会事务管理的概括性授权。具体来说，参与国家和社会事务管理主要涉及参与立法；参与制定劳动政策；对涉及职工利益的重大问题，代表职工反映职工的意见和建议。《工会法》第三十四条和第三十五条明确规定，工会在参与制定、修改直接涉及职工切身利益的法律法规和规章时应当听取工会意见，县级以上人民政府应当创造条件研究解决工会反映的职工群众的意见和要求。

2004 年 12 月 15 日，国务院办公厅发布了《关于深入贯彻工会法支持工会工作的通知》(国办发〔2004〕90 号)，该通知涉及工会参与的内容有三个方面：一是完善民主参与机制，凡研究制定涉及职工切身利益的法律法规、国民经济和社会发展战略、发展规划，要听取工会组织的意见；县级以上地方政府向同级工会通报政府的重要工作部署和与工会工作有关的政策措施，研究解决工会反映的职工群众的意见和要求。二是工会有权对政府制定与采取职工利益直接相关的政策措施提出意见建议；国有(控股)企业改制方案，必须提交职工代表大会(职工大会)审议，并听取工会的意见。三是凡召开涉及职工利益和权益保障方面的会议，以及开展安全生产监督检查、事故调查处理等工作，工会有权参加；评选、表彰劳动模范等有关工作，要与工会共同研究并组织实施。[①]

(二)参与劳动关系三方协商机制，研究解决劳动关系的重大问题

1.劳动关系三方协商机制的产生和法律规定

三方协商是国际上公认的处理劳动关系的基本原则。1960 年，国际劳工组织《工业部门和国家一级协商建议书》倡导在产业范围和全国范围内按照三方原则进行有效的协商和合作。1976 年，国际劳工组织通过了《三方协商促进实施国际劳工标准公约》，该公约确立了劳动关系协调的三方协商原

---

① 参见中国工会年鉴编辑部编：《中国工会年鉴(2005)》，中华全国总工会主办 2005 年版，第 18 页。

则，推动三方协商机制逐步成为劳动关系调整的一个国际惯例。2008年，《国际劳工组织关于争取公平全球化的社会正义宣言》进一步指出，社会对话和三方性是促进体面劳动、使劳动法律富有成效、尊重和促进并实现工作中的基本原则和权利最适宜的方法。①

1990年，我国批准了《三方协商促进实施国际劳工标准公约》。1993年，国务院颁布了《中华人民共和国企业劳动争议处理条例》（以下简称《企业劳动争议处理条例》），该条例规定劳动争议仲裁委员会由劳动行政主管部门、工会和用人单位三方代表组成，这意味着我国从法律上确立了三方协商的原则。1994年制定的《劳动法》在劳动仲裁委员会的构成上延续了《企业劳动争议处理条例》所确定的三方原则。修订后的2001年《工会法》明确规定了建立劳动关系三方协商机制，用于解决劳动关系方面的重大问题。为推进三方协商机制，2002年8月，《关于建立健全劳动关系三方协调机制的指导意见》发布，这标志着三方协商处理劳动关系的机制在中国广泛建立起来。

2004年12月15日，国务院办公厅发布了《关于深入贯彻工会法支持工会工作的通知》（国办发〔2004〕90号），要求建立健全劳动关系三方协调机制，推动三方协商机制逐步向基层延伸。此后，2008年开始实施的《劳动合同法》《劳动争议调解仲裁法》则继续延续《工会法》和《劳动法》所确定的三方协商机制。2015年《中共中央国务院关于构建和谐劳动关系的意见》指出，要根据实际需要推动工业园区、乡镇（街道）和产业系统建立三方机制。这就意味着，从国家政策上推动从中央到基层各个层次覆盖全面的三方协商机制。

2.工会在三方协商机制中的作用

《关于建立健全劳动关系三方协调机制的指导意见》规定了三方的职责，即就制定劳动关系政策提出意见建议；研究分析劳动关系状况及趋势；对制定调整劳动关系的法律政策提出建议；指导、协调地方劳动关系协调工作；对重大集体劳动争议或群体性事件进行调研，提出解决意见。② 这就意

① 参见周宝妹：《劳动关系的法律调整：超越部门法的局限》，中国人民公安大学出版社2019年版，第206页。

② 参见周宝妹：《劳动关系的法律调整：超越部门法的局限》，中国人民公安大学出版社2019年版，第209页。

味着，在重大劳动关系问题和劳动争议案件中，工会都有权参与并代表职工发表意见。此外，《关于建立健全劳动关系三方协调机制的指导意见》对省级三方协调机制职责做了具体规定。

（三）工会参与企业管理

《工会法》第六条第二款和第三款规定，工会通过平等协商和集体合同制度等推动健全劳动关系协调机制，通过职工代表大会或者其他形式组织职工参与本单位的民主选举、民主协商、民主决策、民主管理和民主监督。集体协商和以职工代表大会为基本形式的民主管理是工会参与企业管理的最主要方式。这里的工会参与企业管理是指除集体协商和职工代表大会之外的形式，工会代表职工参与企业管理的活动。工会代表职工的参与活动是工会履行职责的具体体现，主要包括以下内容。

1.参与用人单位的决策和管理

现行《工会法》第三十九条规定，工会参与用人单位的决策和管理主要涉及三项：一是发挥咨询建议的作用，即用人单位研究经营管理和发展的重大问题时，工会有提出意见和建议的权利；二是用人单位讨论涉及职工切身利益的问题时，工会有权参加并发表意见；三是工会对有关职工安全保障措施有提出意见和建议的权利。

2.劳动法律监督

根据《劳动法》第八十八条的规定，各级工会对用人单位遵守劳动法律、法规的情况进行监督。各级工会对用人单位劳动基准执行的情况进行监督、对用人单位单方解雇职工和处分职工进行干预纠正、对违反职工代表大会制度和其他民主管理制度予以干预纠正、对违反集体合同的行为进行干预纠正以及追究相关责任等。根据《工会法》的规定，工会对劳动条件和安全卫生设施的设计、施工、投产使用进行监督。

3.参与企业劳动争议案件的处理

首先，有权参与对发生劳动争议案件的情况进行调查，如参与职工因工伤亡事故和其他严重危害职工健康问题的调查处理，并有权追究相关责任人的责任，对用人单位侵犯职工合法权益的情况开展调查。其次，参与个别劳动争议案件的处理。《工会法》规定，工会参加企业劳动争议调解工作。地方劳动争议仲裁组织应当有同级工会代表参加。最后，参与集体劳动争议案件的处理。违反集体合同，侵犯职工劳动权益的用人单位，工会可以依法要求企业、事业单位、社会组织予以改正并承担责任，因履行集体合同发生争议，经协商解决不成的案件，工会可以向劳动争议仲裁机构提请仲裁，仲裁机构不予受理或者对仲裁裁决不服的，可以向人民法院提起诉讼。用人单位发生停工、怠工事件，工会有权代表职工同企业、事业单位、社会组织或者有关方面协商，反映职工的意见和要求并提出解决意见。

二、工会参与制度存在的问题

（一）工会的双维护职能给工会参与带来角色冲突

我国工会组织兼有政治组织和群团组织的属性。根据《工会法》的规定，工会在维护全国人民总体利益的同时，代表和维护职工的合法权益。从总体利益和长远利益来看，二者相辅相成，并不冲突，但是具体到某一个地方或某一个单位，从当前利益和具体利益上看，往往存在发展经济与维护职工合法权益之间的冲突。工会就会存在角色的矛盾和冲突。特别是在面对具体问题时，如何最大限度地减少长远利益和眼前利益的冲突，协调好经济发展与职工权益维护的问题依然存在挑战。

（二）基层工会力量较弱

“我国各级工会的力量呈现倒金字塔形状，即越向上工会力量越强大，越往下其力量越弱，企业工会的力量最为薄弱。”[①]中华全国总工会的参与力度最大，在制定与职工利益密切相关的劳动政策和法律时，中华全国总工会是重要的参与力量，在一些立法上是重要的推动者，如《工会法》的历次修改都是在中华全国总工会的推动下进行的，《劳动合同法》（修正案）也是在中华全国总工会的推动下完成的，中华全国总工会还是《企业民主管理规定》的制定主体之一，甚至是法律草案的起草者和解释者。在地方，县级以上总工会在地方劳动政策的制定和三方协商机制中发挥重要的参与作用。然而，基层工会力量薄弱，我国工会没有劳动争议权，工会参与企业管理缺乏博弈的力量。并且工会组织内部采用行政化的管理手段，上级工会对下级工会下达指标任务的多，培训指导的少；用制定文件代替指导的多，现场指导帮助的少。基层工会无法获得上级工会的有力支持。立法赋予工会的维权服务、参与、建设和教育职能，最终都主要通过基层工会的工作来体现。

① 洪芳：《德国雇员民主参与的特点及其对我国的启示》，《山东社会科学》2015年第9期。

基层工会承载了其根本无法承受的压力，而上级工会所能给予的帮助却非常有限。这也就导致了基层工会开展工作的实效性不强。

（三）工会独立性不强

工会独立性不强，地方工会组织往往被当作地方政府的一个职能部门，诸如拆迁安置、招商引资等与工会工作完全无关的指标也会分给工会，占用了大量时间，从而影响了工会职能的发挥。县级以下工会工作人员配备不足，仅是应付需要向上级报送的各种文件已经自顾不暇，很难创新性地开展工作。

在用人单位，工会被当作一个内部组织机构被整合进用人单位的组织体系中，即使是有法人资格的基层工会也同样作为用人单位的一个部门被用人单位统一管理，并且管理者兼任基层工会主席的情形极为常见。这导致工会缺乏独立性，不具有与用人单位对等的地位，工会的职能无法得到充分发挥。工会对行政的高度依附性，导致工会参与用人单位管理的广度和深度只能依赖领导人的管理风格，当管理者倾向于民主化就会为工会民主参与提供空间，反之，给予工会参与的空间则很小。特别是在领导人兼任工会主席的情况下，角色的冲突，很难要求工会站在职工的立场上开展工作。上级工会对基层工会开展工作的支持力度不够，不足以解决基层工会独立性不强的问题。

（四）工会参与的程序性规定不完善，可操作性不强

工会参与的程序性规定不完善，如《工会法》规定工会有权对用人单位侵犯职工合法权益的问题进行调查，有关单位应当予以协助。这里的“工会”是指哪一级工会并不清晰，《工会法》对如何开展调查、调查人员构成、调查的程序是什么、有关单位怎样协助、调查结果怎样使用等都没有做出规定，这导致这一权利的行使难以操作。

（五）缺乏强有力的救济措施

例如，根据《工会法》的规定，用人单位违反职工代表大会制度和其他民主管理制度，工会有权要求纠正。用人单位应当提交职工代表大会或者职工大会审议、通过、决定的事项，应当依法办理。但是，对企业、事业单位不予纠正以及应当提交职工代表大会或者职工大会审议、通过、决定的事项，没有按照规定办理，却没有规定怎么处理。

再如,《工会法》规定,用人单位处分职工,工会认为不适当的,有权提出意见。用人单位单方面解雇职工,应当事先将理由通知工会,工会认为用人单位违反法律、法规和有关合同,要求重新研究处理时,用人单位应当研究工会的意见,并将处理结果书面通知工会。立法只规定了通知工会的程序,而没有规定欠缺这一程序时会产生什么样的法律后果,也没有规定工会提出的意见不被采纳时工会应如何维护职工的合法权益。

又如,《工会法》第二十五条规定,工会发现企业违章指挥、强令工人冒险作业,或者生产过程中发现明显重大事故隐患和职业危害,以及发现危及职工生命安全的情况时,工会有权提出解决的建议或向企业建议组织职工撤离危险现场。这里同样没有规定,工会提出的建议企业不予答复时,工会该怎么处理,也没有规定在工会建议组织职工撤离危险现场,企业不予做出处理决定时工会该怎么办。

《工会法》第五十四条规定,违反本法规定的四种情形,由县级以上人民政府责令改正,依法处理。依法处理所依何法不清晰,怎么处理也不明确,这实际会导致法律责任缺失。《工会法》的救济途径主要是请求当地人民政府责令企业改正或依法处理,而缺乏司法救济途径。

第五节　集体协商制度

集体协商是否属于企业民主管理的形式存在一定的争议。一种观点认为集体协商与企业民主管理是两种并列的劳动关系协调机制,另一种观点则认为集体协商(谈判)属于企业民主管理的形式。我国劳动合同法关于规章制度的规定、集体合同的规定,都规定应当经过职工代表大会讨论或通过,这就表明集体协商、集体合同与企业民主管理之间有着密切的关系。特别是我国区域性、行业性(产业性)集体协商不发达,集体协商主要在用人单位内部进行,集体协商也就成为用人单位内部企业民主管理的组成部分。由工会代表劳动者与用人单位就改善劳动条件和劳动待遇进行讨价还价的过程,我国称为“集体协商”而非“集体谈判”。二者虽然都致力于改善劳动者的劳动条件和劳动待遇,但是有着重要的区别。集体协商的核心理念是合作,而集体谈判带有对抗的性质,核心理念是博弈,是力量的对抗,是以罢工作为最后的手段。我国立法称为“集体协商”,但在实践中也存在集体谈判的情况,特别是在发生罢工后劳资双方的博弈本身就带有谈判的意味。集体协商是我国企业民主管理的形式。在一些市场经济国家,集体谈判对于民主管理的意义和作用受到质疑,甚至排斥,但就传统而言,集体谈判是企业民主管理的形式之一。在我国,由于集体协商多数发生于企业内部,因此,集体协商作为企业民主管理的形式之一,工会是企业民主管理的引领者则被广泛接受。①

一、关于集体协商的立法规定

早在新中国成立前夕,在具有临时宪法地位的《共同纲领》中就明确了劳资两利的原则,由工会代表工人职员与资方订立集体合同。1950 年《中华人民共和国工会法》规定工会代表雇员签订集体合同。1956 年,随着社会主义改造完成,私有企业全部改造成公有制企业,集体合同制度也失去了适用的条件。

党的十一届三中全会后,集体合同制度逐步恢复。1986 年《职工代表大会条例》规定,可以由厂长代表行政、工会主席代表职工签订集体合同或共同协议。1992 年《工会法》进一步明确工会代表职工与企业签订集体合同的权利。《劳动法》第三章对集体合同做出专门规定。1994 年《集体合同规定》进一步规范了集体合同的签订程序和争议处理。2000 年《工资集体协商试行办法》首次规范工资专项集体合同。2001 年修订后的《工会法》进一步明确了集体协商和集体合同制度。2004 年劳动和社会保障部对《集体合同规定》进行修订,引入三方协商以及单项集体合同等内容。2008 年《劳动合同法》专章规定了集体合同,为行业性区域性集体协商集体合同留下了发展空间。

除此之外,从 1996 年起,原劳动和社会保障部、中华全国总工会先后发布了一系列规范性文件,规范、推进集体协商和集体合同制度的实施。与此同时,各省、自治区、直辖市先后颁布了集体合同的地方性法规或者地方政府规章。各地集体合同的地方性立法,普遍加大了企业建立集体协商制度的强制力度,对参与协商的职工代表的保护逐步完善,明确了法律责任,使

---

① 参见石美遐:《多元视角的企业民主管理理论体系研究》,北京交通大学出版社 2017 年版,第 156 页。

立法更具有可操作性。2015 年 3 月《中共中央国务院关于构建和谐劳动关系的意见》,明确提出健全劳动关系协调机制,推行集体协商和集体合同制度。

总之,我国已经初步形成了以《劳动法》和《劳动合同法》的规定为基础,以《集体合同规定》、集体合同地方性法规以及相关部门发布的规范性文件为具体施行依据,涵盖法律、行政法规、地方性法规和规章在内的集体协商、集体合同法律制度体系。① 在适用的范围上,集体协商由企业内部扩展到行业区域范围。在内容上,在全面规范的基础上,突出重点事项的协商,将工资专项集体协商、女职工专项集体协商和劳动安全卫生专项集体协商等纳入进来。在目标的实现上有所差异,以工资集体协商为例,确立了区域谈底线,即保证区域内所有企业工资支付不违反法律的强制性规定;行业谈标准,即统一行业内劳动标准,企业内部集体合同和劳动合同不能低于行业标准;企业谈增长,即根据企业自身情况确定工资增长幅度的差异化目标。

二、集体协商制度存在的问题

集体协商签订集体合同是集体劳动关系的核心内容。集体合同可以弥补劳动合同制度和劳动基准法的不足,工会代表劳动者与用人单位在平等的基础上进行有效的协商,不仅可以为劳动者争取高于劳动基准的劳动条件,而且又对个别劳动合同具有引导作用,以提高和改善劳动条件,促进劳资双方合作,减少劳动冲突,稳定劳动关系,维护社会稳定。

我国集体协商的主要问题在于工会的独立性不强。按照学者黄越钦的分类,我国劳动关系调整模式属于国家统合型。② 我国基层工会不独立,工会的代表性不足,党政推动是我国集体协商开展的重要特点,集体协商的推动力量多数情况下并不来自职工。响应党政机关的号召和上级工会的要求才是我国基层工会开展集体协商的动因。这导致集体协商签订集体合同存在以下问题。

(一)过于追求签约率和覆盖率,而忽视了签约的质量

"十三五"期间,我国非常重视集体协商、集体合同在劳动关系协调中的重要作用,将集体协商、集体合同的覆盖率作为党政工作要点,纳入各级党

① 参见林嘉:《劳动法的原理、体系与问题》,法律出版社 2016 年版,第 266~268 页。

② 参见黄越钦:《劳动法新论》,中国政法大学出版社 2003 年版,第 74 页。

政和工会的考核指标体系，通过自上而下的方式逐级落实。集体合同的覆盖面逐渐扩大，但是为了完成指标任务而签订集体合同的情况不同程度的存在。

集体协商主要在企业层面开展，基层工会独立性不强，大量的工会工作者和职工代表根本不具有协商的能力，工会干部获得的培训机会有限，一些协商代表连基本的财务报表都看不懂，开展工资集体协商的专业能力严重不足，照抄法律文本的多，反映企业实际的少，签订集体合同的多，真正开展过集体协商的少，部分企业集体合同草案没有经过职工代表大会讨论。存在有集体合同没有集体协商，或者集体协商流于形式等不同程度的问题。

（二）集体合同的实施效果差

正是由于缺乏集体协商的过程，特别是在职工并不知情的情况下签订的集体合同，缺乏劳资博弈的环节，集体合同被束之高阁，没有真正实施，这也就导致通过集体协商签订集体合同调整劳动关系的手段不能充分发挥作用。

（三）集体合同主要在企业层面签订，劳动关系协调作用有限

虽然我国立法给区域性、行业性集体协商留下了空间，在实践中也确立了区域谈底线、行业谈标准、企业谈增长的差异化集体协商目标，但是，区域性集体协商主要解决的是合法性的问题，即企业遵守劳动基准法的问题，这本不该由集体合同来完成这一任务。我国行业性集体协商的开展受到阻碍，省级以上产业工会比较健全，省级以上企业联合会和工商业联合会代表企业参与三方协商机制，但一省范围内涉及企业众多，开展省级产业层面的集体协商难度大，特别是各地市经济差异较大，目前鲜有省级产业层面的集体协商集体合同。市以下产业工会不健全，特别是市级以下没有承担集体协商的雇主组织，为了开展行业性集体协商，有些地方的工会出面组织企业加入雇主组织，企业对雇主组织的认同度不高，以上情况导致行业性集体协商发展空间有限。

企业层面的集体协商则由于基层工会的不独立，多数工会主席为企业行政领导兼任。“在国有企业中党委副书记和副厂长兼任工会主席极为常见。造成了企业党委副书记与书记协商、副厂长与厂长协商。而在民营企业中……工会主席多为企业主指定，此种情况下实难指望工会主席会超越

自身利益”[1]，主动去推动集体协商，因此存在集体协商流于形式的情况。但是，在企业发生较为强烈的劳资冲突后开展的集体协商则为实际意义上的集体谈判，真正起到了协调劳动关系的作用。

第六节　其他企业民主管理形式

一、合理化建议制度

合理化建议制度自 20 世纪 50 年代产生，是工会组织动员职工集中集体智慧促进企业健康发展的重要手段，也是畅通职工表达渠道、实现职工民主管理的重要形式。1992 年，首次将工会组织开展合理化建议活动纳入《工会法》，作为工会的工作任务。《企业工会工作条例》规定，组织职工开展劳动竞赛、合理化建议、技术革新、技术攻关、技术协作、发明创造、岗位练兵、技术比赛等群众性经济技术创新活动是企业工会的基本任务之一。工会章程也将合理化建议作为基层工会委员会的基本任务。

实践中，很多企业通过工会组织的合理化建议活动集中集体智慧，推进企业创新发展，取得了突出的成绩。合理化建议在推进企业技术创新、管理创新、服务创新等方面发挥着重要作用。合理化建议制度作为一种职工民主管理的形式也广为企业主接受，在推进基层车间、班组和科室的民主化管理与职工代表大会制度规范运行等方面发挥着重要作用，一些重大的合理化建议转化为职工代表大会提案，成为职工参与企业决策和管理的重要抓手。合理化建议制度也推进了企业的民主文化发展，客观上也推动了职工代表大会等企业民主管理制度的贯彻落实。

合理化建议制度虽然在立法上有规定，但却是作为工会的基本任务规定的，而非从职工参与权的角度规定的。职工的合理化建议对企业有突出贡献的，立法并没有规定相应的奖励措施，有关程序也需要进一步细化。实践中，各地工会为推进合理化建议，鼓励企业建立奖励机制，激励职工积极参与。

---

① 洪芳:《完善集体合同制度促进劳资自治》,《法制博览》2014 年第 2 期。

二、车间班组民主管理制度

在我国，车间班组民主管理制度是工业企业三级民主管理制度的组成部分。《企业法》第五十三条规定，车间通过职工大会、职工代表组或者其他形式实行民主管理。工人直接参加班组的民主管理。《企业职工代表大会条例》设专章对车间、班组的民主管理做出了规定。第二十五条规定，车间(分厂)可以根据具体情况，采取职工大会或职工代表大会、职工代表组等形式对本单位权限范围内的事务行使民主管理的权利。车间(分厂)民主管理的日常工作，由车间(分厂)工会委员会主持。第二十六条规定，班组的民主管理，由职工直接参加，在本班组的工会组长和职工代表的主持下开展活动，也可以根据需要推选若干民主管理员，负责班组的日常民主管理。

车间班组民主管理制度适用范围限于工业企业。随着我国经济结构的调整，特别是第三产业的快速发展，大量的企业不具有车间班组，即使存在车间的工业企业，车间里的人员数量也大大减少，有的不再是一个中层单位，因而车间班组民主管理已经不适应当前的企业组织形式。《企业民主管理规定》对车间班组民主管理制度和很多地方的立法都没有规定。但是在企业内部构建不同层面的民主管理依然非常必要，特别是车间、班组、科室基层单位，赋予职工自主管理、自主创新的权利，对于实现职工个人价值、促进企业发展都非常有必要。

三、企业管理委员会(工厂管理委员会)

企业管理委员会(工厂管理委员会)作为一种职工民主管理形式，起源于20世纪20年代，当时的萍乡煤矿(江西省萍乡市)和华记水泥厂(湖北省黄石市)因经济危机，在中国共产党的领导下，开始探索职工民主管理企业。职工民主管理制度确立于新中国成立前夕，与职工代表会议制度共同作为职工民主管理的形式。全国第六次劳动大会确立了实行企业管理委员会和职工代表会议制度。新中国成立初期，曾经探索实行厂长领导下的工厂管理委员会制度。改革开放后，《职工代表大会条例》对企业管理委员会构成、产生程序和运行程序做了相关规定。《企业法》第四十七条规定，企业通过设立管理委员会或者通过其他形式协助厂长决定企业的重大问题。管理委员会由企业各方面的负责人和职工代表组成。企业管理委员会实际上是作为厂长决策的咨询机构而存在,同时也作为职工代表大会的辅助机构而存在,可以弥补职工代表大会不能经常开会的情况下职工参与企业管理的问题。但随着国有企业的改制,企业委员会逐渐退出历史的舞台,之后的企业民主管理立法都没有再对企业委员会做出规定。

第八章　完善我国企业民主管理立法的建议

基于我国企业民主管理法采用分散立法的模式，必须进行统筹规划，考虑到不同立法之间的衔接和配套，既要遵循法的统一性，保持相互之间的和谐统一，又要考虑到不同法律之间的分工和相互配合。从研究的角度还需要考虑企业民主管理法的部门法属性。

第一节　我国企业民主管理法的部门法属性

法律部门是为方便学习和研究，对法律体系所做的划分，法律部门的划分本不属于立法的范畴，但是怎样划分法律部门却会影响法的研究，从而影响立法的质量，因而在本章进行法律部门的探讨。

一、法律部门的划分方法

（一）法律部门的划分原则

判断法律的部门法属性，国内学者一般从调整对象和调整方法入手。法律部门的划分一般要遵循整体性原则、均衡性原则和以现行法为主，兼顾即将制定的法律三项原则。[①] 在法律部门的划分中以法律所调整的社会关系为主，同时考虑调整方法。

---

① 参见张文显：《法理学》，法律出版社 2012 年版，第 153 页。

(二)劳动法的部门法属性

当代中国法律体系包含哪些法律部门,国内学者存在不同看法,如划分为宪法、民商法、行政法、经济法、社会法、刑法、诉讼法,还有的学者主张用劳动与社会保障法代替社会法。国内还有不少学者认为,劳动法应作为一个独立的法律部门与社会法相区分。法律部门的划分是一个非常复杂的问题,笔者在此不做过多探讨,但笔者同意将劳动法作为一个独立的法律部门的观点,同意将社会保险、社会救济与救助、社会福利、优抚安置、弱势群体保障等内容划归社会法的观点。

(三)企业法和公司法的部门法属性

在法律部门划分中争议比较大的还有关于商法与经济法的划分,主要涉及企业法和公司法的归属。

1.关于企业法和公司法部门法属性的争论

笔者梳理了国内的主要教材,从教材编写的观点来看企业法和公司法的部门法属性,主要有三种观点:一是商法论,即主张企业法和公司法是商主体,因而属于商法;二是经济法论,主张企业和公司属于市场主体,是国家宏观干预的对象,因而属于经济法的范畴;三是商法经济法两分论,即区分国有和非国有,即国有企业法作为经济法的组成部分,而其他企业法和公司法属于商法的组成部分。当然教材是服务于教学需要的,需要考虑某一专业领域对法律知识的需要,因而并不完全按照法律部门的划分来编写教材。但是,笔者注意到法学专业的教材也存在这一争论。

2.企业法和公司法的法律部门归属

笔者认为,商法调整的是平等主体即公民和法人之间商事关系和商事行为的法律规范的总称。而经济法是国家在协调国民经济中所发生的经济关系的法律规范的总称。商法与经济法的最大不同在于商法的主体是平等的主体,而经济法则强调国家干预。企业和公司作为市场经济的主体,其所从事的市场经济行为属于商事行为,将其作为商法的组成部分有其合理性。但是,作为企业和公司的市场主体并不和自然人一样自由进入市场经济,国家对企业和公司的设立、变更、终止,企业和公司的内部组织机构设置,股东之间、公司与股东之间的关系都在很大程度上受到国家干预。企业法和公司法不完全属于私法的范畴,而带有公法兼私法的典型特征,因而从这一点来说,将企业法和公司作为经济法的组成部分更具有合理性。笔者倾向于认为企业法和公司法是经济法的组成部分，国家干预的成分远大于意思自治。以下笔者将在劳动法是一个独立的法律部门，企业法和公司法属于经济法范畴的观点基础上，探讨企业民主管理法的部门法属性。

二、企业民主管理法部门法属性的探讨

企业民主管理法是调整职工与用人单位之间，关于职工参与用人单位内部事务管理的组织形式以及权利义务的法律规范的总称。企业民主管理法兼有实体法和程序法的属性。一方面，立法需要解决职工有权参与用人单位决策和管理的范围及法律后果，另一方面立法还需要规范职工参与管理的方式、步骤和时间限制。关于企业民主管理法的部门法属性，国内学者探讨不多，相关探讨主要是企业民主管理法是否为劳动法的组成部分。从立法来看，我国历史上有从企业法和劳动法两个不同途径进行立法的立法模式，这也就造成了企业民主管理法属于哪个法律部门的争论。笔者试着从历史与现行立法、学术探讨两个方面进行梳理。

（一）经济法说

经济法说主张企业民主管理法是企业法的组成部分。这种观点是从企业治理、企业内部组织机构和权力配置上进行探讨的，表现为在企业法和公司法中规定企业民主管理。新中国成立前中央苏区在1934年颁布的《苏维埃国有工厂管理条例》和1949年8月华北人民政府颁布的《关于在国营、公营工厂企业中建立工厂管理委员会与工厂职工代表会议的实施条例》以及新中国成立后1965年7月通过的《国营工业企业工作条例(修正案)》都属于在企业法中规定企业民主管理。改革开放以后，这种立法模式继续延续，如1983年《国营工业企业暂行条例》、1986年《国务院关于加强工业企业管理的若干问题的决定》、1988年《企业法》、1991年《城镇集体所有制企业条例》都从企业法中规定职工参与企业民主管理的组织和行为规范。职工董事、职工监事制度的组织和行为规范也是在《公司法》中集中加以规定的。因而这容易让我们认为企业民主管理法属于企业法，进而得出企业民主管理法属于经济法这样的结论。但是笔者认为，在企业法中规定企业民主管理并不能就此确认企业民主管理法的经济法属性，如德国最早的《营业法》中规定设置企业委员会，从营业法的属性来看属于经济法，但这并不能认为在德国企业委员会法属于经济法的范畴，《营业法》中还有很多关于劳工的立法。

在德国，关于企业委员会的规范属于劳动法的范畴这是毋庸置疑的。企业民主管理法是否属于企业法的范畴，还需要从调整对象、立法目的和立法技术上来判断。

（二）劳动法的特别法说

在劳动法学界，多数学者支持企业民主管理法属于劳动法的特别法。持这种观点的学者往往从企业民主管理的权利主体和对劳动关系、劳动者权益的影响出发进行探讨。笔者称其为“权利主体说”。企业民主管理的主体是职工与用人单位，即用人单位与职工之间兼有平等性和从属性的特征。这与劳动法的主体是一样的，因而国内不少学者倾向于认为企业民主管理法是劳动法的特别法。

1.从劳动法立法来看企业民主管理法的部门法属性

从立法模式上可以找到相应的证据支持。新中国成立前1931年在中央苏区通过的《中华苏维埃劳动法》就有工厂委员会的概括性规定。我国现行《劳动法》第八条规定：“劳动者依照法律规定，通过职工大会、职工代表大会或者其他形式，参与民主管理或者就保护劳动者合法权益与用人单位进行平等协商。”《劳动合同法》第四条“关于规章制度制定程序”也间接规定了职工代表大会制度。

2.从劳动法教材的编写体例看企业民主管理法的部门法属性

笔者梳理了1988年至2017年由不同学者编写的20部已出版的劳动法（劳动法与社会保障法）教材，其中，有5部教材专章探讨了企业民主管理法，但用语不同，有的称为“职工民主管理法”，有的称作“民主参与法”“员工民主参与法”，还有的称作“参与和分享制度”。例如，王全兴教授在他主编的《劳动法》教材中，单独探讨了职工民主管理法。根据王全兴教授的观点，职工民主管理是与劳动合同、集体合同、劳动争议处理并存的劳动关系协调机制，共同承担着协调劳动关系的职能。该教材认为：“在社会主义国家，职工民主管理制一直是劳动立法的重要内容……即不仅制定了关于职工民主管理的专项法规，而且把职工民主管理制度作为劳动法典的一个重要组成部分。”[①]在这20部教材中，有11部教材将企业民主管理法放在“工会法律制

---

① 参见王全兴：《劳动法》第四版，法律出版社2017年版，第252页。

度”[1]下或与工会法律制度合并探讨。这主要源于我国立法规定工会是企业职工代表大会的工作机构。这也就是说绝大多数学者主张企业民主管理法属于劳动法的下位法或特别法。但有 4 部教材完全没有涉及企业民主管理法的内容,因而从国内劳动法教材的内容来看,企业民主管理法是否为劳动法的当然内容还是有争议的(见表 8-1)。

表 8-1 劳动法教材中关于企业民主管理法内容的编写情况

教材名称	作者	出版社	出版时间	专章	与工会合并论述情况	是否涉及
《劳动法通论》	吴超民著	华中师范大学出版社	1988 年	职工民主管理		
《劳动法概论》	田书义等编著	轻工业出版社	1991 年		工会法与企业民主管理制度	
《中国劳动法》	王全兴主编	中国政法大学出版社	1995 年	职工民主管理		
《劳动法新论》	许建宇著	杭州大学出版社	1996 年			是
《劳动法与社会保障法》	关怀主编	当代世界出版社	2003 年		工会参与民主管理的权利	
《劳动法》	关怀等主编	中国人民大学出版社	2006 年		工会参与企业民主管理	
《劳动法学》	姜颖主编	中国劳动社会保障出版社	2007 年		工会制度——保障职工参加企业管理之权	
《劳动关系与劳动法》	夏志强等主编	四川大学出版社	2007 年	员工民主参与		
《劳动法学》	徐智华主编	北京大学出版社	2008 年		工会和职工民主管理	
《劳动法学》	沈同仙著	北京大学出版社	2009 年			是

① 关怀:《劳动法教程》,法律出版社 2007 年版,第 61 页。该书从工会法律制度即工会的权利和职能出发探讨职工民主管理。

续表

教材名称	作者	出版社	出版时间	专章	与工会合并论述情况	是否涉及
《劳动法学》	李瑞 唐元平 主编	中国农业大学出版社	2010 年		工会法律制度——职工参与权	
《劳动法》	常凯 主编	高等教育出版社	2011 年	民主参与法		
《劳动法概论》	剧宇宏 编著	上海交通大学出版社	2012 年		职工民主管理制度和工会法律制度	
《劳动法学》(第二版)	贾俊玲 主编	北京大学出版社	2013 年		工会与职工民主参与法	
《劳动法与社会保障法新论》	杨遂全等著	四川大学出版社	2015 年		工会和职工民主管理制度	
《劳动法和社会保障法》(第四版)	林嘉 主编	中国人民大学出版社	2016 年			是
《劳动法新论》	梁甜甜等 主编	北京理工大学出版社	2016 年			是
《劳动法学》	周永平 主编	高等教育出版社	2017 年	参与和分享制度		
《劳动法学》(第四版)	张志京 主编	复旦大学出版社	2017 年		工会和职工民主管理	
《劳动法学》(第六版)	郭捷 主编	中国政法大学出版社	2017 年		劳动团体——工会的权利	

即使认为企业民主管理法属于劳动法的下位法或特别法，在一些具体问题的看法上也有很大分歧，特别是企业民主管理法与工会法之间的关系，学者们的意见也不一致。例如，有学者将企业民主管理法视为工会法律制度的组成部分，理由是按照现行法律规定工会是企业民主管理的主要组织者。但是这种观点恰恰反映了企业民主管理权利作为劳动者的权利并没有引起学界的足够重视。一方面，将企业民主管理作为工会法律制度的组成

部分，这就否认了没有组建工会的企业内的劳动者也同样享有参与管理的权利；另一方面，职工参与管理的权利是职工的一项独立权利，虽然属于集体劳动权利，但将其作为工会法的下位法是否正确也是值得商榷的。这就如同说，集体协商集体合同需要借助工会来推动，但没有人主张集体合同法是工会法的下位法。

具体到企业民主管理法在劳动法体系中的地位，王全兴和郭捷均认为企业民主管理法是与劳动合同、集体合同、劳动争议处理并列的劳动关系协调法的内容。① 林嘉认为，职工民主管理法是与工会法、集体协商与集体合同并列的集体劳动关系法。② 还有学者将职工民主参与与工会法、集体协商与集体合同、不当劳动行为并列为劳动关系法。③ 中华全国总工会书记处党组成员邹震认为企业民主管理法属于劳动法的组成部分。④

（三）经济法与劳动法两分说

有学者指出："我国企业管理体制（或领导体制）的实质，是公有制（主要是全民所有制）企业内部经营权划分与组合的一定模式，它一般涉及企业行政领导、党的组织和职工组织三方对上述权力的分掌及相互关系。因此，职工民主管理是整个企业管理的一个方面。对企业整个管理关系的调节，属于经济法的范围；其中，有关职工参与企业管理的权利、地位、管理行为的效力，因行使民主管理权而与各方发生的关系以及对民主管理权的保障等，才是劳动法的任务和范围。"⑤也就是说，职工民主管理法分属于经济法和劳动法两个不同的法律部门。还有学者认为："从部门法的角度来看，职工民主参与制度是劳动法与公司法的交叉领域，两个法律部门都对职工民主参与制度有所规定。"⑥笔者认为这种观点虽然可以调和"经济法说"和"劳动法说"之间的矛盾，但却无助于解决根本问题。就比如一些经济法律法规，其中包含犯罪和刑罚的规定，我们据此就认为该法律法规属于两个不同的部

---

① 参见王全兴：《劳动法》第二版，法律出版社 2004 年版，第 59 页；郭捷：《劳动法与社会保障法》（第二版），中国政法大学出版社 2004 年版，第 30 页。

② 参见林嘉：《劳动法的原理体系与问题》，法律出版社 2016 年版，第 42 页。

③ 参见周长征：《劳动法原理》，科学出版社 2004 年版，第 222 页。

④ 2022 年 4 月 10 日，中国社会学研讨会——新发展阶段的中国劳动法典：目标、挑战与路径，邹震代表中华全国总工会致辞，明确将企业民主管理立法作为劳动法典的组成部分。

⑤ 吴超民：《劳动法通论》，华中师范大学出版社 1988 年版，第 188 页。

⑥ 周长征：《劳动法原理》，科学出版社 2004 年版，第 222 页。

门法,这是说不通的,依然需要区分出其主要的部门法属性。企业民主管理法有自己的调整对象和调整方法,应将其放在某一法律部门下开展研究,但这并不等于在立法技术上不可以采用分散立法的方式。国内经济法教材尚没有将职工代表大会作为企业内部组织机构来加以探讨,也即在理论层面上,职工代表大会根本不是公司的内部组织机构,更没有作为公司治理的组成部分,虽然立法规定了职工董事、职工监事,但是这并不能够完全涵盖职工民主管理所有的形式。特别是厂务公开制度并不是作为企业内部组织机构和企业治理结构而设置的。公司信息披露制度是面向股东和社会而非职工。

(四)工会法说

国内部分学者认为企业民主管理法属于工会法的下位法,理由是工会是企业民主管理制度的组织者、推动者,甚至是主导者。工会既组织职工参与管理,也代表职工参与管理,这从国内部分劳动法和工会法教材的编写中可以看出。部分教材在工会法律制度下探讨企业民主管理制度,部分则将工会法律制度与企业民主管理制度合并在一章进行讨论[①],比较罕见的是在企业民主管理制度下探讨工会法律制度。[②] 也有学者认为民主管理是基层工会组织履行其职能的总揽性工作,是工会履行维权职责的主要途径。[③] 由此可见企业民主管理法与工会法的密切关系。

国内部分学者认为工会法是一个独立的法律部门。理由是,我国《工会法》提出,工会应当"保持和增强政治性、先进性、群众性,依照工会章程独立自主地开展工作"。我国工会具有政治团体和群众团体的属性,既有公法人的性质,又有私法人的性质。[④] 所以不能简单将工会作为集体劳动关系的主体,也自然不能仅仅将《工会法》作为《劳动法》的下位法来看待。"《工会法》

---

① 参见杨遂全:《劳动法与社会保障法新论》,四川大学出版社 2015 年版。

② 参见吴超民:《劳动法通论》,华中师范大学出版社 1988 年版,第 175 页。将工会作为职工民主管理的下位概念设专章探讨工会和职工代表大会,将职工民主管理作为职工的政治权利看待,是人民当家作主的体现。该书认为,代表职工参与管理是工会的首要活动,只有充分行使民主管理权,才能保障职工其他权利的实现。职工的民主参与有两种渠道:一是通过工会参与对国家、社会事务的管理;二是通过职工代表大会参与对企业内部事务的管理,从而构成(或实现)其完整的民主管理权利。

③ 参见刘元文主编:《工会工作理论与实践》,中国劳动社会保障出版社 2008 年版,第 141～142 页。

④ 参见李英、王棣、瞿彬彬:《中外工会法比较研究》,知识产权出版社 2011 年版,第 58 页。

是一项重要的基本法，从法律体系来讲，我国有的学者认为它是一个独立的法律部门，主要理由是它的调整对象包括工会的组织原则和工会的建立与撤销的程序、工会的权利和义务、工会的经费和财产等，这些都是有关社会团体的法律规范，而又与其他社会团体有所区别，所以是一个独立的法律部门。”①

有学者认为，从法律部门划分来看，工会法还无法成为一个独立的法律部门，一方面从工会法规范的数量来看，不宜单独作为一个法律部门；另一方面从工会法的调整对象来看，工会法的调整对象与劳动法具有最密切的关系，更宜划归劳动法。② 我国劳动法学家史探径认为，工会法调整的社会关系基本上是劳动关系的引申和发展，与劳动关系密切相关，包括：(1)工会与企业行政或雇主之间的关系；(2)工会组织与会员之间的关系；(3)工会组织在民事活动中与其他组织形成的关系；(4)工会与国家机关在工会组织的成立、管理等方面的关系和工会在分担国家和社会事务的管理，参与政策、法律的制定活动等四个方面的关系。其中，前三个半关系是传统劳动法的调整范畴，后半个关系即工会与国家机关在分担与参与国家和社会事务的管理方面的关系是现代劳动法的一种发展。③ 一般认为，我国工会法的调整对象不仅仅局限在劳动关系领域。“我国工会法调整关系中的这半个关系正是工会法的特色所在。这半个关系是以上述三个半关系为基础的。无论它是否为现代劳动法的调整范畴，都不影响工会法是劳动法体系的组成。”④

工会从产生开始是作为劳动关系的一方主体而存在的，在社会主义市场经济国家，工会的这一主体地位并没有改变。在社会主义国家，工会正承担着更多超越劳动关系以外的主体责任，但是从工会的本质特征和发展规律来看，只要存在劳动关系，就需要有工会组织存在，就不会改变工会的劳动关系主体地位。“虽然《工会法》有自己独特的研究对象，并且以这种独特的研究对象和调整方式区别于其他法律。但是我们不得不说，《工会法》是劳动法当中的有机组成部分，脱离了劳动法这个基础和平台，工会法就没有施展的空间和舞台。”⑤

---

① 关怀主编：《劳动法》第二版，中国人民大学出版社 2005 年版，第 90 页。

② 参见常凯、张德荣：《工会法通论》，中共中央党校出版社 1993 年版，第 22 页。

③ 参见常凯、张德荣：《工会法通论》，中共中央党校出版社 1993 年版，第 21 页。

④ 常凯、张德荣：《工会法通论》，中共中央党校出版社 1993 年版，第 22 页。

⑤ 孙德强：《中国现代工会法律制度构建》，中国法制出版社 2007 年版，第 409 页。

在经济全球化、信息化、国际化的背景下，劳动关系日益呈现出多元化、复杂化的特征，劳动关系协调更加离不开工会的参与。工会在协调和解决国际、国内劳动关系中发挥着越来越重要的作用。现行《工会法》规定的工会权利义务是以工会在劳动关系中的权利义务为重心制定的，虽然工会的权利义务包括了部分政治权利义务，严格说这部分不是劳动法的内容。但是，“工会在政治关系中的权利和义务是以工会在劳动关系中的权利和义务为基础的，失去这一基础，工会就不能存在，也就谈不上工会在政治关系中的权利和义务”[①]。正是基于工会法与劳动法的这种密切关系，将工会法划归劳动法更为合理。把工会法纳入劳动法这一部门法进行研究，意味着要加强工会在协调劳动关系中的地位，绝不是削弱和降低工会法在法律体系中的地位。主张将工会法划归劳动法这一法律部门并不是要否定工会法的政治性，从严格意义上来讲，工会作为公法人所具有的权利义务不属于劳动法的范畴。但法律部门的划分只具有相对性，没有绝对的科学，只是为了研究和学习的方便所做的划分。因此，从工会法的部门法属性来看，也应将企业民主管理法划归劳动法，这样开展学习和研究才更为科学。

三、企业民主管理法的部门法归属

（一）从立法看企业民主管理法的法律部门属性

综上所述，通过梳理国内主流观点，可以发现多数学者主张企业民主管理法在法律部门属性上划归劳动法。虽然从国内外立法的基本情况来看，企业民主管理法主要通过劳动法和企业法、公司法来进行分散规制，从我国的立法情况来看，也是通过劳动法、企业法（公司法）对于职工民主参与制度分别做出规定，但二者的侧重点却是有差异的。劳动法从劳权理论出发，职工参与企业管理是劳动者的一项权利，职工的参与权既是一项独立的权利，同时也是保障其他劳动权益实现的重要手段。而公司法对职工参与管理的规定则是从产权理论和利益相关者理论出发，把职工视为公司组织结构中的重要参与者和利益相关者，强调其对公司经营活动的参与权和收益权。从立法技术来看，完善的职工民主参与制度需要从劳动法和公司法两个方面共同加以规范。在我国，现行《劳动法》对职工民主参与制度只有原则性

---

① 常凯、张德荣：《工会法通论》，中共中央党校出版社 1993 年版，第 23 页。

的规定,其具体组织和程序则主要是通过企业法与公司法实现的,但这并不影响对企业民主管理立法做部门法划分。也不能就此认为,企业民主管理法分属劳动法和经济法两个法律部门。我们还需要从立法目的来看待企业民主管理法所要实现的价值。从现行立法来看,我国企业民主管理法以保障劳动者的民主参与权为目标,无论是劳动法还是公司法都没有改变这一目的,特别是公司法立法中利益相关者和企业社会责任理念的理论基础,旨在保障劳动者的合法权益。从这一角度而言,职工民主管理的权利基础是职工参与权,是作为一项集体劳动权利而存在的。尽管职工参与企业管理的权利并不单纯是一项劳动权利,也是政治权利在经济领域的体现。

《劳动法》和《公司法》在规范企业民主管理权利的时候,二者有着不同的分工和侧重点。"从根本上维护劳动者的合法权益,应当是《劳动法》的首选目标。而确认以积极参与公司经营管理为核心的主动进取型的职工参与权,并使之有效行使,应当成为《公司法》不断追求的立法目标之一。"①

(二)从权利属性看企业民主管理法的法律部门

笔者通过梳理国内不同政策和法律文件,发现关于企业民主管理权利的属性有不同的说法,代表性的观点有以下三种。

1.政治权利说

在党的历次代表大会报告中,职工代表大会制度被表述为社会主义民主政治制度的组成部分。作为企业民主管理基本形式的职工代表大会往往与居民委员会和村民委员会的自治制度并列为基层民主形式。例如党的十七大报告指出,"发展基层民主……完善以职工代表大会为基本形式的企事业单位民主管理制度,推进厂务公开,支持职工参与管理,维护职工合法权益"②。党的十八大报告提出,"完善基层民主制度……全心全意依靠工人阶级,健全以职工代表大会为基本形式的企事业单位民主管理制度,保障职工参与管理和监督的民主权利"③。党的十九大报告提出,"巩固基层政权,完善基层民主制度……要推动协商民主广泛、多层、制度化发展……加强协商

---

① 石少侠、王福友:《论公司职工参与权》,《法制与社会发展》1999年第3期。

② 胡锦涛:《高举中国特色社会主义伟大旗帜 为夺取全面建设小康社会新胜利而奋斗——在中国共产党第十七次全国代表大会上的报告》,《人民日报》2007年10月25日。

③ 胡锦涛:《坚定不移沿着中国特色社会主义道路前进 为全面建成小康社会而奋斗——在中国共产党第十八次全国代表大会上的报告》,《人民日报》2012年11月18日。

民主制度建设，形成完整的制度程序和参与实践，保证人民在日常政治生活中有广泛持续深入参与的权利”①。因而，职工民主管理权利是社会主义国家职工的一项政治权利，是人民当家作主的体现，是基于职工国家主人翁的身份参与管理企业事务。不仅在我国，在资本主义国家，职工参与企业管理的权利也往往被认为是政治民主权利在工作场所的延伸或体现。

2.集体劳动权利说

国内多数学者秉承这一观点，但这并不否认企业民主管理权利的政治权利属性，而是从工作场所来看职工参与企业管理的权利属性。权利本质是利益，即获得某种权利就意味着获得了某种利益。一般认为劳权包括个别劳权和集体劳权。职工参与企业民主管理的权利是集体劳权的组成部分，这种权利在劳动法体系中具有和劳动合同、集体合同、劳动标准等同等的地位，它的作用不能被劳动法中的其他制度替代。参与本身就是一种权利，按照自己的意志行事这本身就是人的一种基本需求，职工的参与权不仅能满足职工的参与需求，关键在于职工参与指向的经济利益。

3.职工参与企业自治的权利

我国政策文件在多处将以职工代表大会为主的职工参与管理制度与居民委员和村民委员会的自治权利并列作为基层民主的内容之一。因而这就产生了疑问：职工通过职工代表大会参与管理企业事务，是不是一项民主自治权利？汪仕凯、冯雅静认为“以职工代表大会为基本形式的企事业单位民主管理制度，则是基层群众自治制度的重要组成部分”②。

自治是指自行管理或处理，职工参与企业自治要求职工自主管理。按照我国立法的规定，城镇集体所有制企业的职工代表大会享有制定、修改集体企业章程，选举和罢免管理人员，决定经营管理的重大问题等职权。因而城镇集体所有制企业的职工代表大会是企业的权力机构，职工享有的参与企业的管理按照法律的规定属于自治管理权利。但由于当前我国城镇集体所有制企业职工来源的复杂性，特别是多数职工并非来自集体经济组织，职工代表大会享有企业的决策权名不副实，部分地方立法已经将集体所有制

① 习近平：《决胜全面建成小康社会　夺取新时代中国特色社会主义伟大胜利——在中国共产党第十九次全国代表大会上的报告》，《人民日报》2017年10月28日。

② 汪仕凯、冯雅静：《工会与职工代表大会的有效衔接：劳动治理中的制度优势》，《工会理论研究》2020年第2期。

企业的职工代表大会职权与国有企业职工代表大会的职权做相同规定。而国有企业和其他所有制企业职工代表大会,职工参与决策的事项受到限制,很多事项职工只有审议建议权,而非决策权,职工并不享有自治的权利。因此,职工参与企业管理的权利并非自治权利,这不同于居民和村民自治权利。我国职工代表大会制度是基层民主制度的重要组成部分,是在工作场所里实现政治权利的重要方式,但却并不能认为这是一种自治制度。

综上所述,笔者认为我国职工参与企业民主管理的权利是一种复合权利,既是政治权利也是劳动权利,二者并不矛盾。正如有学者所言,"雇佣劳动关系既是纯粹经济力量的产物,也是社会和政治力量的产物;或者更准确地说,雇佣的经济环境本身是由社会的和政治的结构化所建构起来的"[①]。

第二节 完善我国企业民主管理制度概述

中国企业民主管理的表现形式实际为职工民主参与,"参与"是核心概念,因而立法在权利配置上应将关注点聚焦职工民主参与权利,从而进行权利义务配置。利益驱动是职工参与管理的驱动力。尽管民主的理念延伸到工作场所是现代民主政治的内在要求,但职工参与企业管理的真正目的不在于谋求政治上的地位,物质利益、精神利益和价值观的实现等才是驱动职工参与企业管理的动力,而以经济利益的实现为参与的主要目标。

一、我国企业民主管理的形式

(一)理论和实践中的企业民主管理形式

在我国立法和实践中存在着诸多企业民主管理形式,诸如职工代表大会制度、厂务公开制度、职工董事监事制度、工会代表参与、合理化建议、车间班组民主管理和企业委员会等。实践中,一些企业也在探索实行劳资协商、民主恳谈会、民主座谈会、经理接待日、劳资恳谈会、总经理信箱、职工持股等方式。有学者将职工参与分为信息参与、经营参与、监督参与和持股

---

① [英]理查德·海曼:《解析欧洲工会运动——在市场、阶级和社会之间》,吴建平译,中国工人出版社 2015 年版,第 15 页。

参与。[①]

（二）区分强制性形式和任意性形式

王全兴主张，职工参与的形式包括三种：第一种，法定必要形式，即强行法规范的形式，必须实行；第二种，法定示范形式，即以任意法规范的形式，规定某些职工参与形式的规则，作为示范，供企业选择时参考和遵循；第三种，依法自创形式，即在立法中允许、提倡企业和职工依照法定原则，创设符合本企业需要的职工参与形式。[②] 笔者同意王全兴的观点，但在立法上不必分为三种类型，而是区分强制性形式和任意性形式。

笔者认为作为立法规范的企业民主管理形式应区分强制性形式和任意性形式。强制性形式是指立法规定的企业必须建立的企业民主管理形式，采用强行法规范的形式，要求用人单位按照法律的规定进行运行，违反规定应承担相应的法律责任。而任意性的企业民主管理形式则授权企业可以选择采用，没有强制性的责任，通过政策引导或其他立法予以支持和鼓励。

强制性规范和任意性规范确定的原则在于是否可以用权利义务来加以规范。法的内容是权利和义务，不能以权利义务加以规范的内容，不具有作为强制性规范的条件。比如，在我国合理化建议已经运行多年，对推进企业创新发挥着重要作用，已经成为职工管理企业的重要方式，但是合理化建议不适宜作为职工参与的强制性形式。立法即便规定企业有义务为职工提出意见和建议创造条件，但是却没有办法规定企业有采纳职工意见和建议的义务，因而合理化建议方式不宜作为职工参与制的强制性形式。[③] 再如民主座谈会、恳谈会等都属于企业管理者听取职工意见建议的方式，同样不宜作为职工参与的强制性方式。

目前已经在我国运行多年被实践检验行之有效的职工代表大会制度、厂务公开制度、职工董事监事制度、工会代表参与制度应作为强制性规范形式。其他形式则建议作为任意性形式，立法只做宣示性的规定，不做强制性的要求，如职工持股计划。同时，立法应为用人单位自主探索建立适合本单位的民主管理形式提供空间。

至于集体合同制度是否属于职工参与的形式，笔者认为，在我国集体合

---

① 参见余芳、周庆峰：《从人本主义看我国职工参与制的完善》，《社科纵横》2005年第2期。

② 参见王全兴：《职工参与制度探微》，《中国劳动科学》1995年第7期。

③ 参见冯彦君、邱虹：《职工参与制及其理论基础质疑》，《当代法学》2007年第9期。

同是作为一种独立的制度而存在的，也形成了较为完善的立法体系，不宜在企业民主管理法中作为一种形式加以规定。尽管集体协商集体合同制度与企业民主管理制度有着密切的关系，但是我国已经形成了较为完整的集体协商集体合同立法体系，因此建议单独制定《集体合同法》。本章将不再探讨集体协商集体合同，而重点探讨强制性企业民主管理形式的立法建议。

二、企业民主管理制度的主体

企业民主管理制度的主体是在企业民主管理活动中享有权利、承担义务的用人单位和职工。

（一）企业民主管理制度中的用人单位

无论是在理论上还是在实践中，企业民主管理制度所依据的“主人翁”和“公有制”理论已经退出历史舞台，从我国立法的趋势来看，企业民主管理制度逐渐突破所有制的限制而广泛适用所有类型的企业。

首先，宪法对企业民主管理的规定应舍弃“国有企业”“集体经济组织”等前提性条件，使职工代表大会制度成为企业民主管理的普遍形式。其次，法律、行政法规和地方性法规也应逐渐摒弃以所有制区分职工参与管理权利的立法模式，确立除国家机关以及参照国家机关管理的单位外，其他用人单位都应当实行企业民主管理制度，保障不同用人单位的职工在参与管理权利上的平等。《公司法》对职工董事会的规定也应不再区分投资主体，应以职工人数为标准，对达到一定规模的公司，不论资本构成如何，一律建立职工董事制度。

（二）职工的身份和条件

1.职工的身份

长期以来，我国将“主人”或“主人翁”作为公有制企业职工参与管理的身份。但是随着市场经济的推进，非公有制经济对国民生产总值和吸纳就业岗位的贡献都超过了公有制企业。主人翁的身份不仅在非公有制企业说不通，即使在国有企业也很难说是企业的主人。国务院发展研究中心在《关于国有企业改革与发展的系列报告》中已经指出了职工的三重身份：国家的主人、企业重大利益的相关者和企业的职工。职工参与用人单位的管理是基于利益相关者和职工的身份，因而企业民主管理制度可以广泛地运用于一切类型的用人单位。

2.职工代表的条件

职工,在我国一般是指与国家机关、企业事业单位、社会组织等用人单位建立了劳动关系和工作关系的劳动者,是作为用人单位相对人的主体。

(1)职工代表的条件

关于参与企业管理的职工的范围,不同事项和不同管理形式对职工的要求不同,如厂务公开事项中不涉及商业秘密的事项,公开面向的群体是全体职工,因而没有条件限制。而职工代表大会和职工董事监事则有着条件上的要求。梳理国内立法对职工代表的要求主要有两个:一是享有政治权利,二是与用人单位建立劳动关系或工作关系。笔者认为,在我国职工参与用人单位的管理首先是一项政治权利,因而没有取得政治权利的未成年人、外国人、无国籍人和被剥夺政治权利的职工不享有政治权利,因而不能被选举为职工代表和职工董事监事,也不享有选举权。其次,职工代表还需同时具备第二个条件,即与用人单位建立了劳动关系或工作关系。已经离职或退休的人员不再具有职工的身份,不能参与选举职工代表,也不能被选举为职工代表。除此之外,笔者认为还应将任职期限作为职工代表的限定性条件。作为职工代表需要熟悉用人单位的基本情况,新入职的员工不具有作为职工代表的履职条件,笔者认为以入职一年作为限定性条件为宜。

(2)企业高级管理人员是否能被选为职工代表

需要注意的是,本身就享有企业经营管理权的高级管理人员是否属于职工的范畴在第二章已经探讨过,此处不再赘述。笔者认为职工参与企业管理的本质是普通职工分享企业的管理权,已经享有企业管理权的高级管理人员不存在分享管理权的问题。从劳动法的基本理念来看,公司的高级管理人员不被视为普通劳动者[①],因而不应纳入职工参与制度的主体范围。

国有企业和事业单位的管理者本身享有管理权,也不存在分享管理权的问题,因而国有企业和事业单位的管理者同样不宜作为职工代表,更不应被选举为职工董事监事。但这并不等于说他们不能参加职工代表大会。

三、确定职工参与管理事项的原则

职工参与用人单位管理的目的在于建立一种平等的对话机制,以维护自己的合法权益。企业管理的事务包括纯经营性的事务如企业发展规划和

---

① 参见王学华:《公司高级职员与劳动者的身份界定》,《中国人力资源开发》2006年第4期。

计划，企业的投资和技术改造等涉及企业经营的重要事项，这些事项与职工的利益虽然相关，但是没有直接的利害关系。另一类事项是职工的劳动报酬、工作时间、社会保险等与职工切身利益密切相关的事项。

在参与的事项范围上，王全兴教授主张用资本利益和劳动利益是否都获得保障并且处于协调状态，以及企业管理过程是否效率最高或较高、成本最低或较低两个标准来判断职工参与是否适度。[①] 笔者认为要做到资本利益和劳动利益都最大限度地得到保障，同时又不影响效率，成本最低，这是很难做到的。应坚持利益协调的原则，区分参与事项，确定职工参与的程度。凡是与职工利益密切相关的事项，应坚持对职工的倾斜保护原则，应允许职工深度参与，甚至劳资共决。而涉及经营事项则应更为关注资本的利益，降低决策成本，提高经济效率，职工的参与程度也应有所限制。

基于以上原则，笔者认为应坚持《劳动合同法》第四条的精神，即凡是与职工切身利益密切相关的事项，必须提交职工代表大会或职工大会讨论通过或讨论提出方案和意见并通过平等协商确定，并且对于协商的过程和结果应当公开。而纯经营性的事项则仅赋予职工知情权和建议权。凡是可能涉及商业秘密的不予提交职工代表大会（职工大会）讨论，也不通过其他形式进行厂务公开。职工董事、职工监事必须通过职工代表大会（职工大会）选举产生或罢免。鼓励企业在章程中赋予职工更多的参与权和共决权。在车间、班组和科室，建议赋予职工较多的自主管理权。

四、完善法律责任的思路

（一）关于企业民主管理法的软法和硬法之争

从法理学关于法的逻辑结构来看，立法可以分为硬法和软法。传统立法理论认为，法的逻辑结构包括假定、行为模式和法律后果，法律后果以激励或约束人的方式保障法律得以实施，没有法律后果的立法，不具有执行力，因而传统立法以硬法为主流。一般认为，不具有法律后果的软法只具有宣示的作用，无法保障法的实施。但随着经济社会发展，常见于国际法的软法规范逐渐被国内法所接受，进入公共治理立法领域。

在劳动立法领域，随着经济全球化的发展，劳动立法具有由刚性立法向

① 参见王全兴:《职工参与制度探微》,《中国劳动科学》1995 年第 7 期。

柔性立法转变的趋势,特别是以规范集体谈判和劳资协商为主要形式的集体劳动关系法更是以软法为主。在我国,长期以来,软法在劳动立法中占有一定比例,但其规制效果却并没有得到人们的关注。随着劳动用工形式的多元化,传统刚性立法已经无法完全适应新形势下劳动关系调整的需要。有学者呼吁,用软法来治理劳动关系。“软法是克服硬法弊端并具有与劳动关系、社会主义协商民主耦合的治理结构的新的法权路径。”①国家强制力是法律实施的保障措施,但却不是唯一的保障措施。人们内心对相关法律的认同并自觉地遵守才是法律得以实施的最可靠的保障。硬法法律后果的固定性,其适用范围和调整手段都具有一定的局限性,对于那些利益较为灵活的领域则会出现僵化,因而通过软法的引导是立法所不可或缺的。

我国企业民主管理立法一直延续软法立法模式。对于这种立法模式,有相当一部分学者认为,正是由于缺乏法律强制力,从而导致法律无法得到实施。企业民主管理立法应加强刚性约束。如陈昌举、王添翼主张,立法应明确职工参与管理的权利义务,应赋予职工代表大会建议权以强制效力,规定相应的义务以及违反后的责任,②从而保障职工参与权利的实现。

笔者认为,职工与企业之间的关系不仅存在法律契约,还存在着心理契约和道德契约。企业民主管理法应坚持软法与硬法相结合的立法模式。任意性形式采用软法的立法模式,而强制性形式以坚持硬法与软法相结合的立法思路,适当加强立法的刚性要求,同时示范引导用人单位为职工提供更多的参与机会。

(二)适当加强企业民主管理立法的刚性约束

《企业民主管理规定》和地方立法都规定了企业民主管理的责任主体是企业。但如前所述,当前我国立法或者缺乏法律责任的规定,或者法律责任模糊不清,缺乏可操作性。立法缺乏刚性的要求会导致法律停留在字面上,缺乏可操作性,因此应适当加强企业民主管理立法的刚性。

违反企业民主管理法的行为包括应当设立企业民主管理制度而不设立,或虽然设立但不予执行或执行有瑕疵等。立法应明确职工的救济措施。

---

① 曹坤鹏、杨云霞:《劳动关系软法化的补充:社会主义协商民主》,《中共杭州市委党校学报》2020年第1期。

② 参见陈昌举、王添翼:《职工民主参与制度:目标·依据·模式》,《宁夏社会科学》2011年第6期。

笔者认为，对于应当设立职工代表大会（职工大会）制度、厂务公开制度、职工董事职工监事制度而没有设立的，职工可以要求劳动行政部门责令改正，对拒不改正的应采取罚款等方式予以纠正。

对职工民主管理权利的侵权救济，一般以确认相关决议无效、撤销相关决议、追究相关人员的责任等方式来进行。权利救济制度包括三大制度：相关决议瑕疵制度、民主管理责任制度、民主管理权纠纷解决制度。

相关决议瑕疵制度，是指对侵犯职工民主管理权利而做出的决议，规定无效或者可以撤销的制度。如没有经过职工代表大会（职工大会）讨论的规章制度，或者虽然经过讨论但程序违法，应赋予职工诉权予以撤销或申请确认无效。

民主管理责任制度，是指规定侵犯职工民主管理权利的相关主体及其责任人员相应的法律责任的制度，包括刑事责任、行政责任和民事责任。

民主管理权纠纷解决制度，是指由于侵犯职工民主管理权利的行为而产生的纠纷，通过诉讼、复议、仲裁等方式予以解决的制度，主要表现为由符合法定条件的职工或职工群体及其代表机构就侵犯职工民主管理权利的决议及相关责任主体提起诉讼或申请，请求确认相关决议无效、撤销相关决议或者追究相关责任人法律责任的制度。

相关决议瑕疵制度、民主管理责任制度与民主管理权纠纷解决制度在实践中往往配合运行，共同对职工民主管理权进行救济。其中，相关决议瑕疵制度与民主管理责任制度是救济的基础制度，其规定的相关决议瑕疵情形与相关主体及其人员的法律责任是维护职工民主管理权的依据；民主管理权纠纷解决机制则从事后救济的角度出发，通过各种方式解决民主管理权行使中的纠纷，维护职工民主管理权益的实现。[①]

---

① 参见马建兵：《职工民主管理中的治理法律问题研究——异质性民主的分隔与协商》，中国政法大学出版社2012年版，第254页。

第三节　完善职工代表大会制度

一、职工代表大会的组织制度

职工代表大会(职工大会)是职工行使民主参与的基本形式。

(一)职工代表大会(职工大会)制度的建立

现行立法包括地方立法多数将职工人数达到100人作为职工代表大会和职工大会的区分标准。但是职工人数在100人以下的单位是否一定实行职工大会制度,各地立法也有所不同。笔者建议,职工人数在100人以上的用人单位一律建立职工代表大会制度,职工人数在50人以上但不足100人的用人单位,用人单位和工会可以协商建立职工代表大会制度或职工大会制度,职工人数不足50人的用人单位应建立职工大会制度。

(二)职工代表的人数及构成

1.职工代表人数

目前我国用人单位员工规模呈逐渐减少的趋势,为保障有更多的职工参与用人单位的管理,职工代表比例不宜过低。笔者建议,实行职工代表大会制度的企业,职工代表基数应不少于30人,实行累计计算,职工人数在200人以上不足2000人的,所增加的职工代表应不低于职工总人数的10%,职工人数在2000人以上的,每增加100人,职工代表应增加不少于5人。职工代表的具体人数,由工会和用人单位协商确定。

2.职工代表的构成

职工代表大会的代表应根据用人单位员工构成的实际情况,由各方面的职工组成。鉴于职工代表大会的咨询机构性质,中层以上管理人员的比例不宜过低,笔者建议应占职工代表总人数的30%。对于知识密集型行业的职工代表大会,职工代表应当以专业技术人员为主体。为保障女职工的平等参与权,女职工代表人数应与女职工比例相当。

为保障不同层面的职工有参与职工代表大会的机会,建议立法继续鼓励职工代表大会设置列席代表,同时应规定以下两类人员必须作为列席代表参加:一是用人单位高级管理人员,这类人员虽然不作为正式代表参加职工代表大会，但应作为列席代表参加会议，广泛听取职工的意见和建议，同时在大会上发言，畅通上下级之间的关系，增进彼此的理解和信任。二是劳务派遣工代表，根据现行立法规定，有劳务派遣职工的用工单位应有劳务派遣职工代表。劳务派遣职工与用工单位不存在劳动关系或工作关系，不是用工单位的职工，以职工的身份参加用工单位的职工代表大会不符合法理，但用工单位的管理和发展对劳务派遣劳动者却有着较大的影响。因此，应允许劳务派遣劳动者作为列席代表参加会议，一方面能够满足其知情权，另一方面劳务派遣劳动者提出意见和建议，能够满足其表达权。这不仅有利于用工单位的管理，提高劳务派遣劳动者的归属感，而且有利于改善劳务派遣劳动者的劳动条件。

二、职工代表

（一）职工代表的选举、补选和罢免

1.职工代表的选举

与用人单位建立劳动关系和工作关系，入职超过六个月的职工有选举职工代表的权利，入职超过一年的职工有被选举为职工代表大会代表的权利。职工代表应当具备相应的政治素质和议事能力。职工代表应当以用人单位的基层单位为基本选举单位由职工直接选举产生。规模较大、管理层次较多的用人单位可以设立不同层次的职工代表大会。

选举职工代表，应当召开选举单位全体职工会议，会议应有三分之二以上职工参加。选举职工代表的决定，应经全体职工无记名投票过半数通过方为有效。选举结果应当公布。

职工代表任期与职工代表大会届期一致，可以连选连任。职工代表在任期内转岗的，保留其代表资格。用人单位在停产整顿或进入破产程序期间、职工整体或部分待岗等特殊情况下，职工代表资格应予保留，并可继续履行职责。职工代表向选举单位的职工负责并报告工作，接受选举单位职工的监督。

2.职工代表的补选、罢免

脱离劳动关系、工作关系，被剥夺政治权利的职工代表，其代表资格自行终止。职工代表因身体原因不能履行职责且在一年内无法恢复的，得申请辞去职工代表职务。

职工代表出现缺额时，原选举单位应按规定的条件和程序及时补选，补选结果应当向职工代表大会报告。

用人单位、工会、所在选区十分一以上职工提议可以罢免职工代表。罢免职工代表的情形包括：

(1)无正当理由拒不参加职工代表大会各项活动的情形。

(2)扰乱职工代表大会秩序，致使职工代表大会无法正常进行的情形。

(3)职工代表大会确定的其他应罢免的情形。

罢免职工代表的程序与选举职工代表的程序相同。

(二)职工代表的权利、义务

1.职工代表的权利

(1)参加职工代表大会并行使选举、被选举、提案、审议建议、表决等权利。

(2)获得涉及本单位发展和职工权益的重要事项相关信息的权利。

(3)对根据法律法规或上级主管部门规定以及用人单位与工会协商确定应当接受职工代表大会民主评议的人员进行评议和质询。

(4)在职工代表大会闭会期间，对用人单位执行职工代表大会的决议情况向工会委员会和职工代表大会常务委员会进行反馈，并提出意见和建议。

(5)有获得为履行职工代表职责所需要的民主管理等业务知识培训的权利。

(6)因参加职工代表大会组织的各项活动而占用生产或者工作时间的，职工有权按照正常出勤获得劳动报酬。

2.职工代表的义务

(1)学习、宣传有关法律法规和政策，提高自身素质，增强参与民主管理的能力。

(2)依法履行职工代表职责，联系选区职工，听取职工的意见和建议，客观真实地表达职工的意愿和要求。

(3)参加职工代表大会组织的各项活动，执行职工代表大会通过的决议，完成职工代表大会交办的工作。

(4)向选举单位的职工报告参加职工代表大会活动和履行职责情况，接受职工的评议和监督。

(5)模范遵守单位规章制度，保守秘密。

(三)职工代表的履职保障

国际劳工组织1971年通过的《工人代表公约》规定,应在企业内向工人代表提供适宜的便利条件,以便他们能迅速、有效地执行其职责。同年,国际劳工组织通过的《工人代表建议书》中重申了《工人代表公约》规定的履职保障权,并建议采取特殊措施保证对工人代表提供有效保护,这些特殊措施主要包括解雇保护和工作条件保障。①

尽管国际劳工组织通过的《工人代表公约》和《工人代表建议书》所规定或建议的职工代表履职保障权未必全部适应我国企业民主管理实践,但是立法应规定管理方有义务为职工代表履行职责提供相应的便利条件。职工代表履行职责受法律保护,任何组织和个人不得阻挠和打击报复。职工代表参加职工代表大会及其组织的各项活动,计入工作时间。用人单位不得因职工代表履行职责恶意调整工作岗位、减少薪酬、解除劳动合同或聘用合同。

除此之外,有学者认为应完善职工参与的利益机制,因为职工参与的效果在一定程度上取决于职工参与管理企业的积极性和责任感。② 笔者建议,在用人单位建立职工参与激励机制,如提案奖励制度,对优秀提案进行评选,对提案解决用人单位重大问题的职工代表进行物质和精神奖励。

三、职工代表大会的组织机构

(一)职工代表大会工作机构

用人单位工会委员会是职工代表大会的工作机构,负责职工代表大会的日常工作,履行职工代表选举方案、组织代表团、征集职工提案、负责大会筹备和组织工作、提出专门委员会(小组)的设立方案、推选代表团(组)长和专门委员会(小组)负责人、向职工代表大会报告工作、大会闭会期间组织开展日常工作、受理职工申诉建议以及对职工代表进行培训和宣传教育等职能。

规模较大的已经建立工会的企业,建立职工代表大会制度;规模较小的企业,则采用职工大会的形式进行民主管理;没有建立工会的企业,上级工

① 参见周宝妹:《劳动关系的法律调整——超越部门法的局限》,中国人民公安大学出版社2019年版,第182～183页。

② 参见王全兴:《职工参与制度探微》,《中国劳动科学》1995年第7期。

会可以帮助企业选举产生临时的大会主席团筹备和组织会议。

（二）职工代表大会的组织机构

1.专门委员会(小组)

根据需要，可以设立专门委员会（小组），负责办理职工代表大会交办的事项。专门委员会（小组）成员人选经职工代表大会审议通过。专门委员会推选负责人，组织其他委员开展工作。专门委员会（小组）在职工代表大会召开前，开展对有关事项、议题、提案或方案的审议工作；开展对有关部门执行职工代表大会决议、决定情况的监督检查工作；协助并监督职工代表提案的落实情况，并将有关情况报告下一次职工代表大会。

2.代表团(组)

职工代表按照基层选举单位组成代表团（组），并推选团（组）长。团（组）长负责召集本团（组）对职工代表大会需要讨论的事项组织集体讨论，收集职工的意见和建议并向大会报告。

3.常务委员会

职工代表大会闭会期间，发生需要临时解决的问题，《企业民主管理规定》和多数地方规定，通过联席会议处理临时需要解决的问题。但是专门委员会负责人和代表团组长的推选有着明确的指向性，要求履行不同的职责，因此联席会议的代表性不足。为保证大会闭会期间职工的参与权，笔者建议由职工代表大会选举产生常务委员会，常务委员会的成员应来自各代表团（组），工会主席任常务委员会负责人，常务委员会具体人数由工会和用人单位协商确定。

常务委员会在职工代表大会闭会期间根据职工代表大会授权，需要临时解决涉及职工切身利益的重要问题，或对职工代表大会审议通过的方案在实施中产生的个别需要做部分修改，或针对补充的问题进行协商处理，或其他职工代表大会授权需要临时解决的问题，履行民主程序，形成意见、决议或决定，但必须向下次职工代表大会报告提请确认。常委会委员应广泛征求各方面意见和建议，并在会议上充分表达。

四、职工代表大会的会议制度

实践中职工代表大会与工会代表大会常常合并召开，因而建议职工代表大会的每届任期与基层工会代表大会的任期保持一致，即职工代表大会每届任期为三年或五年。职工代表大会因故需要延期换届的,延期时间不得超过一年。

职工代表大会每年至少召开一次会议。用人单位、工会或者三分之一以上职工代表提议,可以召开职工代表大会。

常务委员会在职工代表大会闭会期间负责处理临时需要解决的重要问题,并提请下一次职工代表大会确认。常务委员会会议由工会负责召集,工会主席主持常务委员会会议,用人单位、工会和三分之一以上委员提出时应召集常务委员会,根据会议内容邀请企业领导人员或其他有关人员参加。

五、职工代表大会(职工大会)职权

现行立法区分了国有(国有控股)、集体所有(集体所有控股)和非公有制企业,并对职工代表大会的职权进行分别规定,如根据《企业民主管理规定》,国有企业和国有控股企业职工代表大会的特别职权包括三项:一是听取和审议企业重大投资、重大技术改造、财务预决算、业务招待费使用等涉及重大资金流动情况的报告,专业技术职称的评聘、企业公积金的使用、企业的改制方案等对职工影响较大的事项,并提出意见和建议;二是审议通过企业合并、分立、改制、解散、破产实施方案中职工的裁减、分流和安置方案;三是法律、行政法规、行政规章规定的其他职权。这三项职权是非国有企业职工代表大会所不具有的职权。其中,第二项涉及国有企业改革职工的安置问题。笔者认为,无论是否为国有企业,职工代表大会都应享有该项职权,而不应区分所有制形式。而对于第一项在于国有企业特殊的内部治理模式,立法试图通过职工监督防止国有资产流失。笔者认为,非国有企业在现代企业管理模式下,企业的实际控制者往往是委托代理人,也存在着监督的必要,并且即使非公有制企业也依然存在着投资者的利益和企业的利益差异,引入职工的监督也非常有必要,以下分述之。

(一)集体所有制企业的职工代表大会

随着市场经济深入发展和集体所有制企业改制,我国集体所有制企业数量已经逐渐减少。据 2019 年中国统计年鉴数据显示:截至 2018 年底,我国现有集体企业 155641 个,集体控股企业法人 249946 个。[①] 集体所有制企

① 参见国家统计局编:《中国统计年鉴 2019》,国家统计局网站,www.stats.gov.cn/tjsj/ndsj/2019/indexch.htm。

业依然是我国企业的重要组成部分。集体所有制企业的产权界定是一个复杂的问题,有学者指出:“可以断定迄今为止在所有企业法律问题中,没有比集体企业的法律问题更为模糊和复杂的了。”①

我国现行宪法和《城镇集体所有制企业条例》是将集体经济组织作为集体所有制企业的出资者,职工是集体经济组织的成员,在此基础上规定职工代表大会的职权。

1.现行立法关于集体所有制企业职工的身份和职工代表大会在集体所有制企业中的地位

按照《中华人民共和国城镇集体所有制企业条例》的规定,集体企业的职工同时具有另一个身份即集体成员。集体成员所蕴含的法律上的意义在于,集体成员作为一个整体是集体企业的出资者。《中华人民共和国城镇集体所有制企业条例》中所设定的集体企业职工代表大会是作为企业的权力机构而存在的。集体所有制企业的职工代表大会的职权有别于其他用人单位职工代表大会,已经不仅仅是职工参与企业管理的机构,而是企业的管理机构,属于企业的内部组织机构。

2.集体所有制企业的出资人和集体所有制企业的职工

实践中,集体所有制企业大多创立于改革开放初期,“有些集体企业在设立时有主管部门的拨款,但是还有大量集体企业完全依靠企业贷款设立,根本就没有出资人”②。有些集体企业是由集体成员或者集体经济组织出资,但出资的经济价值往往不高,随着经济的发展也逐渐被淘汰。

经过四十多年的发展,作为集体经济组织成员和履行出资义务的职工逐渐退休或离世,职工结构已经发生了很大变化。集体企业的职工多来源于劳动力市场,他们对企业并没有投资。当前,绝大多数进入集体企业的职工是按照劳动力市场化的方式进入企业,因而绝大多数集体企业的劳动用工与其他企业已经没有明显差异。随着现代企业制度的推广,很多集体企业进行了公司制改革,部分职工通过购买股份成为企业的股东。因此将集体企业的职工作为企业的出资代表的定位是不符合实际情况的,将集体企业的职工代表大会作为企业的权力机构也不符合集体所有制企业的产权

① 赵旭东:《集体企业法人研究》,《中国法学》1991年第1期。

② 白慧林:《城镇集体所有制企业改制中产权纠纷的法律思考》,《内蒙古师范大学学报》(哲学社会科学版)2012年第1期。

结构。

3.集体所有制企业职工代表大会的职权

笔者认为，对集体所有制企业的职工来源不加区分直接套用国有企业和国有控股企业的职工代表大会职权和厂务公开范围，或者延续《集体所有制企业条例》关于职工民主管理的规定，都不能适应我国当前集体企业发展的需要。随着市场经济的发展，我国集体企业呈现出不同的发展路径：一是按照《公司法》进行改制为有限责任公司或股份有限公司，二是改制为合作社企业，三是改制为股份制合作企业。

集体企业的职工应区分为以下这三种情况：其一，既不是集体经济组织的成员，也没有投资入股的职工；其二，不是集体经济组织的成员但参与了投资入股的职工；其三，既是集体经济组织成员也参与了投资入股的职工。按照产权关系，投资入股的职工和作为投资的集体经济组织成员职工与既不是集体经济组织的成员，也没有投资入股的职工在企业的决策权中应享有不同的权利。

笔者认为，集体所有制企业的内部企业治理应区分社员大会和职工代表大会(职工大会)。社员大会由出资的集体经济组织社员和出资的职工构成，应作为企业的权力机构，按照法人财产权享有投资者权益，即资产收益、重大决策和选择管理者的权力。职工代表大会由企业全体职工选举职工代表构成，是企业职工参与管理的基本形式，与其他企业的职工代表大会的职权应当相同。

(二)企业、民办非企业单位和其他用人单位职工代表大会的职权

笔者认为，企业和民办非企业单位的职工代表大会应享有以下职权。

第一，审议建议权。发挥职工代表大会咨询机构的作用，这包括两个方面的事项，一是涉及用人单位重大经营决策事项，二是与职工利益有较大关联性的事项，职工代表大会有提出意见和建议的权利。

第二，审议通过权(共决权)。凡是与职工切身利益密切相关的事项，应当共同决定。能够直接审议通过的事项应当通过职工代表大会审议通过；分歧较大的事项，由职工代表大会讨论提出方案，通过集体协商共同决定。对集体协商订立的协议或达成的方案，需要职工代表大会表决通过。

第三，选举或罢免职工董事、职工监事，选举依法进入企业破产程序的债权人会议和债权人委员会中的职工代表，选举集体协商职工代表，根据授

权推荐或者选举企业经营管理人员，选举法律法规规定或者企事业单位与工会协商确定应当由职工代表大会民主选举产生的其他人员。

第四，审查监督执行劳动法律法规和劳动规章制度情况，职工代表大会提案办理情况，职工代表大会审议通过的重要事项落实情况，劳动合同、集体合同和专项集体合同的签订和履行情况，法律法规规定或者企事业单位与工会协商确定应当向职工代表大会报告并接受审查监督的其他事项。

第五，民主评议职工董事、职工监事，民主评议法律法规规定或职工代表大会确定的企业领导人，并提出奖惩建议。

第六，法律法规规定或用人单位与工会协商确定的其他职权。

（三）职工大会的职权

职工大会的职权应少于职工代表大会的职权，职工代表大会既是劳资共决的机构也具有咨询建议机构的属性，但是职工大会由全体职工组成，并不是所有职工都有管理能力和参政能力，因而对职工大会的职权做相应的缩减是有必要的。

笔者建议职工大会享有如下职权。

第一，听取关于用人单位发展规划、年度生产经营或事业发展情况、财务预决算等情况的报告，并提出意见和建议。

第二，听取和审议制定重要规章制度、专业技术职称的评聘、职工的培训等情况的方案并提出意见和建议。

第三，审议直接涉及职工切身利益的规章制度或者重大事项方案，提出意见和建议。

第四，审议通过集体合同草案、工资调整方案、职工福利基金使用方案、住房公积金和社会保险费缴纳比例及时间的调整方案、用人单位改革改制中涉及的职工安置方案、劳动模范（先进工作者）的推荐人选等重大事项。

第五，选举或罢免集体协商职工代表，选举法律法规规定或者用人单位与工会协商确定应当由职工大会民主选举产生的其他人员。

第六，审查监督用人单位执行劳动法律法规和劳动规章制度情况、职工大会提案办理情况、职工代表大会审议通过的重要事项落实情况，劳动合同、集体合同和专项集体合同的签订和履行情况，法律法规规定或者用人单位与工会协商确定应当向职工大会报告并接受审查监督的其他事项。

第七，法律法规规定或用人单位与工会协商确定的其他职权。

（四）职工代表大会闭会期间的民主参与

在职工代表大会闭会期间，职工代表大会要组织各专门委员会和常委会对职工代表大会各项决议、决定执行和提案落实的情况进行检查和监督，对企业重大决策的执行情况，与职工利益密切相关的事项进行巡视检查，将违反劳动法律法规的情况向工会劳动法律监督委员会反馈，督促有关部门对有关问题进行及时改进。

五、区域性、行业性职工代表大会

为保障区域性行业性集体合同的签订，以及促进劳动法律法规的贯彻实施，我国应建立区域性、行业性职工代表大会制度。县级以下区域内，建筑业、采矿业、餐饮服务业等行业可以由区域工会或行业工会牵头组织实施区域性、行业性职工代表大会制度。

（一）区域性、行业性职工代表大会的职权

区域性、行业性职工代表大会职权的重点在于保护职工合法权益。笔者建议区域性、行业性职工代表大会的职权主要包括：监督执行劳动法律和政策、集体合同履行情况，劳动合同订立、违法的改正等情况，共同决定直接涉及职工切身利益的重大事项的最低标准，以及其他应当由区域性、行业性职工代表大会行使的职权。区域性、行业性职工代表大会通过的集体合同、专项集体合同以及有关决议应当向全体职工公布。

（二）区域性、行业性职工代表大会的职工代表

区域性、行业性职工代表大会的职工代表人数和构成，由区域、行业工会与区域、行业内企业协商确定，原则上按用人单位划分选区，特别小的用人单位可以按社区、产业园区、商业街区、商务楼宇等为单位，性质相同的用人单位划分为一个选区，职工按比例民主选举产生职工代表。为保障职工代表的代表性，在几个单位联合选举产生职工代表的情况下，应设置候选人介绍程序。考虑到区域性、行业性职工代表大会覆盖的用人单位多，职工代表总数相比一个用人单位应当适当增加人数，因此笔者建议职工代表总数不得少于 50 人，其中一线职工人数不得少于职工总人数的 50%。

（三）组织制度、工作机构和议事规则

区域性、行业性职工代表大会的组织制度、议事规则、工作机构的职责

等参照职工代表大会的有关规定实施。

县级以上总工会应对区域性、行业性职工代表大会制度的建立和组织进行指导和帮助。对区域性、行业性职工代表大会反馈的违反劳动法律法规和集体合同规定的情况启动工会劳动法律监督，督促用人单位改正。

六、处理好职工代表大会与股东会、董事会和监事会的关系

1.职工代表大会与股东会

职工代表大会和股东会有以下两种关系。

(1)议事范围的划分和协调

涉及资产受益、重大决策和选择管理者的事项，属于股东会的议事对象，而涉及职工利益、企业经营管理的事项，属于二者的共同议事事项。

(2)共决权限的划分

同职工利益密切相关的事项由股东会初决，职工代表大会终决，其他事项由职工代表会初决，股东会终决。因此，应在程序上做好二者的衔接。

2.职工代表大会与董事会、监事会

董事会有义务向职工代表大会报告工作，并根据职工代表大会提出的意见、建议进行修改完善，对职工代表大会通过的决议和决定进行执行。职工代表大会有权对职工董事进行评议，有权选举罢免职工董事。监事会接受职工代表大会的监督，监事会应向职工代表大会做工作报告。职工代表大会通过的监督事项监事会应组织实施。

七、监督检查和法律责任

(一)监督检查

县级以上人力资源社会保障行政管理部门应当将职工代表大会制度的建立情况列入监督检查的范围。工会应当将用人单位实行职工代表大会制度的情况纳入工会劳动法律法规监督检查的内容。

(二)法律责任

1.拒不建立或妨碍职工代表大会(职工大会)制度实施的法律责任

针对用人单位阻挠建立职工代表大会制度或阻挠按规定召开职工代表大会或者职工大会，妨碍职工代表大会行使职权的情况，由劳动行政部门责令其限期改正，对拒不改正的，对用人单位和用人单位负责人进行罚款。

针对工会工作人员不履行职责导致职工代表大会制度无法建立或职工代表大会无法召开的情况，由上级工会责令其限期改正，对拒不改正的，依照《中国工会章程》予以罢免。

2.违反职工代表大会决议的法律责任和救济措施

应当提交职工代表大会审议通过、审查监督、选举、评议的事项而不提交的则不发生法律效力。擅自变更职工代表大会决议、决定的，变更的部分无效，基层工会和职工可以请求劳动仲裁委员会和人民法院确认该事项无效，并责令重新提交职工代表大会处理。

对于职工代表大会根据虚假信息所做出的决议和决定或违反法定程序所做出的决议、决定，基层工会和职工可以向劳动仲裁委员会和人民法院申请撤销或确认该决议无效。

对拒不执行职工代表大会决议、决定的情形，基层工会和职工可以请求劳动行政部门责令用人单位限期改正。对于发生争议的情形，双方应当协商解决或提请上级工会与上级主管部门协调解决，针对无法解决的事项，由劳动仲裁委员会或人民法院进行裁决。

3.侵犯工会工作人员和职工代表合法权益的法律责任

对依法履行职责的工会工作人员和职工代表无正当理由调动工作岗位、进行打击报复或无正当理由解除劳动合同的情形，依照《工会法》的有关规定进行处理。对依法履行职责的工会工作人员和职工代表进行侮辱、诽谤或者进行人身伤害，构成犯罪的情形，依法追究刑事责任；尚未构成犯罪的情形，由公安机关依照治安管理处罚法的规定进行处罚。

第四节　完善职工董事、职工监事制度

职工董事、职工监事制度是职工参加公司机关的制度，是“职工代表与股东代表一道参加公司决策机关、共同介入公司决策程序、影响公司决策结果的公司民主管理制度”[①]。我国现行《公司法》中有关职工董事、职工监事的规定，在立法技术层面欠缺精细化的处理，导致在实践中缺乏可操作性。但公司法属私法范畴，不宜对职工参与等具有社会法色彩的制度规定过于

① 刘俊海：《公司的社会责任》，法律出版社 1999 年版，第 199 页。

详细，因而在企业民主管理立法中，应对职工董事、职工监事制度作细化规定。例如，任职资格的规定，选举、罢免程序的规定，职工董事和职工监事的权利义务，等等。

一、职工董事、职工监事的产生

（一）职工董事、职工监事的任职资格

现行立法对国有公司的要求是必须设置职工董事，其他公司是否设置职工董事由公司章程规定。在实践中国有公司以外的公司鲜见有设置职工董事的情形。这导致不同公司里的职工民主管理权利不同。笔者建议，依据平等原则，不再区分公司投资者，一律设置职工董事，但是规模特别小的公司、不设置董事会的公司例外。

目前，我国多数国有公司的职工董事是由工会主席担任的。职工董事要求具有专业管理能力的人担任，而工会主席是否具有管理能力不是工会主席产生的必要条件，这会导致不具有管理能力的职工董事参与公司决策从而影响决策的效果。职工董事、职工监事应熟悉公司业务，具有相应的管理能力。同时，职工董事、职工监事与非职工董事、职工监事的不同之处在于职工董事、职工监事代表职工，维护职工合法权益，因而还应当具有代表性的素质和能力。综上，笔者认为职工董事、职工监事候选人应具有相应的积极条件和排除条件。

1.积极条件

（1）与公司存在劳动关系，且连续工作五年以上，熟悉公司业务。

（2）具有履职的相应能力。

（3）为职工群众信赖和拥护。

（4）具有良好的职业道德，遵纪守法，廉洁自律。

2.排除条件

为保障职工董事、职工监事的代表性，应坚持公司高级管理人员不得兼任职工监事，同时职工董事和监事不得兼任。应实行公司高级管理人员的近亲属回避原则，公司高级管理人员的近亲属不应担（兼）任职工董事、职工监事。

（二）职工董事、职工监事的产生和罢免程序

职工董事是职工直接深度参与管理的方式，对维护公司利益和职工合

法权益具有重要意义。但职工董事的数量由公司章程规定，董事会至少应有一名职工董事。这既可以保证所有公司董事会都有职工的参与，同时由公司章程规定职工董事的数量又可以打消企业投资者的顾虑。公司监事会中职工监事的比例不低于三分之一。

依法规范职工董事、职工监事产生的程序。

1.职工董事、职工监事的候选人

职工董事监事候选人的确定由公司工会负责组织，由公司职工代表大会各代表团推荐，公司工会和职工代表大会常委会根据推荐情况，在充分听取职工意见的基础上确定提名人选，候选人应多于应选举人数。

2.职工董事、职工监事的选举

职工董事、职工监事应由公司职工代表大会以无记名投票方式差额选举，并经职工代表大会全体代表过半数同意方可当选。没有建立职工代表大会制度的公司，职工董事、职工监事由全体职工过半数选举产生。

3.职工董事、职工监事的任期、罢免和补选

(1)任期

职工董事、职工监事的任期与其他董事和监事的任期相同，可连选连任。

职工董事、职工监事在任期内，其劳动合同期限自动延长至任期届满。任职期间以及任期届满后，公司不得因其履行职责的原因与其解除劳动合同，或采取其他形式进行打击报复。

职工董事、职工监事离职或无法履行职责且在两个月内无法恢复的，其任职资格自行终止。

(2)罢免

职工董事、职工监事有以下所列情形的，三分之一以上职工代表或者十分之一以上职工联名提出罢免议案，并经职工代表大会讨论通过。职工董事、职工监事有权在会上提出申辩理由或书面申辩意见。罢免程序与选举程序相同。

①公司职工代表大会无记名民主评议，结果为不称职的。

②在参与公司决策、履行监督职责时不代表职工利益行使权利，损害职工合法权益的。

③无正当理由拒绝向公司职代会报告工作的。

④其他无正当理由不履行或不依法履行职工董事、职工监事职责行为的。

(3)补选

职工董事、职工监事出现空缺时应及时进行补选,空缺时间不得超过三个月。补选的程序与职工董事监事产生程序相同。

二、职工董事、职工监事的权利义务

职工董事、职工监事出席董事会、监事会,依法享有与公司其他董事、监事同等的权利,承担相同的义务。除此之外,职工董事和职工监事还应当履行代表职工利益、反映职工合理诉求、维护职工和公司合法权益的职责与义务并承担相应责任。

(一)职工董事的权利

第一,参加董事会会议,行使董事的发言权和表决权。

第二,在董事会研究决定公司重大问题时充分发表意见,确定公司高级管理人员的聘任、解聘时,如实反映职工代表大会民主评议高级管理人员的情况。

第三,对涉及职工合法权益或大多数职工切身利益的董事会议案、方案提出意见和建议。

第四,就涉及职工切身利益的规章制度或者重大事项,提出董事会议题,依法提请召开董事会会议,反映职工合理要求,维护职工合法权益。

第五,列席与其职责相关的公司行政办公会议和有关生产经营工作的重要会议。

第六,有权获得公司工会、公司经营管理相关资料。

第七,法律法规、规章制度和公司章程规定的其他权利。

(二)职工监事的权利

第一,参加监事会会议,行使监事的发言权和表决权。

第二,参与监督检查公司对涉及职工切身利益的法律法规、规章制度和公司章程的贯彻执行情况,监督检查公司职工工资、劳动保护、社会保险、福利及劳动合同、集体合同等制度规定的落实情况。

第三,听取和监督公司的经营管理情况,参与对公司的财务检查和对公司董事会、经理层人员履行职责的监督。

第四，就涉及职工切身利益的规章制度或者重大事项，提出监事会议题，提议召开监事会会议。

第五，列席董事会会议，可对董事会决议事项提出质询或者建议。

第六，列席与其职责相关的公司行政办公会议和有关生产经营工作的重要会议。

第七，有权获得公司工会、公司经营管理相关资料。

第八，法律法规、规章制度和公司章程规定的其他权利。

（三）职工董事、职工监事的义务

第一，遵守法律法规和公司章程及各项规章制度，执行股东会、董事会、监事会的决议，保守公司秘密，认真履行职责。

第二，及时了解企业管理和发展状况，经常深入职工群众，广泛听取意见和建议，在董事会、监事会上真实、准确、全面、充分地反映职工的合理诉求。

第三，执行职工代表大会的决议，在董事会、监事会会议上，按照职工代表大会的相关决议或在充分考虑职工代表大会决议和意见的基础上发表意见，行使表决权。

第四，每年至少一次向公司职工代表大会报告工作，接受监督、质询、民主评议；向公司工会、上级工会或有关部门如实反映情况。

第五，法律法规和公司章程规定的其他义务。

三、职工董事、职工监事的履职保障和法律责任

（一）履职保障

1.履职权益保障

职工董事、职工监事在履行职责期间除享受正常的工资和福利待遇外，履职所发生的费用比照其他董事、监事办理。

职工董事、职工监事在任职期间，除法定情形外，公司不得因职工董事、职工监事履行职责扣发、降低其工资、福利，调动其工作岗位或者降职、免除职务，单方变更或者解除其劳动合同。

2.工作制度保障

（1）建立培训制度，公司要在职工董事、职工监事任职前和任职期间组织其参加岗位适应性学习培训，不断提高业务素质和履职能力。

(2)实行述职制度,职工董事、职工监事要向职工代表大会(职工大会)述职,接受职工群众的监督,督促职工董事监事密切联系群众,依法认真履行职责。

3.工作条件保障

(1)公司应当为职工董事、职工监事依法履行职责提供必要的工作条件,保证其履职所必需的工作时间。

(2)公司应协助职工董事、职工监事全面了解公司情况,及时向职工董事、职工监事提供公司生产经营管理等方面的资料和信息。

(3)公司工会应为职工董事、职工监事履行职责提供必要的支持,应及时向职工董事、职工监事提供职工代表大会的议题、议案和决议等材料,反馈职工的有关意见和建议。必要时可聘请律师或会计师等协助其工作,费用由公司工会承担。

(二)法律责任

1.不依法建立职工董事、职工监事制度的法律责任

应当建立职工董事、职工监事制度,而没有依照法律规定和公司章程配置相应制度的公司,由劳动行政部门责令改正。因此其董事会和监事会做出的与职工利益密切相关的决议无效,股东或职工可以请求人民法院确认董事会和监事会做出的与职工利益密切相关的决议无效。

职工董事、职工监事的产生程序严重违法时,职工有权向人民法院起诉要求撤销职工董事、职工监事资格。

2.侵犯职工董事、职工监事劳动权益的法律责任

对履行职责的职工董事、职工监事无正当理由调整其岗位、降低其劳动报酬、解除或终止其劳动合同并对其进行打击报复,由劳动行政部门责令改正并恢复职工董事、职工监事的原工作,对造成的损失进行赔偿,针对无法恢复原工作的情况,依照《工会法》的规定赔偿其损失。

3.侵犯职工董事、职工监事人身权益的法律责任

对依法履行职责的职工董事、职工监事进行侮辱、诽谤或者进行人身伤害,构成犯罪的行为,依法追究刑事责任;尚未构成犯罪的行为,由公安机关依照《治安管理处罚法》的规定处罚。

第五节　完善厂务公开制度

厂务公开是满足广大职工对用人单位经营管理和劳动管理相关事项的知情权和监督权的重要渠道，是职工提出意见建议参与管理的重要保障。厂务公开是职工代表大会制度的补充和完善。厂务公开的核心是“公开”，关键是公开的内容。厂务公开以职工代表大会为公开的基本形式，并且朝着形式多样的方向发展。

一、厂务公开适用的范围

长期以来我国厂务公开制度的主要功能是监督，主要适用范围为国有、国有控股企业、集体及集体控股企业。《企业民主管理规定》和近几年来的地方立法将非公有制企业也纳入厂务公开的范围，但是区分了公开事项的范围。非公有制企业厂务公开的事项更加注重公开与职工利益密切相关的事项，公有制企业还特别关注对企业资产的使用和处置。笔者认为厂务公开是职工参与用人单位管理的重要途径，所有用人单位包括企业、事业单位、民办非企业单位和社会组织都应当建立厂务公开制度，但是在具体制度名称上可以称为“事务公开”，以保障职工的知情权和监督权，帮助职工通过提出意见和建议参与用人单位的管理。厂务公开是职工代表大会闭会期间重要的职工民主管理形式。

二、厂务公开的事项

（一）厂务公开事项的确定原则

厂务公开满足的是职工的知情权和监督权。凡是与职工利益密切相关的事项必须公开。对关系到企业的发展方向、关乎职工的长远利益的事项，也应当公开。笔者认为，凡是职工代表大会审议和讨论的事项都属于应当公开的事项，其他与职工利益密切相关的事项也应当公开。企业经营管理的事项，凡是不涉及商业秘密和知识产权保护的事项也应当以一定的形式公开。

厂务公开事项并不需要区分所有制形式，所有类型的用人单位都存在着投资者、管理者、用人单位、职工等不同主体的利益，立法应平衡不同利益主体的权利，应保障所有类型的用人单位职工有平等的知情权和监督权。

（二）厂务公开的事项

笔者认为厂务公开（事务公开）应公开的事项包括：重要经营管理决策、涉及职工利益的事项、领导班子建设和廉政建设四种类型。

1.用人单位经营管理方面的情况

用人单位中长期发展规划，重大投资和重大生产经营管理决策方案等，年度事业发展目标及完成情况，用人单位担保的大额资金使用、大额资产处置情况，工程建设项目的招投标，大宗物资采购供应，产品销售和盈亏情况，承包租赁合同履行情况，内部经济责任制落实情况，重要规章制度制定等重大事项应通过职工代表大会或其他形式公开，但涉及商业秘密和知识产权保护的事项可以不公开。

2.与职工利益密切相关的事项

（1）有关劳动报酬、工作时间、休息休假、劳动安全卫生、保险福利、企业年金（职工年金）、职工培训、劳动纪律、劳动定额管理、专业技术职称的评聘等直接涉及劳动者切身利益的规章制度或者重大事项的确定和调整方案。

（2）企业合并、分立、改制、解散、破产实施方案中职工的裁减、分流、安置和经济补偿方案和结果。

（3）招用职工及签订劳动合同的情况，奖励处罚职工、单方解除劳动合同的情况，劳动争议及处理结果情况。

（4）集体合同文本，评选劳动模范（先进工作者）和优秀职工的条件、名额和结果。

（5）职工代表、职工董事监事的选举、罢免情况。

（6）劳动安全卫生标准、安全事故发生情况及处理结果。

3.领导班子建设和廉政建设情况

（1）中层以上领导人员、重要岗位人员的选聘和任用情况。

（2）企业领导人员的廉洁自律和兼职情况。

4.其他事项

法律法规规定或用人单位与工会协商确定的应当公开的其他事项。

（三）法律责任

用人单位法定代表人或者主要负责人是厂务公开的责任人。用人单位应当确定专人负责厂务公开的日常工作。

用人单位违反规定，应当公开而不公开的，由劳动行政部门责令其改正；对拒不改正的用人单位，对法定代表人或者主要负责人处以经济处罚。对违反法律法规，在公开事项上弄虚作假的用人单位，对其直接责任人通报批评，情节严重的予以经济处罚。

第六节　鼓励非强制性职工民主管理形式的探索

一、经济全球化为职工参与管理创造了更多发展空间

（一）经济全球化催生了劳资合作伙伴关系的建立

从世界各国经济发展的趋势来看，在经济全球化背景下，资本和商品在全球流动，企业之间的竞争已经跨出国界。创新成为经济发展的第一动力，国与国之间发挥自身优势进行制造和技术协作的领域越来越宽，各国之间的依赖性也越来越强，跨越国界的工作也进入现实。有学者形容“在未来的工作世界中，太阳不再落山”[①]。国际竞争日益激烈，知识和科技迭代更新的速度将决定着企业在市场上的竞争力，员工对工作的投入将直接决定着企业发展的竞争优势。企业与员工合作代替冲突是谋求共同发展的必由之路。建立企业与员工的合作伙伴关系就成为企业发展的内在需要。吸纳职工参与管理、凝聚人心和集体智慧共谋发展已经成为现代各国企业发展的潮流。

在这样的经济形势下，用人单位和劳动者已经从管理者和被管理者之间的关系逐渐转变为合作伙伴关系。在传统企业管理模式中，经理们希望员工承担共同的责任，而工会则要求更多的共同决策。然而，时代的发展对共同管理提出了更高的要求，很多企业家明显感觉与共同责任相比，共同决策必须在整个企业经营过程中优先进行。[②] 与此同时，对作为决策参与者的

---

① ［德］彼得·哈茨：《工作革命：透视未来工作世界》，黄玉寅、张宇译，华夏出版社 2004 年版，第 124 页。

② 参见［德］彼得·哈茨：《工作革命：透视未来工作世界》，黄玉寅、张宇译，华夏出版社 2004 年版，第 102 页。

职工代表需要有更高的职业能力。合作而不是对立，信任而不是猜忌，在冲突中合作，平衡各方利益才是解决矛盾、开展共同决策的方法手段。

（二）职工参与由工会推动向企业主导转变

在西方国家，早期职工参与是职工斗争的结果，职工参与往往由工会推动，企业迫于压力不得不接受，以缓和劳动关系。随着人力资本理论、利益相关者理论和企业社会责任理论的兴起，特别是经济全球化背景下，职工参与逐渐呈现出由工会推动向企业主导转变。职工参与也更多地向企业经营和发展的领域渗透，而不仅仅局限于职工利益保护。如“德国企业职工委员会的实践证明，共同决策的关注点越来越多地从员工保护转移到企业发展和就业机会上来。共同责任承担作为工会传统和法定的义务渐居后台，而转变为共同管理”①。

从追求企业长期繁荣的目标来看，劳资双方的利益是一致的。作为资方来说，提高雇员参与的主要目的就是促使雇员认同并实现企业的这个目标。因此，企业也从被动接受职工参与转变为主动采取措施，更多地利用雇员的知识、技能，提高雇员决策的技术质量，提高雇员对企业组织的认同和工作满意度，以提高企业的盈利能力，并且通过企业文化和职工持股等方式，加深劳资双方拥有共同利益的感受，促使雇员为组织的成功做出更大贡献。②

在这一发展趋势下，职工的参与越来越遍布生产经营的各个环节，如在德国大众公司，职工可以通过各种方式参与企业的经营管理，诸如小组工作法、合理化建议、工作时间自治的劳资协议现场参与模式，养老政策、时间有价证券和职工持股等薪酬分配方案的参与制定；再如企业发展过程中，职工可以通过座谈会等方式广泛地参与生产制造规模、企业战略和计划会议，表达自己的意见和建议。总之，各种有利于建立合作伙伴关系的职工参与管理形式相继成为实践。③ 很多公司都探索建立了适用于本公司的职工参与模式。例如，柯达公司建立了建议奖励制度；摩托罗拉公司建立了“三位一

---

① [德]彼得·哈茨：《工作革命：透视未来工作世界》，黄玉寅、张宇译，华夏出版社2004年版，第101页。

② 参见杨体仁、李丽林编著：《市场经济国家劳动关系——理论·制度·政策》，中国劳动社会保障出版社2000年版，第376页。

③ 参见[德]彼得·哈茨：《工作革命：透视未来工作世界》，黄玉寅、张宇译，华夏出版社2004年版，第112页。

体”的核心理念，建立尊重员工、为员工参与提供便利的企业文化；IBM 公司建立了双向沟通制度；迪特尼·包威斯公司的“员工意见沟通”制度；等等。[①]

二、为非传统企业民主管理形式的发展提供空间

长期以来，企业民主管理主要作为公有制企业的制度在立法上得以规范。职工代表大会制度，厂务公开制度，职工董事、职工监事制度作为我国强制性的企业民主管理形式，主要通过自上而下的方式来推进，从公有制企业向非公有制企业扩展。但在实践中，非公有制企业，如受国外职工参与制度的影响，一些跨国公司和外商投资企业将国外的职工参与方式引入公司内部；一些民营企业为建立合作伙伴关系也在探索建立由企业主导的职工民主参与制度。立法所规范的职工民主参与主要在用人单位整体层面上开展，而在微观领域则很少涉及或者没有涉及。但在实践中，企业民主管理在各层面进行，既有涉及用人单位发展规划、计划等重大事项的公开，保障职工的知情权，也有与劳动者自身利益密切相关事项的协商权，除此之外职工参与在更为广泛的领域中实施，如对工作过程的共同管理权，对自身职责范围内事务的自我管理权。有学者分析了实践中员工参与的内容：(1)工作层面的参与，如工作团队、工作任务分配、工作方法、工作程序设计、工作目标、工作进度速度、设备安置和配备、工作安全等的参与；(2)管理层面的参与，如聘用和解雇、培训、激励工作机制、工作纪律与考核、工资与工时、工伤事故处理等；(3)企业层面的参与，如各种层面的经营决策、企业发展战略、企业选址、重大投资等。[②] (4)投资和收益的参与，如职工持股和利润分享等。具体在用人单位内部有民主座谈会、民主恳谈会、劳资协商会、合理化建议、质量圈、自主工作团队、单位主要负责人信箱、领导接待日等非传统民主管理形式。

笔者认为，立法应为非传统职工民主参与留下空间，鼓励用人单位探索建立内部对话机制，推动建立合作伙伴关系，促进单位和个人共同发展。例如现行立法虽然没有强制性地规定职工持股计划，但《公司法》为职工持股创造了条件。实践中，部分企业也在探索建立适合本企业的职工持股计划，

---

① 参见石美遐：《多元视角的企业民主管理理论体系研究》，北京交通大学出版社 2017 年版，第 206～208 页。

② 参见程延园编著：《劳动关系》第三版，中国人民大学出版社 2011 年版，第 207 页。

稳定劳动关系,激励劳动者在工作中投入更多的注意力,劳动者也通过持股获得了更大的参与权。笔者建议我国的税收制度对职工持股给予优惠政策,如企业购买股份奖励职工的支出,可以计入成本等。有学者认为职工持股是我国职工参与公司治理的理想模式,使职工的参与管理建立在资本产权的基础之上,实现了劳动力产权。①

第七节　完善工会参与民主管理

长期以来,我国的企业民主管理制度是在工会的推动下进行的,是作为贯彻党的全心全意依靠工人阶级方针的制度体现。工会不仅参与企业民主管理制度立法、法律解释,而且是企业民主管理制度的倡导者和实践推动者。职工参与用人单位的管理,离不开工会的推动。一方面,基层工会作为职工代表大会的工作机构,对推进以职工代表大会为基本形式的企业民主管理制度具有决定性的推动作用;另一方面,各级工会作为职工的代表反映职工群众的呼声,代表和维护职工的合法权益,参与劳动政策、法规的制定,参与用人单位的劳动管理。

我国立法对工会参与的事项规定较为完备,但是在实践中呈现出越往下参与力量越薄弱、参与效果式微的状况。工会特别是基层工会独立性不强,部分用人单位企业民主管理形式主义泛滥,工会的参与职能没有得到很好发挥,从而也影响了职工的参与积极性和参与效果。笔者认为,加强工会参与主要应从以下几个方面进行完善。

一、保障工会独立开展工作

保障工会的独立性和健全上级工会对下级工会的支持和帮助机制是加强工会参与职能的关键。

(一)加强工会的独立性

各级政府应尊重同级总工会的独立地位,保障其独立开展工作,不向工会摊派与工会工作无关的工作。完善党政与工会联席会议制度,加强三方

---

① 参见郭堃:《职工持股:我国职工民主参与公司治理的理想模式》,《求实》2006 年第 4 期。

协商机制，在制定劳动政策和劳动法律法规时有工会代表参加，充分反映职工的意见和建议。

在基层工会，应加强基层工会组织建设，基层工会委员会的产生由工会会员直接选举产生，避免空降工会主席和指定工会主席，保障工会主席的代表性与合法性。建立基层专职工会工作者薪酬由上级工会发放的履职保障制度，保障工会工作者的独立地位。

（二）加强上级工会对基层工会开展工作的支持力度

进一步“强三性去四化”，尤其是应逐步去除工会组织的行政化和机关化。应加强工会干部队伍的专业化建设，加强工会干部培训，健全工会干部培训档案，增加工会干部的专业化能力和水平，提高工会干部的履职能力。完善工会组织体系，上级工会要加强对下级工会，特别是基层工会的业务指导和帮助。完善《工会法》，进一步明晰各级工会的工作职责。强化县级以上总工会和产业工会对基层工会的帮助、支持和指导。

（三）加强产业工会建设

我国地方产业工会、行业工会组织体系不够健全，地市级以下产业工会缺乏人员和经费，限制了产业工会的发展，从而导致行业、产业层面的集体协商工作受阻。应健全完善城市产业工会，在本地区经济机构中的主导产业、集群化发展的产业、职工队伍比较集中的产业建立健全产业工会。特别是在具备一定规模的新兴产业和现代服务业中，加大产业工会的组建力度，充分发挥产业工会在集体协商中的重要作用。

二、充分发挥工会在集体协商中的参与作用

（一）加强集体协商的过程管理

工会开展的集体协商，应从重视签订集体合同向重视集体协商的过程转变，从要数量向数量与质量并重转变。应加强集体协商过程管理，从协商代表的产生，到协商的要约、协商过程、集体合同草案的讨论与通过，再到达成协议进行全过程管理。应加强对协商代表的专业能力培训，必要的时候上级工会应为基层工会聘请专业顾问，为其提供帮助。完善集体合同备案审查制度，将集体合同的签订过程纳入审查范围，劳动保障监察机构应加强集体合同履行情况的监察。

（二）加强区域、行业、产业层面的集体协商

长期以来，我国集体协商主要在企业层面开展，但是由于企业工会的独立性不强，集体协商效果较差，特别是一些民营企业没有组建工会，没有开展过集体协商，并且企业层面的集体协商只能解决一个企业内部劳动条件和劳动待遇改善的问题，无法促进整个行业、产业劳动条件改善和保障职工权益。并且非标准用工所涉及的劳动者权益的保护问题，很少在企业层面的集体合同中体现，从而导致非标准用工劳动者的权益保护被边缘化。

为保障集体协商的效果，笔者认为当前我国应加强区域性、行业性、产业层面的集体协商。现行《劳动合同法》为区域性、行业性集体合同的签订提供了探索的空间。但是在实践中因行业性、产业层面的工会组织不健全，特别是缺乏用人单位组织，即雇主主体缺位，如何开展区域性、行业性，甚至产业层面的集体协商需要立法进行进一步规范。笔者建议，县级以下区域性、行业性集体协商由县级总工会按照行业、区域、楼宇等组建工会联合会，具体负责区域、行业性集体协商。地市级产业工会负责牵头组织本市相同产业集体协商，就同一产业内劳动标准进行协商、制定，减少同一行业内劳动力市场的恶性竞争，推进劳动条件和劳动报酬的改善，促进劳动关系的和谐稳定。

扩大产业、行业集体协商的覆盖面，对本区域行业内已经签订的行业、产业集体合同，根据工会的申请，政府可赋予其广泛的效力，适用于同一产业行业内的所有企业。

三、充分发挥工会在民主文化建设中的重要作用

我国企业民主管理制度的推进，是通过自上而下的立法和政策推进的，但法律制度的实现，离不开法律关系主体的认同，才能由被动实施转变为自觉实现。企业民主管理制度的实施需要企业管理的民主化与其相呼应，这样才能为法律制度转换成用人单位内部制度提供支撑，否则只能是徒有其名。

工会作为群团组织，无法决定用人单位的管理是否民主化，但是工会承担着职工文化建设的职能。我国职工民主意识基础薄弱，职工民主参与的积极性不强。工会应从建设职工文化入手，将民主管理的文化植入企业文化中。我国“和合文化”和集体主义的传统文化价值观为用人单位建立劳资

合作的文化、打造利益共同体的理念提供了很好的价值基础。工会可从建设发展共同体、利益共同体和命运共同体的理念出发，将职工参与融入企业文化，一方面为职工参与提供文化土壤，另一方面可使民主化管理在用人单位落地生根、开花结果。

参考文献

一、专著

《马克思恩格斯选集》第1～4卷，人民出版社2012年版。

《马克思恩格斯文集》第1～9卷，人民出版社2009年版。

《毛泽东文集》第6卷，人民出版社1999年版。

《毛泽东文集》第8卷，人民出版社1999年版。

《习近平谈治国理政》第2卷，外文出版社2017年版。

《周恩来统一战线文选》，人民出版社1984年版。

蔡养军：《中国乡村集体企业制度的经验考察》，中国法治出版社2004年版。

曹婉莉：《韦伯夫妇》，上海社会科学院出版社2012年版。

常凯、张德荣：《工会法通论》，中共中央党校出版1993年版。

常凯：《劳动关系·劳动者·劳动权——当代中国的劳动问题》，中国劳动出版社1995年版。

常凯主编：《劳动法》，高等教育出版社2011年版。

常凯主编：《劳动关系学》，中国劳动社会保障出版社2013年版。

程延园编著：《劳动关系》第三版，中国人民大学出版社2011年版。

冯同庆、常凯：《社会主义民主与工会参政议政》，工人出版社1987年版。

高维义主编：《企业民主管理学》，山东人民出版社1990年版。

高艳：《企业人力资本经营研究》，中国经济出版社2011年版。

关怀：《劳动法教程》，法律出版社2007年版。

郭捷:《劳动与社会保障法》,中国政法大学出版社 2004 年版。

郭站红:《职工参与公司治理法律制度研究》,中国社会科学出版社 2009 年版。

胡永霞:《劳动合同法律问题研究》,武汉大学出版社 2016 年版。

黄来纪、李志强、杨合庆:《完善中德职工董事、职工监事法律制度研究》,中国民主法制出版社 2015 年版。

黄越钦:《劳动法新论》,中国政法大学出版社 2003 年版。

蒋一伟:《我的经济改革观》,经济管理出版社 1993 年版。

蒋一苇主编:《企业民主管理的理论与实践》,中国劳动出版社 1991 年版。

李汉林:《中国单位社会:议论、思考与研究》,上海人民出版社 2004 年版。

李英、王棣、瞿彬彬:《中外工会法比较研究》,知识产权出版社 2011 年版。

李友根:《人力资本出资问题研究》,中国人民大学出版社 2004 年版。

林嘉:《劳动法的原理体系与问题》,法律出版社 2016 年版。

刘本仁主编:《中国现代企业制度》,冶金工业出版社 1996 年版。

刘俊海:《公司的社会责任》,法律出版社 1999 年版。

刘连煜:《公司治理与公司社会责任》,中国政法大学出版社 2001 年版。

刘元文编著:《工会工作理论与实践》,中国劳动社会保障出版社 2008 年版。

刘元文:《相容与相悖——当代中国的职工民主参与研究》,中国劳动社会保障出版社 2004 年版。

刘元文:《职工民主管理理论与实践》,中国劳动社会保障出版社 2007 年版。

马建兵:《职工民主管理中的治理法律问题研究——异质性民主的分隔与协商》,中国政法大学出版社 2012 年版。

马俊超、余长河:《比较劳动政策》,商务印书馆 2013 年版。

石美遐:《多元视角的企业民主管理理论体系研究》,北京交通大学出版社 2017 年版。

孙德强:《中国现代工会法律制度构建》,中国法制出版社 2007 年版。

田思路、贾秀芬:《日本劳动法研究》,中国社会科学出版社 2013 年版。

王全兴:《劳动法》第四版,法律出版社 2017 年版。

王全兴主编:《中国劳动法》,中国政法大学出版社 1995 年版。

卫民:《劳资关系——问题与政策》,环球经济社 1990 年版。

吴超民:《劳动法通论》,华中师范大学出版社 1988 年版。

谢玉华:《中国劳动关系的治理变革:产业民主与职工参与》,中国工人出版社 2017 年版。

杨冬梅:《平衡与和谐——转型期工会与劳动关系问题研究》,光明日报出版社 2013 年版。

杨遂全:《劳动法与社会保障法新论》,四川大学出版社 2015 年版。

杨体仁、李丽林编著:《市场经济国家劳动关系——理论·制度·政策》,中国劳动社会保障出版社 2000 年版。

员文贤等:《企业民主管理教本》,陕西人民出版社 1986 年版。

张文显:《法理学》,法律出版社 2012 年版。

赵西萍:《组织与人力资源管理》,西安交通大学出版社 1999 年版。

中国工会年鉴编辑部编:《中国工会年鉴(2005)》,中华全国总工会主办 2005 年版。

中国工运学院编:《李立三赖若愚论工会》,档案出版社 1987 年版。

中华全国总工会编:《邓小平论工人阶级与工会》,中国工人出版社 1994 年版。

中华全国总工会政策研究室编:《中国企业领导制度历史文献》,经济管理出版社 1986 年版。

周宝妹:《劳动关系的法律调整——超越部门法的局限》,中国人民公安大学出版社 2019 年版。

周超:《职工参与制度法律问题研究》,中国社会科学出版社 2006 年版。

周长征:《劳动法原理》,科学出版社 2004 年版。

[德]彼得·哈茨:《工作革命——透视未来工作世界》,黄玉寅、张宇译,华夏出版社 2004 年版。

[法]萨伊:《政治经济学概论》,陈福生、陈振骅译,商务印书馆 1963 年版。

[韩]金秀坤:《韩国劳资关系》,方振邦译,经济科学出版社 2005 年版。

[荷]安托内・T.J.M. 雅克布:《荷兰劳动法》,蔡人俊译,商务印书馆 2018 年版。

[荷]费迪南德・B.J. 格拉佩豪斯、莱昂哈德・G. 费尔堡:《荷兰雇佣法与企业委员会制度》,蔡人俊译,商务印书馆 2011 年版。

[美]彼得・F. 德鲁克:《公司的概念》,慕凤丽译,机械工业出版社 2009 年版。

[美]戴维・施韦卡特:《反对资本主义》,李智、陈志刚等译,中国人民大学出版社 2008 年版。

[美]丹尼尔・奎因・米尔斯:《劳工关系》,李丽林、李俊霞译,机械工业出版社出版 2000 年版。

[美]弗兰克・伊斯特布鲁克、丹尼尔・费希尔:《公司法的经济结构》,张建伟、罗培新译,北京大学出版社 2005 年版。

[美]加里・S. 贝克尔:《人力资本》,梁小民译,北京大学出版社 1987 年版。

[美]卡罗尔・佩特曼:《参与和民主理论》,陈尧译,上海人民出版社 2018 年版。

[美]玛格丽特・M. 布莱尔:《所有权与控制:面向 21 世纪的公司治理探索》,张荣刚译,中国社会科学出版社 1999 年版。

[美]托马斯・寇肯、哈瑞・卡兹、罗伯特・麦克西:《美国产业关系的转型》,朱飞、王侃译,中国劳动社会保障出版社 2008 年版。

[美]亚当・普热沃尔斯基:《资本主义与社会民主》,丁韶彬译,中国人民大学出版社 2012 年版。

[南]斯韦托扎尔・平乔维奇:《产权经济学——一种关于比较体制的理论》,蒋琳琦译,经济科学出版社 1999 年版。

[日]高桥洸、小松隆二、二神恭一编著:《日本劳务管理史・劳使关系》,唐燕霞译,经济科学出版社 2005 年版。

[日]荒木尚志:《日本劳动法》,李坤刚、牛志奎译,北京大学出版社 2009 年版。

[英]理查德・海曼:《解析欧洲工会运动——在市场、阶级和社会之间》,吴建平译,中国工人出版社 2015 年。

[英]马克・布劳格:《20 世纪百名经济学巨匠》,吴雅杰等译,中国经济

出版社 1992 年版。

[英]威廉·配第:《配第经济著作选集》,陈冬野等译,商务印书馆 1981 年版。

[英]亚当·斯密:《国富论》,郭大力、王亚南译,商务印书馆 1987 年版。

David Jenkins,*Job Power*,London:Heinemann,1974.

Dermer, M., *The American Idea of Industrial Democracy, 1865-1965*,Chicago:University of Illinois Press,1970.

Edward E. Lawler Ⅲ,*High-invovlvement mangement*,San Francisco:Jossey-Bass Publishers,1986.

Lauck,W. Jett,*Political and Industrial Democracy,1776-1926*,New York:Funk& Wagnalls Company,1926.

Robert Alan Dahl,*A preface to economic democracy*,Los Angeles:University of California Press,1985.

二、论文及文章

白慧林:《城镇集体所有制企业改制中产权纠纷的法律思考》,《内蒙古师范大学学报》(哲学社会科学版)2012 年第 1 期。

曹坤鹏、杨云霞:《劳动关系软法化的补充:社会主义协商民主》,《中共杭州市委党校学报》2020 年第 1 期。

常凯:《劳权本位:劳动法律体系构建的基点和核心——兼论劳动法律体系的几个基本理论问题》,《工会理论与实践》2001 年第 6 期。

常凯:《中国入世与劳权保障》,《中国党政干部论坛》2003 年第 6 期。

陈昌举、王添翼:《职工民主参与制度:目标·依据·模式》,《宁夏社会科学》2011 年第 6 期。

陈外华:《论公司治理中的职工参与制——以经济民主的视角》,《政法学刊》2008 年第 4 期。

陈微波:《工业民主理论的发展、困境及其变革》,《社会科学》2012 年第 6 期。

程延园:《对企业民主管理立法的几点思考》,《北京市工会干部学院学报》2006 年第 3 期。

冯同庆:《企业经济民主——顺应自然的选择》,《工会理论与实践》2001

年第4期。

冯彦君、邱虹,《职工参与制及其理论基础质疑》,《当代法学》2007年第5期。

冯彦君、邱虹:《职工参与制及其理论基础质疑》,《当代法学》2007年第9期。

郭堃:《职工持股:我国职工民主参与公司治理的理想模式》,《求实》2006年第4期。

洪芳:《德国雇员民主参与的特点及其对我国的启示》,《山东社会科学》2015年第9期。

洪芳:《完善集体合同制度促进劳资自治》,《法制博览》2014年第2期。

姜旭阳:《试论我国公司决策中的职工参与制度的法律完善》,《四川教育学院学报》2002年第7期。

姜颖、沈建峰:《论企业民主管理的正当性基础》,《中国人力资源开发》2019年第10期。

劳动部赴荷兰集体合同立法考察团:《荷兰劳动关系与集体合同制度》,《中国劳动》1997年第2期。

李博:《日本企业雇佣体系的适应性演进———基于组织行为学的分析》,《日本问题研究》2019年第6期。

刘军:《试论西方产业民主》,《国外社会科学》2007年第6期。

刘俊海:《自觉承担社会责任是在全球金融危机背景下增强公司核心竞争力的重要方略——谈新〈公司法〉第5条的正当性与可操作性》,《法治论坛》2010年第1期。

刘容:《日本企业劳资关系的核心理念——经营家族主义》,《辽宁师范大学学报》(社会科学版)2016年第3期。

刘蓉:《制度变迁理论视域下日本企业劳资关系的演化规律及启示》,《西部论坛》2018年第6期。

陆海燕:《工业民主理论与实践及其在中国的运用》,《浙江学刊》2014年第3期。

罗豪才:《公共治理的崛起呼唤软法之治》,《政府法制》2009年第5期。

罗豪才:《通过科学发展提升人权保障水平》,《人权》2010年第6期。

祁华清:《国外工业民主模式与我国职工参与制度选择》,《中州学刊》

2002 年第 3 期。

石少侠、王福友:《论公司职工参与权》,《法制与社会发展》1999 年第 3 期。

石旭雯:《两种理念的公司职工参与制——德国和美国的比较研究》,《兰州学刊》2007 年第 2 期。

完颜绍华、许庆瑞:《美国企业职工参与企业管理组织形式的演变》,《电子科技大学学报》(社会科学版)2001 年第 2 期。

汪仕凯、冯雅静:《工会与职工代表大会的有效衔接:劳动治理中的制度优势》,《工会理论研究》2020 年第 2 期。

汪仕凯:《中国企业民主管理制度的实践领域与发展策略》,《山西师大学报》(社会科学版)2020 年第 2 期。

王庆明:《身份产权——厂办集体企业产权变革过程的一种解释》,《社会学研究》2019 年第 5 期。

王全兴:《职工参与制度探微》,《中国劳动科学》1995 年第 7 期。

王学华:《公司高级职员与劳动者的身份界定》,《中国人力资源开发》2006 年第 4 期。

魏琦卉:《道格拉斯·麦格雷戈:管理员工最有效的方式是什么》,《经营与管理》2015 年第 9 期。

吴建平、胡涛:《员工满意度:概念界定与影响因素分析——兼论当前员工满意度研究中的两个逻辑问题》,《中共福建省委党校学报》2011 年第 7 期。

谢玉华:《中国工业民主和员工参与制度及功能:国企民企外企的比较——来自湖南的调查》,《经济社会体制比较》2009 年第 1 期。

杨欢亮:《美国对员工持股的政策支持及其启示》,《财政研究》2004 年第 5 期。

游正林:《主人翁话语的兴起(1930～1949)》,《学海》2020 年第 1 期。

余芳、周庆峰:《从人本主义看我国职工参与制的完善》,《社科纵横》2005 年第 2 期。

赵丽江、张远凤:《论发展工作场所的民主参与》,《北京行政学院学报》2007 年第 6 期。

赵旭东:《集体企业法人研究》,《中国法学》1991 年第 1 期。

郑晓华:《达尔经济民主思想述评》,《安徽大学学报》(哲学社会科学版)2005 年第 2 期。

[韩]张允美:《中国职工代表大会制与职工参与模式的政治学分析》,《北京行政学院学报》2003 年第 1 期。

[日]立石信雄:《日本企业的经营特点》,《中外管理导报》1996 年 3 月 11 日。

E. Merrick Dodd, "For Whom are Corporate Managers Trustees", *Harvard Law Review*, Vol.45, No.7, 1932.

Stephen M. Barinbridge, "Privately ordered participatory management: An organizational failures analysis", *Delaware Journal of Corporate Law*, Vol.23, No.3, 1998.

Walsh, J.R., "Capital concept applied to man", *The Quarterly Journal of Economics*, Vol.49, No.2, 1935.

OECD Principles of Corporate Governance, https://www.oecd.org.